HISTOIRE
DE
LILLE,
CAPITALE DE LA FLANDRE FRANÇAISE,
DEPUIS SON ORIGINE JUSQU'EN 1830,

Par M. Lucien De Rosny,

Membre correspondant des sociétés de Statistique Universelle de
France, de l'Institut Historique, etc.

*Dessins dessinés par l'auteur, et gravés par M. F. Devigne,
graveur à Lille.*

IMPRIMERIE DE A. PRIGNET, À VALENCIENNES.
1838.

LK⁷ 4026

HISTOIRE
DE LILLE.

TIRÉ A 300 EXEMPLAIRES.

IMP. DE A. PRIGNET, A VALENCIENNES.

HISTOIRE DE LILLE,

CAPITALE DE LA FLANDRE FRANÇAISE,

DEPUIS SON ORIGINE JUSQU'EN 1830,

Par M. Lucien De Rosny,

Membre correspondant des sociétés de Statistique Universelle de France, de l'Institut Historique, etc.

(Figures dessinées par l'auteur et gravées par M. F. Devigne, peintre à Gand.)

> *Ubi generalis provinciarum conventus apud Flandriæ Comitem habetur, inter Gallo-Flandros, primi sedent Insulenses, primi loquuntur; hanc urbem inaugurandus Flandriæ Comes, primùm ingreditur, hic jurejurando sese primùm Gallo-Flandris obstringit, eosque sacramento sibi reddit obligatos.*
> (Buzelin, Gall. Fland. p. 3.)

PARIS, chez Téchener, Place du Louvre, 12. — **LILLE**, chez Petitot, rue Neuve. — **DOUAI**, chez Robaux, Lithographe.

1838.

PREFACE.

En coordonnant ces recherches sur l'histoire d'une ancienne cité, théâtre d'une multitude de faits et d'événemens, de coûtumes piquantes, drolatiques et originales, je ne me suis point dissimulé les innombrables difficultés qui hérissaient la route que je voulais parcourir. J'avais, du reste, pu observer combien d'écrivains avant moi avaient échoué dans une pareille entreprise : en effet, sur les trois histoires de cette ville, il n'en est pas une seule qui mérite de fixer l'attention (1).

---

(1) Voir ce qu'en dit feu M. *Lebon* dans sa *Notice sur les historiens de la Flandre française,* et *Wartel,* réfutateur du chanoine Leclercq de Montlinot.

M. *Brun Lavainne* a fait un bel et bon ouvrage sur la topographie de Lille, aussi je suis loin de le placer dans la même catégorie.

Pour éviter la plupart des écueils qui leur furent si funestes, j'avais d'abord eu le projet de publier mon travail sous la forme sévère de la chronologie ; mais, en y réfléchissant, je fus obligé de lui donner un aspect historique moins sec et moins aride, pour ne pas effrayer la majeure partie de mes lecteurs.

Quoi qu'il en soit, en m'exposant ainsi aux dangers que mes prédécesseurs ont courus, j'ai voulu, autant que mes loisirs me l'ont permis et le peu de temps que je suis resté en Flandre, recueillir tous les renseignemens que j'ai pu rencontrer depuis deux ans sur l'histoire de Lille, afin de les présenter comme de simples matériaux à l'écrivain qui se sentira la force et le génie d'élever un monument littéraire désiré depuis si longtemps et si vainement attendu ; et, en effet, cet édifice ne peut exister encore; les archéologues n'ont point terminé, à beaucoup près, les travaux préalables dont ils se sont chargés. Pour moi, afin de contribuer à ce moyen d'exécution autant que possible, je me suis appliqué à publier principalement des documens inédits, afin d'en assurer la trop fragile existence, tant de fois compromise. J'en ai indiqué soigneusement les sources pour faciliter à la saine et judicieuse critique la rectification des erreurs involontaires qui échappent à l'historien le plus zélé comme par une malencontreuse fatalité, et afin que d'autres aillent approfondir les mines fécondes que je n'ai pu suffisamment exploiter.

J'ai cherché enfin à me conformer, à peu de choses près, aux vœux de ces investigateurs modestes du XIXe siècle, qui, généralement, rédigent leurs découvertes sur les anciens temps avec une précision toute mathématique, rejettant comme trop souvent pernicieux à la vérité historique les ornemens du style et d'une vivifiante imagination, parure bien nécessaire pourtant, mais qu'au milieu des richesses qu'ils se hâtent de recueillir, ils semblent abandonner aux soins de la postérité qui, ayant peu à glaner, devra, pour sa part, les doter de ce coloris pittoresque qui en fera tout le charme.

D'après ces considérations, j'ai puisé dans les manuscrits de la bibliothèque publique de cette ville, tout ce qui m'a paru avoir quelqu'intérêt de localité; j'ai parcouru également les manuscrits de la bibliothèque du roi lorsque j'ai cru y trouver à emprunter; j'ai visité celles de Cambrai, Douai, St.-Omer; j'ai analysé un certain nombre de chartes ou titres anciens reposant aux archives du département du Nord ou dans celles de la ville de Lille.

A tous ces documens souvent fatiguans à déchiffrer, et plus encore à discuter et à rédiger, j'ai ajouté les renseignemens que m'ont fourni les diplomata Miræi, les tables savantes de Saint-Genois, et en général tous les historiens anciens et modernes du pays, que j'ai pu me procurer.

J'ai envisagé Lille sous un nouvel aspect, car au lieu de m'emprisonner dans l'intérieur de ses murs comme l'ont trop souvent fait mes devanciers, j'ai cru devoir suivre les événemens au dehors, lorsque ces événemens devaient réagir sur sa destinée.

Tels sont quelques-uns des motifs qui m'ont engagé à publier ces recherches consciencieuses. D'ailleurs, il n'est pas bien facile de se procurer les travaux des trois écrivains qui ont tenté l'histoire de Lille : Tiroux, le plus ancien d'entr'eux, ne se rencontre que rarement dans quelques bibliothèques. Quoique fort mal écrit, il est cependant préférable à son successeur Regnault Warin, oublié depuis longtemps.

Le chanoine Leclercq de Montlinot, *qui a eu le succès d'un spirituel libelliste, est devenu peu commun, puisque le chapitre de Saint Pierre qu'il censurait amèrement, avec plus ou moins de justice, détruisit son livre autant que possible, tandis qu'en vertu d'une lettre de cachet elle le rejettait de son sein, et l'envoyait en exil à Soissons afin qu'il pût réfléchir sur le danger d'écrire l'histoire.*

INTRODUCTION.

L'on n'est point d'accord ni sur l'époque précise où Lille prit naissance, ni sur le nom du personnage auquel appartient le titre glorieux de son fondateur. De là plusieurs versions émises à ce sujet, versions toutes plus ou moins contestées.

En général, les chroniqueurs (1) allemands reportent le berceau de cette cité au temps où Jules-César asservissait les Gaules, mais rien ne vient confirmer ce témoignage du reste assez plausible.

---

(1) Plusieurs d'entr'eux, dit Buzelin, prétendent que Lille fut fondée par Flandbertus et Flaminius, à l'époque du siége de Bavai par Caïus, lieutenant de César. Ils ajoutent que ces fondateurs, citoyens importans de l'antique *Bavacum Nerviorum*, après avoir fait évader par les souterrains la populace inutile, se mirent à la tête de la colonie fugitive, qui alla se fixer sur les bords de la Lys où fut élevée d'abord Harlebecq, puis Lille. *Oudegherst* a adopté entièrement cette opinion.

Derniérement encore l'on a cru reconnaitre (1) des traces du passage des Romains sur l'ancien *Castrum islense*. Toutefois, aucun indice bien certain n'a justifié cette hasardeuse opinion.

Nous ne rejetterons pourtant pas, comme l'ont fait quelques historiens tranchans des XVIIIe et XIXe siècles (2), ce que disent ces chroniqueurs, car nous n'aurons point à leur opposer de meilleures raisons que celles qu'on a fait valoir avant nous.

Plusieurs objections assez faibles se sont seulement présentées contre leur séduisant système. En effet, a-t-on dit, si cette ville est aussi ancienne, comment se fait-il qu'elle ne soit point mentionnée dans les *Commentaires de César*, ni dans *Antonin*, ni dans *Théodose*, ni dans aucun géographe ou historien du temps ; et que le nom de Lille n'est applicable à aucune localité désignée par ces anciens écrivains ?

— Il n'est pas impossible de répondre à cette objection, ce nous semble ; Lille pouvait n'avoir alors aucune importance, et n'aura conséquemment pas attiré l'attention de ces fiers Romains qui dédaignaient de prendre note d'une multitude de détails concernant des peuples qu'ils qualifiaient de barbares.

— Sur quelle preuve alors se seront appuyés les chroniqueurs qui attribuent à Lille une origine aussi reculée ?

— Sans doute sur des légendes, sur des mémoires, des épitres rédigés par les premiers prédicateurs de la Flandre ; écrits

---

(1) D'après les fouilles qui ont eu lieu, lors de la construction du palais de justice.

(2) Tel est le chanoine *Leclercq de Montlinot*.

contemporains ou presque contemporains de ces vainqueurs du monde. Ils se seront appuyés des œuvres de *Saint Paulin,* de la *Vie de Saint Amand*, de celle de *Saint Eloy* et d'autres pieux personnages qui, pendant et après l'expulsion des aigles romaines, continuèrent à répandre le christianisme sur le territoire de Lille, comme on le voit (4) notamment vers l'an 628, c'est-à-dire, environ deux siècles après l'arrivée des Francs dans l'ancien *Belgium.*

Ces chroniqueurs se seront enfin appuyés de traditions plus ou moins fidèles, altérées par une trop poétique imagination ; de là, peut-être, l'explication du merveilleux dont ils ont entouré le berceau de cette cité.

Il est imprudent de récuser aveuglément ces témoignages quand on ne peut les convaincre de faux ; car ils peuvent contenir des faits véridiques. *Floris Van derhaer,* auteur de l'*Histoire des châtelains de Lille*, a fait de longues et persévérantes recherches pour décider cette question d'origine ; mais avec lui et Buzelin, nous avouerons n'avoir rien trouvé qui pût nous éclairer à cet égard.

Il n'existe aucun titre écrit pour décider la question ; mais quelqu'événement inattendu pourra peut-être un jour résoudre quelque partie de ce grave problème, tel, par exemple, l'ouverture de ce monticule mystérieux situé dans la cour actuelle des douanes ; tertre conjectural sur lequel plusieurs générations

---

(1) *Spicileg* -- *Buzelin* -- *Jean Cousin* -- *Molanus.* Si l'on nous conteste le témoignage de ces écrivains et autres que nous adoptons à défaut de titres plus authentiques, nous ne voyons pas pourquoi l'on ne contesterait pas aussi l'existence de Saint Amand, qui donna son nom aux eaux médicinales du Nord.

ont glosé ; sur ce tertre, enfin, connu sous le nom de la *Motte-Madame*, au sommet duquel, dit-on, s'élevait dans l'origine une forteresse désignée sous la dénomination de *Château du Buc*, CASTELLUM BUCCENSE (1).

C'est autour de ce château, prétendent *Jacques de Guise*, *Oudegherst* et autres, que se groupa la ville de Lille vers le milieu du VII° siècle.

Il paraît, si l'on peut s'en rapporter à certaines relations qui ne sont du reste appuyées sur aucun monument certain, que cette forteresse fut réparée antérieurement par un descendant de Flandbertus, nommé *Phinaert*, seigneur cruel et farouche devenu la terreur des étrangers que leur imprudence conduisait dans les solitudes voisines de ce sombre donjon : c'est là qu'il habitait, prêt à tomber sur ses victimes pour les mettre en pièces. Ainsi, dit-on, périt Salvaert, prince de Dijon, au moment où il fuyait dans les environs du château du Buc pour se rendre en Angleterre afin d'y chercher un asile, pendant les séditions qui, en 594, dévoraient la Bourgogne.

On ajoute qu'Emergaert, veuve de l'infortuné Salvaert, ayant échappé à la fureur du meurtrier de son époux, se réfugia dans les bois d'alentour, où elle mit au monde un enfant miraculeusement nourri par une chèvre, et recueilli par un ermite qui le nomma Lydéric ; que vers 628 cet enfant merveilleux

---

(1) Opinion généralement adoptée. *Auguste Galland* n'a pas fait difficulté de la répéter dans ses mémoires pour servir à l'histoire de Flandre et de Navarre, ainsi que feu M. *Lebon* dans la Revue du Nord.

Guicchiardin dit que de son temps on voyait encore les ruines de ce château : *Et si veggono ancora le reliquie del antiquo castello di Buck*

se sentant dans toute la force de la jeunesse, se transporta devant Clotaire II, roi de France, ou, selon d'autres historiens, devant Dagobert, associé au gouvernement, et lui demanda la permission de combattre l'assassin de son père.

Le monarque accueillit favorablement le jeune prince, et ordonna en conséquence à l'accusé de se rendre en champ clos. L'endroit choisi pour le duel fut précisément le sol où Lille s'éleva peu après l'événement, et dans le lieu où fut postérieurement construit le *Pont de Phin*, ainsi nommé parce que Phinaert y perdit la vie.

Jean Cousin et *Massœus* répètent la même version. Ce dernier désigne Phinaert sous le titre de *Géant du camp lillois*. La *Chronique de Saint Bavon* le dépeint également comme un géant : *Hic homo gigantœæ formœ*.....

Enfin, pour terminer cette romantique histoire, l'on prétend que le roi, enchanté de la bravoure de Lydéric, lui donna le titre de forestier de Flandre, en le mettant en possession de tous les biens du vaincu ; qu'il le conduisit, ainsi que sa noblesse, au château du Buc, au sommet duquel l'on exposa, en signe de victoire, la tête de Phinaert ; et que devenant maître du pays, Lydéric se fit un abri de la vieille forteresse contre les invasions des Normands (1), et éleva quelques murailles dans les alentours.

---

(1) Telle est l'époque primitive de Lille, suivant *Jacques de Guise* et *Pierre d'Oudegherst*, égarés tous deux par l'amour du merveilleux. *Buzelin*, faute de documents plus certains, répète les mêmes témoignages. Il ajoute, d'après une vieille chronique manuscrite de Flandre, que le comte de Poitiers était éperdument épris des charmes de Rithilde, fille du roi de France, et que, désespérant d'obtenir sa main, il trouva plus expéditif de l'enlever, de concert avec le prince de Toulouse ;

Quoiqu'il en soit, l'on représente le vieux donjon de Phinaert, entouré d'eau ainsi que ses dépendances, de sorte que, par sa position, il semblait surgir du milieu d'une île ; de là les

---

qu'un jour ils se saisirent donc de la jeune princesse, la placèrent dans une voiture, et partirent en diligence ; que le comte de Toulouse avait pris le devant, et qu'il était, lui aussi, amoureux de Rithilde. Afin de s'en rendre maître à son tour, il dressa à la hâte une embuscade dans la forêt du Buc, où son rival devait passer.

Quand les deux comtes furent en présence, un combat s'engagea entr'eux ; l'un, pour retenir sa proie, l'autre, pour la lui enlever.

Sur ces entrefaites, le duc de Bretagne, revenant des îles de Zélande à la tête d'un corps d'armée, rencontra les champions et les attaqua. Ils étaient inférieurs en nombre.

Dans cette extrémité, ils se réunirent pour se défendre ; mais, après une courte résistance, tous deux furent battus et chargés de chaînes.

A la faveur des tourbillons de poussière formés par la lutte qui s'était engagée, la princesse, n'ayant personne pour la garder, s'esquiva facilement. Elle demeura cachée dans le bois le reste du jour et la nuit tout entière.

Le lendemain, Lydéric, pendant la chasse, l'aperçut en pleurs et appuyée contre un arbre. Il l'aborda avec bonté pour s'informer de la cause de ses chagrins — Elle lui raconta comment elle avait été enlevée, mais en lui cachant toutefois son nom et sa naissance.

Lydéric l'engagea à venir dans son château, lui protestant que sa pudeur y serait respectée. Elle y consentit, et bientôt après elle lui accorda sa main.

Ce ne fut que quelques années après son union, ajoute la chronique, que Lydéric sut enfin que Rithilde était fille du roi de France !!...

Dans la crainte de la colère du monarque, il lui envoya une ambassade pour lui faire part de cet événement. Dagobert approuva leur union, les engagea à venir à Soissons, où il les combla d'or, de pierreries, et leur donna pour dot toute la province d'Artois et la Picardie.

D'*Oudegherst* reproduit avec quelques variantes cette merveilleuse histoire. Comme assurément elle tient du roman et de la fable, nous ne nous y arrêterons pas davantage.

noms d'*Isia*, *Illa*, *Lila*, *Insula*, *l'Isle*, *Ryssel*, et enfin de *Lille*, donnés successivement par diverses médailles, titres ou historiens, à la ville dont nous nous occupons.

L'on raconte enfin qu'en 641, Lydéric était occupé à répandre en Flandre le christianisme, suivant les intentions du roi de France qui, dit *Meyer*, avait donné des ordres pour contraindre au baptême ceux qui ne s'y présentaient pas de bonne volonté, lorsqu'il fut forcé de se rendre en Picardie, afin de repousser les Huns, ces hordes dévastatrices qui semaient partout le brigandage.

Ils se livrèrent, dit *Buzelin*, d'après les autorités qu'il cite, un combat tellement opiniâtre, que le sang coula par torrens et que les chevaux y nageaient jusqu'au ventre. Enfin la victoire tourna le dos aux ennemis. Lydéric et ses enfans revinrent à Lille couverts de gloire, mais la joie du triomphe fut de courte durée, car, dès son arrivée, il apprit la mort du bon ermite qui l'avait élevé, et bientôt après, celle de sa vieille mère, la princesse Emergaert. Un coup plus cruel l'attendait encore : il fut obligé de prononcer lui-même la condamnation à mort d'un de ses fils ; car alors les princes rendaient eux-mêmes la justice, fonction toute royale alors même qu'elle pèse de la même balance tous les prévenus cités à leurs tribunaux.

Une pauvre femme, réduite à la dernière extrémité, était venue se plaindre que Josserand lui avait violemment enlevé une *mandelette* ou corbeille de fruits qu'il ne paya pas. Cette spoliation avait été cause de la mort des enfans de la plaignante, qui n'avait pas d'autres ressources.

Ce prince coupable, ne pouvant se justifier, fut pendu à Lille.

Tels sont les récits que transmet la vieille chronique un peu romanesque dont nous avons parlé.

Dès lors, plus de deux siècles s'écoulent sans qu'il soit question de cette ville ; seulement, ainsi que nous l'avons dit, on voit, vers 801, *Saint-Saulve*, martyr, des environs de Condé, parcourir la Flandre pour prêcher la doctrine évangélique ; il s'arrêta sur les territoires de Lille, Douai et Orchies.

En 862, Baudouin-bras-de-fer, descendant de Lydéric, enleva Judith, fille de Charles-le-Chauve.

— 16 —

Le nom de *Bucq* signifie aussi, en langue celtique, un terrain enveloppé par les eaux.

D'autres chroniqueurs, tels que *Jean Yperius*, *Jean Cou-*

Le monarque irrité la réclama, et ordonna au ravisseur de la lui renvoyer au plus tôt, s'il n'aimait mieux qu'une armée n'allât le contraindre à l'obéissance.

Pour toute réponse, Baudouin lui fit connaître qu'elle avait consenti à son enlèvement ; qu'il n'a employé contre elle ni force, ni séduction ; et lui demanda l'autorisation de conclure cette union.

Le roi, furieux, confisqua les domaines du forestier et dirigea contre lui une armée de 100,000 hommes commandée par Louis-le-Bègue, ou, selon quelques historiens, par le roi de Navarre, qui avait été fiancé à Judith.

L'on passa par Arras, par Douai et par Lille. Baudouin, dans cette pressante occurrence, se renferma à la hâte à Harlebecq. On l'y poursuivit et bientôt il s'y vit assiéger. Tout-à-coup, il se précipita sur les assiégeans avec une telle impétuosité que 1,400 de ses aggresseurs restèrent sur le champ de bataille.

Les autres furent mis en fuite, à l'exception de cinquante qui furent faits prisonniers et pendus sur le mont Saint-Eloy, à Arras.

Le roi de France, mécontent d'avoir échoué, envoya une nouvelle armée contre Baudouin. Un évêque qui le haïssait fut chargé du commandement. Pour se rendre plus redoutable, il prit le nom et l'armure de Louis-le-Bègue.

De son côté, Baudouin s'empressa d'assembler sa noblesse afin d'en avoir des secours, puis il se mit en campagne. Les deux armées se rencontrèrent sur le territoire de Lille.

Bientôt l'air fut obscurci d'une grêle de pierres et de projectiles. De part et d'autre l'on combattait avec la même ardeur. Le choc des armes jeta la confusion dans les rangs : Baudouin rétablit l'ordre parmi les siens ; partout sa présence ranime leur courage. Il semble se multiplier, afin de pourvoir à tout.

Le belliqueux évêque ne déploie pas moins d'activité. L'on dirait que la profession des armes est celle qu'il a toujours exercée.

Cependant le jour baisse avec trop de rapidité pour leur rage. Chacun précipite le dénouement de la journée.

sin et *Denis Sauvage*, assurent que le fondateur de Lille fut *Baudouin le Pieux*; mais, avec *Buzelin*, nous la croyons antérieure à ce prince. Car, ainsi que le fait remarquer ce savant annaliste, si Baudouin eût fondé cette ville, il n'aurait certainement pas, quelques années après, en dotant la collégiale de Saint-Pierre qui s'éleva dans son sein, spécifié dans les lettres de donation que la dot serait payée en *monnaie de Lille*, in MONETA ISLENSI, car il n'est pas probable qu'une ville toute nouvelle encore ait une monnaie particulière; ce serait lui supposer un privilége qui n'appartient qu'aux cités importantes, et, par conséquent, comptant des siècles d'existence.

En 1150, Lille était déjà l'une des plus belles villes de Flandre, ainsi que nous l'apprend *Jean de Collemede*, dans la *Vie*

Enfin Baudouin obtint encore le succès de cette sanglante affaire.

Il fit suspendre aux créneaux des murailles de Lille ses prisonniers, parmi lesquels se trouvaient un grand nombre de seigneurs ; entr'autres l'on vit le général ecclésiastique, qui ne put éviter cette triste destinée......

La ressource des armes ayant été aussi funeste au roi de France, il employa celle de l'excommunication, mais Baudouin alla à Rome pour s'en faire affranchir.

Le pape Nicolas I.er fit plus : il réconcilia ce prince avec Charles-le-Chauve, et le mariage fut célébré d'un commun accord à Auxerre Le monarque érigea (863) en cette occasion la Flandre en comté héréditaire. Il comprenait le Tournaisis, la Picardie, la châtellenie de Lille. (*Flodoard*, liv. 3. chap.) 2. -- *Massœus* -- *Oudegherst* -- *Locrius Meyer* -- *Dom Bousquet* -- *Jacques Sismond* -- *Buzelin* -- *M. Varnkœnig* *.

* C'est donc à tort que Regnault Warin reporte à Charlemagne (792) l'érection de la Flandre en comté. Ce monarque ne fit seulement que donner à son vassal, Lydéric d'Harlebecq, l'hérédité de la charge de forestier. (Æmil. — M. Varnk.)

de Saint Jean, évêque des Morins et ancien chanoine de St.-Pierre.

Ce témoignage affaiblit encore l'opinion de ceux qui attribuent à Baudouin-le-Pieux la fondation de cette ville, car elle ne pourrait pas, nous le répétons, soixante-dix ans après sa naissance, être devenue l'une des cités les plus florissantes du pays.

D'un autre côté, *Jacques Meyer* et *Jean Molanus* prétendent que ce comte reçut le surnom de *Lille* parce qu'il y naquit. Or, si Baudouin vit le jour à Lille, il n'a pu en être le fondateur. D'ailleurs, la charte de fondation de Saint-Pierre, datée de 1066, prouve que cette ville précéda Baudouin, car ce prince dit lui-même dans cet acte authentique et le plus ancien que nous possédions, que ce lieu fut appelé *Lille* par ses ancêtres, *in loco à progenitoribus meis* ILLA *nominato*.

Iperius et *Cousin* sont donc trop exclusifs dans leur assertion.

La signification du mot *progenitoribus*, qui désigne au moins les aïeuls de Baudouin-le-Pieux, prouve encore que cette ville est plus ancienne que Baudouin belle barbe, son père, qui parvint à la couronne de Flandre en 988, et que Montlinot regarde comme fondateur de Lille, opinion émise avant lui par Guicchiardin et par ceux qui l'ont répétée (1).

Ainsi, nous pouvons, sans crainte de nous tromper, affirmer que Lille existait au Xe siècle.

Toussaint Carette l'affirme positivement dans sa chroni-

---

(1) *Qui Balduino barbato fundationem urbis hujus abscribunt, ii et pauci et obscuri nominis*, dit J. Buzelin.
Voir Ven der haer, CHATELAINS DE LILLE.

que : « Je trouve, dit-il, que le commencement de Lille où
» le chasteau de Wuillaume Brulant de Montignies fut en l'an
» 988 par lettres écrites de Lothaire à Baudouin, fils d'Ar-
» nould le Jeune (1). »

Ce témoignage n'est pourtant pas assez persuasif pour ne pas chercher à descendre plus bas dans l'obscurité des siècles : on peut, en effet, envisager l'existence de Lille comme datant de plus loin encore, car, dès 801, *Saint-Saulve* (qui laissa son nom à un village près Valenciennes), parcourant la Belgique, vint prêcher sur les territoires de Douai, Lille et Orchies (2). Avant lui, *Saint-Amand*, comme nous l'avons dit, répandit, vers l'an 628, la lumière du christianisme à Lille, où il fit à la religion de nombreux prosélytes (3).

Nous n'avons rien trouvé qui pût guider nos recherches plus avant, à moins de s'exposer à se perdre avec Jacques de Guise et Oudegherst dans le roman et l'idéalité.

---

(1) Dans l'*Histoire de Flandre de messire Philippe Wielant*, manuscrit souvent très-peu exact, appartenant à la bibliothèque de Lille, on lit, sur l'origine des armoiries de cette ville, ce qui suit :
« Brûlant de Montignies en 1055, sous Clotaire II (!...) qui estoit en
» guerre contre les Saxons, lui porta secours. Il fit armer ses gens et
» aussitôt se mirent sus en armes, Méron de Mérignies, Phalipius de
» Phalempin, Marcus de Marcque; Roucquart de Roncques, Hellemus
» d'Hellemmes, Torquatus de Torcoing, et plusieurs autres gentils-
» hommes qui se accoustrèrent tous de blanc, et partirent sous quatre
» bannières blanches. *Il fonda Lille* et le Roi voulut qu'il portât dans
» ses armes une fleur de lys d'or en champ d'azur ; sur quoi ledit Bru-
» lant requist qu'il peut porter une fleur de lys blanche en champ de
» gueule en mémoire et souvenanche que lorsqu'il alla secourir le Roy
» il portoit ses bannières blanches lesquelles furent teinctes de sang des
» ennemis, ce que le roi lui accorda ensemble le comte Bauduins. »

(2) *Sigebert* — *J. de Guise* — *Molanus* — *Buzelin*, annales.

(3) *Baudemont*, vie de St.-Amand — *Buzelin*, annales, p. 54.

Enfin, dans la pénurie de preuves sur l'époque précise de la fondation de Lille, nous pensons pouvoir, jusqu'à un certain point, concilier les divers systèmes que nous venons d'énumérer et qui ne se contredisent pas précisément.

En effet, en les résumant d'une manière chronologique, nous croyons que rien ne s'oppose à ce que les Romains, cinquante ans avant Jésus-Christ, aient bâti une forteresse sur l'emplacement où cette ville vint se former par la suite. Que Flandbertus ait fixé dans le même lieu sa colonie fugitive ; qu'un seigneur, quelques siècles après, ait réparé cette forteresse, s'y soit établi afin de guetter les imprudens voyageurs égarés dans les forêts voisines, et les massacrer ; rien d'impossible dans tout cela, à part les détails fabuleux entremêlés dans les historiens dont nous invoquons les témoignages.

Baudouin-belle-Barbe, héritier du pays, arrivant trois cents ans après Lydéric, entoura (en 1030) la bourgade de murailles et de fossés. Ces travaux durent donner à Lille l'aspect d'une petite ville ; sans doute pour ce motif il en aura été appelé le fondateur, car, avant lui, elle était si peu de chose !...

Son successeur, Baudouin-le-Pieux, que *Denis Sauvage* et autres regardent comme méritant ce titre, en fut le réédificateur, ainsi que nous le verrons ; mais, par cela même qu'il releva Lille totalement ruinée, il en a dû être à son tour envisagé comme fondateur.

Ainsi, il n'est pas surprenant que, suivant la manière de voir des chroniques anciennes, on ait attribué à Lille plusieurs origines. Tout semble d'ailleurs nous certifier qu'elle dût l'existence aux soins successifs de plusieurs forestiers ou comtes de Flandre.

Histoire DE LILLE.

CHAPITRE I.

Baudouin V, dit le Pieux ou de Lille,

VIIe COMTE DE FLANDRE.

ILLE n'était encore qu'une bicoque bien peu importante, lorsqu'en 1047, l'empereur Henri III, irrité de ce que Baudouin-le-Pieux avait osé prendre le parti de Godefroi, duc de la Basse-Lorraine, contre Frédéric de Luxembourg, qu'il avait investi de ce duché, vint se jeter sur la Flandre, passant au fil de l'épée tout ce qu'il rencontrait sur son chemin.

Effrayés de l'apparition subite de ce prince furieux, les alliés de Baudouin et de Godefroi, ne se sentant pas la force de se mesurer avec lui, étaient allés à la hâte se réfugier et s'enfermer dans Tournay, l'une des places les plus fortes du pays.

L'empereur, que rien n'arrête court les y assiéger, les fait prisonniers et les remet bientôt en liberté.

Le comte de Flandre se promit bien de se venger : cependant, il dissimula son ressentiment, afin de pouvoir sans entrave rassembler ses forces et mieux organiser son plan.

Quelques années après (1053), se trouvant en état de lutter avec ce redoutable ennemi, il se jeta à son tour dans la Basse-Lorraine, qu'il mit à feu et à sang.

L'empereur, dans cette crise, convoqua une diète à Aix-la-Chapelle, en obtint des secours, et se précipita de nouveau sur la Flandre et notamment sur Lille, qui n'était défendue que par un retranchement peu difficile à escalader (1) : aussi l'a-t-il bientôt franchi. Il fait mordre la poussière à ceux qui lui disputent le passage : Lambert, comte de Lens, chargé de résister aux aggresseurs, arrive à la tête de ses troupes afin de les repousser.

C'est alors que le combat devint plus terrible. Lambert, au milieu de ses combattans, fut blessé à mort au pied du château du Buc. Bientôt l'effroi devint général. Tout fuit épouvanté.

Henri, n'ayant plus d'obstacle à surmonter, fut reçu à Lille, qui, tremblante, lui avait ouvert ses portes (2). Il la livra à la

---

(1) BALDÉRIC, CHRON. DE CAMBRAI, liv. 3 : *Pertransiens autem clausulam illam et interfectis à dextris et à sinistris occursantibus ad islense castellum pervenit.* Voir J. Meyer, liv. 3 -- Sigebert -- Oudegherst -- Antiquités de Flandre et EM 72, manusc. de la bibl. de Lille.

(2) Baudouin V avait établi à Lille quatre portes : celle des *rues*, celle du *château*, celle de *Weppe*, et une autre dont on ignore le nom. (EM 72. msc.)

fureur de la soldatesque, qui la pilla, la détruisit de fond en comble.

Après avoir enseveli ce bourg sous ses ruines, les troupes impériales coururent sur Tournay, où s'étaient, comme précédemment, réfugiés les alliés du comte. Ils y furent bloqués, faits prisonniers et chargés de chaînes. Puis le protecteur de Frédéric retourna en Allemagne.

Cambrai appartenait alors à l'empire : Baudouin, que la proximité de cette ville offusquait, et appréhendant l'invasion qui, à la moindre colère de son ennemi, menaçait sa domination, fit creuser à la hâte un fossé au sud de son comté. Ce fossé, connu sous le nom de *fossa bolona* ou de *fossé neuf*, avait, dit-on, plusieurs lieues d'étendue; et cependant il fut terminé en trois jours et trois nuits (1)!... On le hérissa de palissades, suivant la coûtume du temps, seuls retranchemens nécessaires, « parce » qu'il n'était question, dit Montlinot, que d'arrêter les cour- » ses de ses voisins. »

Ypres, Gand, Bruges, Saint-Omer, furent également fortifiées; et non seulement Lille eut part à ce bienfait, mais encore Baudouin, profitant de la tranquillité où l'Allemagne semblait le laisser, songea à réparer envers cette ville les torts de la guerre; il l'embellit et l'entoura de nouvelles murailles (2). Un donjon s'éleva en place du château du Buc et ombragea les bords de la Deûle. Enfin, voulant prouver toute son affection aux Lillois, le comte de Flandre se bâtit un palais dans leurs murs. Pour cou-

---

(1) *Chron. de Saint-Bertin -- Jacques Meyer -- Buzelin*, fol. 167, annales. Ce fossé sépare aujourd'hui la Flandre de l'Artois.

(2) *Meyer -- Fereolus Locr.*

ronner ses travaux (1), il fonda, en 1055, le célèbre *chapitre de Saint-Pierre* pour quarante chanoines (2); et bientôt après (1066) il le fit consacrer en présence de son illustre pupille, le

---

(1) Tant de soins pour relever la ville de ses ruines lui méritent assurément le titre de fondateur : de là, ces mots qu'on lisait sur son tombeau :

Insulense oppidum cum castris fundat, ibidem
Ecclæsiam œdificans, ô Petre Sancte, tuum.
(Gallo Fland. p. 7.)

(2) Voir pièces justificatives -- Gazet -- Meyer -- Vander. -- Buzelin.

Le chapître était en dernier lieu composé d'un prévôt, d'un doyen, d'un chantre, d'un écolâtre, d'un théologal, d'un trésorier, de quarante chanoines, de plusieurs chapelains et vicaires, formant en totalité cent personnes. Tels sont les renseignemens que nous a fourni un manuscrit côté EM 62 et portant pour titre de la châtellenie de Lille. Ce manuscrit confronté, nous a convaincu qu'il a servi beaucoup à *Tiroux*, si toutefois il n'est son œuvre. Il appartient à la bibliothèque de cette ville.

Cet ancien historien de Lille, ayant vu la collégiale au commencement du XVIIIe siècle, nous lui emprunterons quelques détails que nous reproduirons textuellement :

« Le chapître, dit-il, reconnoit pour chef le doyen qui a double pré-
» bende ; en son absence c'est le chantre dont le devoir consiste à pren-
» dre soin de tout ce qui concerne l'office divin. Cet office a peu de re-
» venus aussi bien que celui de l'escolâtre vers qui se doivent pourvoir
» ceux qui veulent enseigner la jeunesse dans la ville. La dignité de
» trésorier produit des revenus plus considérables ; mais celui qui en est
» revêtu est chargé du luminaire de l'église, ces quatre dignités sont
» électives de la part du chapitre et ont été longtemps disputées par
» ceux qui en étoient pourvus de Rome. Les canonicats rapportent 1800
» livres de France. Il faut que les chanoines soient nés de légitime ma-
» riage pour être habiles à posséder leur canonicat. Le prévôt a sa jus-
» tice particulière administrée par un baillif ou homme de fief et au-
» tres officiers nécessaires de même que messieurs du chapitre ; ils sont
» l'un et l'autre les premiers pasteurs de toute la ville, sans compter
» plusieurs lieux de la campagne où ils sont grands décimateurs et
» sont collateurs de cures. »

roi de France et de sa noblesse ; de Drogon, évêque de Thérouane, de Guy, évêque d'Amiens, et enfin des membres les plus célèbres du clergé de Flandre, qui avaient reçu l'ordre de se rendre à la cérémonie avec les saintes reliques en vénération dans le pays. Ils s'y rendirent avec l'appareil le plus pompeux. Isaac, comte de Valenciennes, et une multitude de gentilshommes, se trouvèrent à cette importante consécration.

L'enceinte de la ville, encore peu étendue, disent *Baldéric*, *Ipérius*, *Buzelin*, ne put contenir tant de seigneurs ecclésiastiques et séculiers (1). Aussi fut-on dans la nécessité de leur dresser des tentes au dehors. Ce fut au milieu de cette imposante assemblée que Baudouin produisit la charte par laquelle il fit les plus riches donations aux chanoines ; charte à laquelle Philippe, roi de France, fit apposer son scel (2), ce qui fut imité par un grand nombre de hauts et puissans personnages

Baudouin-le-Pieux ne survécut pas longtemps à cette cérémonie. Bientôt, en effet, il sentit que les derniers momens de sa vie étaient arrivés. Il recommanda à son fils la crainte de Dieu, l'amour de la France ; l'exhorta à laisser aux autres le soin de punir et à se réserver celui de décerner les récompenses.

---

(1) Les accroissemens successifs de Lille prouvent qu'elle dût être bien peu étendue à cette époque.

(2) Les lettres de fondations que nous reproduisons dans nos pièces justificatives, sont datées de 1066. Elles furent conservées par les soins de la comtesse Jeanne qui, en 1217, les fit transcrire en sa présence par Adam, évêque de Thérouane ; car le titre original tombait en pourriture. *(Guide du Voyageur à Lille.)*

En 1067, Baudouin, pour accroître encore le respect du peuple envers la collégiale, rapporta de Gand le bras de *Saint Macaire*, ainsi que nous l'apprend l'auteur de la vie de ce bienheureux.

Puis il s'endormit paisiblement, le 1ᵉʳ septembre 1067, dans la béatitude éternelle. On l'inhuma à Saint-Pierre, au milieu du chœur (1), où ses cendres furent religieusement conservées pendant plus de sept siècles. Mais, au passage des iconoclastes qui, en 1795, avaient juré d'anéantir les monumens féodaux, elles furent profanées et dispersées avec les débris de la collégiale et de son mausolée, sur lequel on lisait ces mots :

Chy gist très hault, très nobles, très puissans princes, Baudewins, li débonnaire, jadis cuens de Flandres, qui fonda ceste église et trespassa en l'an de grasse MLXVII. Dites vos Pater noster pour s'ame.

CHAPITRE II.

Baudouin VI, dit de Mons,

VIIIᵉ COMTE DE FLANDRE.

Sous Baudouin de Mons, Lille passa presqu'inaperçue dans l'histoire. Ce comte ne put guère s'en occuper, sans doute à cause de la brièveté de son règne. D'ailleurs, il était juste qu'il portât ses soins à accroître les autres villes de sa domination,

---

(1) *De la ville de Lille* (msc. bib. publ.) EM 49, p. 112 — EM 72 — EM 81 — Mss. de la bibl. publ. — *Oudegherst*, p. 82, ch. 43 — *Buzelin* — *Millin*, qui nous a conservé le dessin de ce tombeau.

qui, presque toutes peu défendues, se trouvaient sans cesse exposées à la malveillance et à la fureur de leurs ennemis.

Aussi, pendant son gouvernement, Baudouin de Mons, qui avait réuni le Hainaut à sa couronne par son mariage avec Richilde, fille unique de Regnier IV, s'occupa à fortifier le bourg de Grammont, donna des lois sur la peine du talion, afin de détruire le grand nombre de malfaiteurs qui désolaient la contrée (1).

Il défendit en même temps de forcer qui que ce fût au duel judiciaire ; grande amélioration introduite dans les coûtumes législatives du pays.

Cependant, tout en s'occupant au dehors de son administration, le comte conféra au châtelain de Lille le titre de connétable et en fit l'un des quatre officiers souverains de sa maison, *ministeriales domûs;* dignité qui ne laissa pas de rehausser l'importance de cette ville.

En 1070, ce prince pacifique, sentant approcher ses derniers momens, se fit apporter les saintes reliques de la contrée ; et, en présence de sa noblesse et des prélats qu'il avait réunis, il partagea ses états entre ses enfans. Arnould, son fils aîné, reçut la Flandre et Baudouin le Hainaut. Robert, oncle de ces jeunes princes encore mineurs, fut chargé de leur tutelle ; toute l'assemblée les reconnut à ces titres et leur jura fidélité (2).

---

(1) *Jacques de Guise — Oudegherst.*

(2) *Jacques de Guise — Oudegherst — Jacques Meyer — Marchant.*

CHAPITRE III.

Arnoult III, dit le Malheureux,

IXᵉ COMTE DE FLANDRE.

En vertu des dispositions testamentaires de Baudouin, Robert s'était mis à la tête du gouvernement de Flandre. Richilde, mécontente de ce que la tutelle de ses enfans ne lui avait pas été déférée, voulut se l'arroger à l'aide d'un parti assez considérable qui s'était déclaré en sa faveur.

Une femme ambitieuse n'oublie rien pour parvenir à son but : non contente d'avoir fomenté des troubles, elle s'adressa au roi de France qui lui adjugea la régence malgré les réclamations de Robert (1).

Quoique ce dernier se vît ainsi évincé du pouvoir, il ne s'en adressa pas moins de son côté (en 1071) aux états de Flandre déjà fatigués de l'administration de la comtesse. En effet, Richilde n'était pas plus tôt arrivée au commandement, qu'elle surchargea le peuple d'impôts, écueil souvent funeste à tout prince qui tient le sceptre contre tout droit de légitimité. Outre cette impolitique conduite, l'on avait à reprocher à Richilde de ne pas savoir maîtriser son caractère violent et despotique. Aussi

---

(1) *Jacques Meyer* — *Oudegherst.*

des députés lui furent envoyés de Gand et de Bruges afin de la prier humblement de remettre les rênes de l'état entre les mains de son beau-frère, suivant les dernières volontés de son mari et les vœux du pays. Irritée d'une telle hardiesse, Richilde, qui déjà avait, pour le même motif, fait trancher la tête aux députés d'Ypres, se proposait de faire subir un pareil châtiment aux nouveaux délégués qui avaient osé se charger d'une telle mission; mais le seigneur du Buc, châtelain de Lille, leur donna un asile dans son château et les garantit ainsi du sort qui les attendait.

L'orage s'amoncelait chaque jour. La Flandre teutonique leva enfin l'étendard de la révolte et s'entendit avec Robert, qui, à la tête d'une armée considérable d'Allemands, marcha vers Ypres, dont les habitans passèrent aussitôt sous ses lois (1). De là il courut sur Lille, où la population ne lui était pas aussi favorable, non plus que la Flandre wallonne, mais il fut reçu, dit Oudegherst, « par le moyen du susdit messire Ghérart du » Buc dans le chastel et tost après se fit semblablement maistre » de la ville, où fut occis et mis en pièces le seigneur de Mailly, » principal auteur des cruautés de la comtesse Richilde, en » paiement du buvrage qu'il avoit par ses ruses et pernicieux » conseils brassé au pauvre pays de Flandres. »

Cette princesse, ne pouvant résister à la crise qui la menaçait, se sauva à Amiens et sollicita Philippe I, roi de France, de ne pas abandonner son vassal, petit-fils d'un prince qui avait bien mérité de son royaume en le gouvernant pendant sa minorité.

---

(1) *Sigebert — Bellef. — Buzel.*

Le monarque, se rappelant en effet les obligations qu'il devait à son tuteur, voulut les reconnaître de nouveau dans la personne de sa veuve, à laquelle il amena des secours.

Le Hainaut, le Tournaisis, Douai, Arras, Béthune, Saint-Omer, se joignirent au roi, en faveur de Richilde, tandis que Lille, Gand, Bruges, Cassel, Courtray, Ypres, se rangeaient sous les drapeaux de Robert.

L'appareil menaçant du roi de France n'effraia pas son adversaire, accoutumé à la fatigue du combat. Loin d'attendre qu'il fût attaqué, ce dernier courut au-devant de ses aggresseurs; et, le 22 février 1072, la bataille s'engagea près Cassel.

On vit alors Richilde, à la tête de ses troupes de Hainaut, se jeter au milieu de la mêlée, où, après avoir donné l'exemple d'un héroïque courage, elle tomba entre les mains de son ennemi, qui la retint prisonnière.

Arnoult, brave comme sa mère, fit comme elle des prodiges de valeur ; mais, bien que la fureur des armes l'eût épargné, il ne put éviter le fer d'un assassin, du traître Gerbodon, son vassal (1).

Robert, qui avait été sans doute la cause de ce crime, fut alors reconnu pour comte de Flandre au lieu de tuteur de ses neveux, le seul titre qu'il avait d'abord revendiqué.

Les premiers momens de son gouvernement furent agités par les nouvelles tentatives de Richilde, qui avait recouvré la liberté. Elle fit une levée de troupes et vint éprouver en Flandre les chances de la fortune, mais elle ne lui fut pas favorable.

---

(1) *Jacques de Guise* — *Meyer* — *Sigebert* — *Oudeghersf* — *Buzelin*.

Robert, plus heureux, se précipita dans le Hainaut où il gagna la bataille de Broqueroye (près Mons), dont le théâtre fut si sanglant, que les buissons en reçurent le nom de *hayes mortes* (1).

Cet événement malheureux ne déconcerta pas le jeune comte Baudouin, frère d'Arnoult. Il se déclara (1076) même héritier de la Flandre par la mort de son légitime seigneur. Un combat près de Denain, à deux lieues de Valenciennes, vint appuyer ses réclamations.

La victoire balançait entre les combattans, lorsqu'enfin Baudouin, appaisé par une certaine indemnité qui lui fut payée en numéraire, renonça pour lui et ses successeurs à tout droit sur la Flandre, se réservant seulement la châtellenie de Douai. Il s'engagea, dans le même acte, à épouser la fille de Robert, qui retint cette ville jusqu'à la célébration du mariage.

La future était difforme ; Baudouin, qui ne la trouvait pas de son goût, la renvoya à son père ; et Douai, qui dépendait du Hainaut, devint dès lors un des fleurons de la couronne de Flandre (2).

La cour de Rome avait assurément reconnu Robert, ainsi que son fils, Robert-le-Jeune, pour comtes de Flandre, puisque Grégoire VII leur écrivit, en 1077, pour les engager à réprimer la débauche du clergé lillois. En effet, il vivait alors avec des courtisanes comme en légitime mariage.

---

(1) Idem. — Msc. EM 81 — EM 72.
(2) *Sigebert* -- *J. de Guise* -- *Oudegherst*.

Le pape recommanda encore à Robert de ne pas souffrir
« la Simonie qui estoit alors fort fréquente (1). »

Il écrivit aussi à Adèle, mère de Robert, afin de l'exhorter à
ne faire grâce à aucun des coupables. On décréta, en conséquence, que tout prêtre souillé par le libertinage serait chassé
du sanctuaire comme indigne d'approcher des choses saintes.

Ingelrham, chanoine de Saint-Pierre, de Lille, fut désigné par Sa Sainteté pour co-adjuteur de Robert (2). Les mesures
sévères que l'on prit ne furent certainement pas inutiles, car l'histoire ne parle plus du déréglement du clergé de cette ville.

Le zèle que Robert déploya dans cette circonstance lui fit des
ennemis.

Il avait, en outre, placé l'un de ses partisans sur le siége
épiscopal de Thérouane, malgré les réclamations des Morins
qu'approuvaient hautement tous les religieux du diocèse ; car
Lambert, qui fut revêtu de cette dignité, en était indigne. Le
comte de Flandre méprisa les représentations, et, les armes à
la main, il vint installer son protégé. Mais ce fut en vain : un an
après (1081), Lambert apprit sa déchéance prononcée par les
évêques de France. Le pape, pour le renverser tout-à-fait,
lança l'excommunication contre lui.

Le comte ne pardonna pas aux habitans de Thérouane d'a-
voir contrarié ses intentions (3). De son côté, l'archidiacre de
cette ville avait pris ce prince en aversion. Aussi, lorsqu'en
1083 un parti se forma contre lui en faveur de Baudouin, comte

---

(1) Msc. EM 81 — *Buzelin* — *Greg.*, liv. 4. ép. 10 et 11.
(2) Idem.
(3) *Jacques Meyer.*

de Hainaut, l'archidiacre se rangea parmi les mécontens. Robert le fit arrêter avec plusieurs conjurés et se disposait à le faire punir. Mais le pape intercéda pour le rebelle. Personne n'osait se charger de la députation vers le comte, dont on connaissait la violence. L'évêque de Soissons vint s'offrir à se transporter à Lille devant le prince irrité. L'air vénérable de ce patriarche et sa grande habileté d'émouvoir le cœur humain désarmèrent Robert, qui fit grâce au coupable (1).

Le pieux évêque, pour reconnaître la faveur que le comte venait de lui accorder, s'occupa, par ses exhortations, à ramener la paix et la tranquillité dans les états de Flandre, qui, malgré la peine du talion, étaient décimés par un grand nombre de meurtriers. Il réussit si bien à calmer les esprits, qu'en 1085, Robert put se mettre en voyage pour la Palestine, où il se rendit, accompagné de Baudouin de Gand, de Buchard de Commines, de Gérard, châtelain de Lille, et de plusieurs autres seigneurs (2).

Pendant l'absence de Robert et de sa noblesse, les mutins relevèrent la tête et bouleversèrent la Flandre. Le comte de Hainaut avait également pris les armes. L'évêque de Soissons, malgré son grand âge, accourut de nouveau et appaisa encore la sédition.

Tandis que l'insurrection molestait ainsi la contrée, un chanoine de Saint-Pierre, nommé *Lambert* ou Raimbert, enseignait (1088) publiquement à Lille la dialectique. Son attachement à la secte des *nominaux* lui avait fait une haute réputation et un nombreux parti ; aussi son auditoire se composait de 200 élèves.

---

(1) *Jacques Meyer* — *Vie de St.-Arnould.*
(2) *Meyer,* liv. 3 — Msc. des anciens.

Tournai s'honorait également de posséder une école célèbre dirigée par *Oudart*, qui était *réaliste*. La rivalité mit bientôt aux prises nos deux professeurs.

Gualbert, chanoine de Tournai, ne sachant décider de la supériorité des deux doctrines, alla consulter un magicien sourd et muet! — L'oracle, comprenant les signes que lui fesait Gualbert pour l'interroger, se tourna vers l'école d'Oudart en fesant mouvoir son doigt comme le soc d'une charrue qui fend la terre. Il signifiait par là que sa secte était bonne. Puis, s'orientant vers Lille, il souffla sur ses doigts en signe du mépris qu'il fesait de la doctrine de Lambert (1).

Lille et Tournai remplissaient ainsi le pays de leur haineuse émulation, lorsque Robert, de retour de Jérusalem, se déclarait, en 1091, héritier des biens des ecclésiastiques et leur défendait de tester en vertu d'une ordonnance qu'il voulut remettre en vigueur. Mais cette décision excita les murmures du clergé flamand. L'affaire fut portée devant le pape Urbain, qui chercha, mais inutilement, à détourner Robert de la mettre en exécution. Enfin ce comte fut excommunié dans un concile tenu à Rheims (2). Il se désista, et bientôt après termina ses jours à Cassel.

---

(1) *Herman*, chronique de St.-Martin — EM 72 — *Buzelin* — *Hist. litt. de France*, t. VII — *Montlinot*.

(2) *Meyer* — *Oudeghcrst* — *Buzelin*.

CHAPITRE IV.

Robert II, dit de Jérusalem,

XIᵉ COMTE DE FLANDRE.

Robert (1), qui s'intitula *Prince de Flandre après Dieu*; qui, comme le roi de France, avait douze pairs à sa suite, succéda à son père en 1095.

La mort de Gérard, pieux évêque de Cambrai, venait de plonger le pays dans le deuil. L'Artois et le Cambrésis ne formaient alors qu'un seul diocèse. Au moment de choisir un successeur au prélat, les Artésiens demandèrent un évêque particulier (2).

L'élection fut fixée au 10 juillet. Trois chanoines de Lille furent invités à aller à Arras, afin d'assister à l'assemblée.

En conséquence, Clarembauld, Lambert dit de Guines et Lambert de Comines s'y rendirent.

Lambert de Guines obtint la majorité des voix : il refusa cette dignité. Mais le pape avait ordonné à celui sur lequel tombe-

---

(1) *VREDIUS : Ego Robertus universæ Flandriæ, pòst Deum princeps.*
(2) *Fereol. Locr. — Gazet — Meyer — Spicil.*, t. 3. — *Martin Lhermite*, p. 227 — *Fleury*.

raient les suffrages d'accepter cette honorable fonction. Il fallut donc se soumettre. Le nouvel évêque se rendit pour lors à Rome le 19 mars 1094, afin de s'y faire sacrer. De retour en Flandre, il vint à Lille où il choisit dans son ancienne collégiale Jehan et Charembauld pour en faire ses archidiacres, tous deux hommes du plus haut mérite et excellens théologiens : aussi Jehan devint bientôt évêque de Thérouane (1).

Peu après ces nominations glorieuses (1096), Pierre Lhermite se mit à parcourir l'Europe, prêchant les croisades ; sa barbe longue et blanchie par les années, ses pieds nus, endurcis à la fatigue, son austérité, son éloquence véhémente, entraînent à sa suite une multitude de peuple, qui, au cri de *Dieu le veut,* prennent la croix ou s'empressent de la recevoir des mains du pieux prédicateur.

Il passe à Lille ; le comte Robert, séduit par ses exhortations et plus peut-être par la circonstance, lève la bannière du départ autour de laquelle courent se ranger Charles, prince de Danemarck, Gérard de Lille, Philippe, vicomte d'Ypres, Arnauld de Gand, Siger de Courtray, Roger, châtelain de Lille, Englebert de Cysoing, et beaucoup d'autres seigneurs, qui tous attendent avec impatience le moment de se signaler par la délivrance du Saint-Sépulcre.

Robert, pour obtenir du ciel un heureux voyage, donna au chapitre de Saint-Pierre à Lille, la terre de Lesquin, déchargée de toute imposition ; et ayant confié le gouvernement de Flandre à Clémence, sa femme, et à Baudouin, son fils aîné, il se

---

(1) *Erant hi Joannes et Claremboldus insignia collegii canonicorum insulensium lumina.* (Buzel, ann. 196.)

mit en marche (1), forma le siége de Nicée, capitale de la Bithynie, qui se rendit après un siége de trente-quatre jours.

Le clergé, profitant de l'élan qui entraînait la noblesse aux croisades, achetait à vil prix une foule de fiefs dont les possesseurs étaient obligés de se défaire pour suffire aux frais de ces coûteuses expéditions.

L'avidité des ecclésiastiques fut loin de s'éteindre par ces acquisitions avantageuses : ils s'occupaient avec le zèle le plus ardent à augmenter leurs richesses. On les voyait même assez fréquemment se livrer au commerce. Le négoce des vins était celui qu'ils fesaient le plus volontiers, car leur ordre privilégié était affranchi des droits sur les boissons ; aussi ce genre de spéculation contribuat-il à accroître leur fortune d'une manière excessive.

Le comte de Flandre sentit bientôt la lésion apportée à son trésor, et plusieurs ordonnances furent promulguées afin de réprimer le penchant du clergé. L'on rendit, entr'autres, une sentence à Lille, en 1102, contre « Sire Adrien de Montignies, » prestre qui se mesloit de vendre vin et tellement que le très » redouté Signeur en estoit adomagé de plus de cent escus » chascun an (2) » somme alors considérable.

Ces ordonnances n'aboutirent pas à grand'chose, car un siècle après, ce mercantilisme religieux prit une bien autre extension : es abbayes principalement offraient tout en même temps et la réunion des plus saintes vertus et une habitude trop prononcée

---

(1) *Sigebert* — *Meyer* — *Oudegh*. — Trés. des Anecd, t. 3. — *Herm*. — *Msc. des ancienn*.

(2) Msc. bib. de Lille EM 85, fo! 203.

pour les plaisirs de la taverne (1). De là l'une des causes de la démoralisation qui s'introduisit par la suite dans les communautés.

Cependant Robert en revenant de la Palestine, espérait prendre quelque repos au sein de ses états ; mais, au lieu de déposer les armes, il se vit obligé de lutter contre le comte de Hainaut qui cherchait à rentrer en possession de Douai, qu'il avait perdu en 1076, comme nous l'avons vu. Ce dernier avait suscité à son rival un grand nombre d'ennemis, mais celui-ci ne s'en effraya pas. Il commença même les hostilités prenant pour prétexte que le pape lui avait commandé, *pour la rémission de ses péchés*, de poursuivre les schismatiques. Robert alla donc mettre le siége devant Cambrai, peuplée de sectaires.

L'empereur Henri IV accourut défendre cette ville de sa domination et n'eut pas de peine à repousser le comte, dont les forces s'étaient considérablement affaiblies en Terre-Sainte (2).

L'année suivante (1106), Henri V, successeur de l'empereur d'Allemagne, se joignit aussi au comte de Hainaut et aux Hollandais contre Robert qui sut néanmoins conserver l'avantage sur ses ennemis ; car, dit Meyer, cette guerre, terminée en 1110, lui assura Cambrai que lui céda Henri.

Il ne jouit pas longtemps de cette importante acquisition, car il périt sous les pieds de ses chevaux, le 5 décembre 1112, en combattant contre les Anglais.

---

(1) Hist. de l'abbaye de Loos. — *Msc d'Ignace Delfosse.*
(2) *Meyer — Oudegh. — Buzelin.*

CHAPITRE V.

Baudouin VII, dit Hapkin ou à la hâche,

XIIe COMTE DE FLANDRE.

A la mort de Robert, Baudouin, son fils aîné, prit les rênes de l'état.

Le pays était toujours infesté d'assassins et de malfaiteurs qui semaient partout le brigandage ; mais le nouveau comte de Flandre n'était pas disposé à leur faire de quartier. Tous les historiens nous le représentent comme un juge sévère, hâchant impitoyablement les criminels. De là le surnom de *Hapkin*, qu'on lui consacra, parce que la hâche était l'instrument dont on se servait dans les supplices.

Tout juste qu'était ce prince, il n'en avait pas moins saisi un bien appartenant au chapitre de Saint-Pierre de Lille, possession située à Vals, près Aix-la-Chapelle, et que Baudouin-le-Pieux lui avait donnée. Toutefois il le restitua (1117) en reconnaissant hautement sa faute (1) et en la pleurant amèrement devant Jean, évêque des Morins, et devant Lambert, évêque de Noyon et de Tournai, qui étaient venus exprès à Lille pour lui faire des représentations à cet égard. Ils n'eurent pas de peine

---

(1) *Mirœus*, t. 1er, p. 83 — *Meyer* — *Ypérius*.

à le persuader, car, étant ennemi de quiconque commettait une injustice, il n'était nullement porté à en commettre lui-même.

Le comte Baudouin ne survécut pas longtemps à cette réparation : il périt en 1119 des suites d'une blessure qu'il reçut au siége d'Eu en Normandie, où il était allé combattre les Anglais aux prises avec Louis-le-Gros.

CHAPITRE VI.

Charles Ier, dit le Bon,

XIIIe COMTE DE FLANDRE.

Charles-le-Bon (1), fils du roi de Danemarck qui, ainsi que nous l'avons vu, suivit Robert son aïeul en Palestine, succéda à Baudouin. De hautes et brillantes qualités le firent apprécier, mais elles ne purent le garantir des coups d'un assassin : en effet, ce malheureux prince, pendant le cruel et rigoureux hiver qui, en 1125, désola la Flandre par les horreurs de la famine, avait voulu obliger *Burchard Van der Strateen* à vendre son blé à un prix raisonnable; et, pour l'y contraindre, il l'avait assiégé dans son château.

---

(1) Sa vie nous a été laissée par *Gualterus*, chanoine de Thérouanne. — Voir encore la *Chron. de St.-Denis*.

Burchard irrité jura la perte du prince. Une occasion se présenta bientôt (1127) d'accomplir son épouvantable projet. Déguisé en mendiant, il s'introduisit dans l'église Saint-Donat, à Bruges, où le comte était en prière ; c'est là qu'il le frappa d'un coup mortel.

Il s'esquiva ; mais la justice divine ne permit pas que son crime restât impuni. Il fut bientôt arrêté à Warneton et conduit vers Lille où « les habitans instruits du fait s'étaient portés en
» foule sur la route par laquelle il devait passer. On le vit s'a-
» cheminer revêtu d'une méchante tunique de paysan dont il
» s'était affublé dans l'espérance de s'évader. Il avait les pieds
» en sang, le teint pâle, les yeux hagards. Une escorte de trente
» vassaux de la terre de Roubaix l'accompagnait. Conduit au
» pied de l'échaffaud dressé devant la Salle-le-Comte, il dit
» qu'il n'existait point de supplices assez cruels pour l'expia-
» tion de son crime. On l'attacha sur la roue. On lui arracha
» les yeux avec les ongles. Après quoi la roue fut hissée sur des
» pieux hauts de vingt pieds.

» Il resta dans cette horrible situation depuis la IXe heure
» du jour jusqu'au lendemain au lever du soleil. Plusieurs fois
» il demanda de l'eau pour étancher la soif qui le dévorait. Les
» soldats qui le gardaient montèrent pour lui en donner. Enfin
» touchés de compassion ils l'achevèrent à coups de flèches.
» Dès qu'il eut rendu le dernier soupir, on le détacha de la
» roue et on le suspendit par les pieds à un gibet en dehors de
» la porte Saint-Pierre où il resta exposé durant trois jours (1). »

---

(1) Note de feu M. Lebon, d'après une chronique du XIIIe siècle. Voir la *Revue du Nord* — *Suger*, VIE DE LOUIS-LE-GROS — *Buzelin*. — *Panck*.

CHAPITRE VII.

Guillaume, dit le Normand,

XIVe COMTE DE FLANDRE.

La mort de Charles-le-Bon mit plusieurs seigneurs sur les rangs. L'on comptait de ce nombre le comte de Hainaut, Arnould de Danemarck, et Guillaume d'Ypres. Chacun fesait valoir ses droits ; mais Louis-le-Gros, sans égard à leurs réclamations ni à celles de Thierry d'Alsace qui revendiquait la couronne comme héritier de Gertrude, fille de Robert-le-Frison, investit (1128) du comté Guillaume de Normandie.

Les rivaux, mécontens, refusèrent de reconnaître ce prince étranger. Pour le maintenir, le roi de France fut forcé de venir assiéger Lille, qui bientôt séduite par ses promesses et plus peut-être encore par la force de ses armes, consentit à accepter Guillaume pour comte de Flandre ; mais toutefois après qu'il eut prêté serment de ne pas léser les ûs et coûtumes des habitans, formalité que ses successeurs, à leur avènement au pouvoir, ont toujours depuis observée avant de recevoir le serment de fidélité des Lillois qui semblait n'en être que la conséquence.

Guillaume ne tint pas plus tôt le gouvernail de l'état, qu'il ne dissimula ni son despotisme, ni sa rapacité (1).

D'abord, pour mieux imposer ses administrés et faire de plus abondantes recettes, il défendit aux chanoines de Saint-Pierre, à Lille, de lever, comme de coûtume, aucun subside sur leurs vassaux (2).

Jean, évêque de Thérouane, se rendit à Lille comme arbitre dans cette affaire. Il assembla le clergé et les barons de Flandre, écouta les débats et prononça en faveur du chapitre.

Guillaume en fut quitte pour demander pardon ; et, dit Montlinot, il reçut l'absolution de sa faute vis-à-vis l'église, nu-tête et à genoux.....

Ce prince ne fut pas corrigé après cette humiliation : il développa de plus en plus son caractère rapineur. Oudegherst raconte que, par ses tyrannies, il s'attira la haine du reste de la population de Lille qui, fort peu civilement, « lui ferma les » portes au nez, disant qu'ils n'entendoyent estre régis, ni » gouvernez de la façon dont il les avoit commencé traicter. »

Thierry d'Alsace, profitant de la disposition des esprits, et de la haine qu'on portait à son ennemi, se met en campagne, arrive à Gand et à Lille où le peuple lui tend les bras, tandis que la bourgeoisie de Saint-Omer s'insurgeait également en sa faveur.

Pour arrêter les progrès de la rébellion, le roi de France

---

(1) *Gualbert* — *J. Meyer* — *Oudegherst.*
(2) *Buzelin* et les diplômes qu'il cite.

accourt jusqu'aux portes de Lille, qu'il assiége ; mais voyant que la Flandre était entièrement indisposée contre Guillaume, il quitte cette entreprise dont l'issue aurait pu lui être des plus préjudiciables.

Le prince normand, plus intéressé dans la lutte qui venait de s'engager, fit excommunier Thierry par l'évêque d'Arras. Lille fut également mise en interdit comme favorisant l'insurrection.

Le parti de l'alsacien se voyant ainsi excommunié, n'osa soutenir plus long-temps son protégé : Guillaume encouragé par la défection qui éclaircissait l'armée de son ennemi, le poursuivit avec une nouvelle ardeur ; aussi Thierry fut bientot mis en désarroy » dit Oudegherst lorsqu'heureusement pour lui un arbalétrier lança, des murs d'Alost, une flèche qui blessa mortellement son rival (1).

---

(1) Voir *Denis Sauvage* et les historiens du pays.

CHAPITRE VIII.

Thierry d'Alsace,

XV° COMTE DE FLANDRE.

Guillaume n'ayant point survécu à sa blessure, Thierry fut, du consentement général, investi, en 1129, du comté de Flandre auquel il rendit la paix. La tranquillité qu'il ramena dans le pays fut telle, qu'il put partir, dix ans après son avènement, pour la Terre-Sainte, où il se rendit afin de secourir Foulque d'Anjou, roi de Jérusalem, qui lui donna sa fille en mariage.

A son retour de cette lointaine expédition, il trouva Saint-Bernard parcourant la Flandre pour y répandre des religieux de son ordre. Dans cette incursion, Lille ne fut pas oubliée par le saint voyageur que Thierry et Sibille, sa nouvelle épouse, reçurent avec un pieux empressement. Aussi, convaincus facilement par ses chaleureuses exhortations, ils projetèrent la fondation de plusieurs abbayes, entr'autres celle de Loos qui s'éleva en 1146 près Lille (1).

---

(1) *Locrius* — *Hist. de l'abb. de Loos.*

Après en avoir jeté les fondemens, Thierry, toujours entraîné par sa bravoure, retourna, en 1148, en Palestine avec Louis-le-Jeune, roi de France, et se distingua au passage du Méandre en battant les infidèles ; mais, tandis qu'il signalait son courage au dehors, le comte de Hainaut ravageait ses états. A la nouvelle de ces hostilités, Thierry se hâta de repasser la mer et se précipita dans les domaines de son ennemi qu'il ravagea à son tour. Après l'avoir forcé à lui crier miséricorde, il se rembarqua en 1156 pour la troisième fois (1), afin de se rendre en Terre-Sainte où il conduisit Sybille, qui brûlait de voir le roi de Jérusalem, son frère.

Enfin, en 1163, Thierry reparut en Flandre et notamment à Lille, recruta de nouveaux combattans et retourna en Asie où il s'empara de Césarée sur les ennemis de l'église. Puis il revint un an après au milieu de son peuple, confia le gouvernement à son fils et prit l'habit religieux au monastère de Watte, où il passa ses cinq dernières années ; dénouement alors fort ordinaire de la vie des princes.

---

(1) EM 72 — *Yperius* — *Auct. gembl.* — *Buzelin*.

CHAPITRE IX.

Philippe d'Alsace,

XVIᵉ COMTE DE FLANDRE.

Philippe d'Alsace commença son règne sous les auspices les plus heureux : il épousa Isabelle, fille du comte de Vermandois, qui lui apporta en dot ce comté et celui d'Amiens ; acquisitions qui augmentèrent beaucoup l'importance de la Flandre.

Cet agrandissement de puissance, ainsi que la bravoure du prince, contribuèrent efficacement à écraser les perturbateurs dont l'audace s'était réveillée principalement à dater de l'époque où Thierry, son père, avait pris le froc.

Parmi les mécontens se trouvait Florent, comte de Hollande, qui se jeta sur la Flandre avec des intentions les plus hostiles ; mais Philippe d'Alsace lui apprit, en 1165, qu'il savait punir ses ennemis, en le fesant prisonnier, tandis que les pirates qui l'avaient accompagné furent conduits à Bruges pour y recevoir le châtiment qui leur était dû. Cette sévérité ramena le calme dans l'état ; la tranquillité qui régnait dans les communautés religieuses engagea *Thomas Becquet*, archevêque de Cantorbéry, exilé par Henri, roi d'Angleterre, à venir y chercher un asile. En effet, ce pieux pontife aborda en 1170 à Gravelines et se retira à Clairmarais, puis à Saint-Bertin (1).

Pendant son bannissement, Thomas Becquet vint aussi séjourner à Lille, qui a conservé le souvenir de sa résidence ; et encore de nos jours des habitans de la campagne, mûs par une dévotieuse crédulité, viennent dans cette ville demander la permission de tirer de l'eau d'un puits creusé dans le local qu'il occupa et qui passe pour opérer des cures miraculeuses (2).

Le saint archevêque ne s'arrêta pas longtemps dans cette cité, car le comte de Flandre l'ayant réconcilié avec le roi d'Angleterre, il retourna dans son diocèse, où, bientôt après, il fut assassiné. Philippe d'Alsace en apprit la triste nouvelle au moment où il se félicitait d'avoir assuré au commerce de Flandre un débouché important pour faire vendre à Aix-la-Chapelle et à Duisbourg les draps qu'on fabriquait à Lille et à Douai, industrie principale de ces deux villes. En effet, il avait sollicité et obtenu, en 1173, de l'empereur Frédéric, la facilité de les importer dans ses états (3).

Tout en s'occupant de la prospérité de son peuple, Philippe d'Alsace n'oubliait pas les expéditions aventureuses : il fit vœu

---

(1) *Jean Cousin* — *Locrius* — *Histoire des flamands du Haut-Pont,* par M. *Henri Piers.*

(2) Ce puits se trouve situé dans l'hôtel de M. le député Delespaul. On lit sur une pierre encastrée dans la façade de cette maison l'inscription suivante :
Sancto Thomae canturbiensi hujus quondam hospiti sit laus honor et gloria.

(3) *Jacq. Meyer* — M. *Varnkœnig,* liv. 2ᵉ, a publié les lettres d'obtention.

d'aller à Jérusalem où il se rendit en 1177. C'est dans cette circonstance qu'il donna une nouvelle preuve d'héroïsme en combattant corps à corps, sous le mont Sinaï, le prince turc qui finit par succomber à la lutte opiniâtre qui s'était engagée.

Ayant appris la mort de Hugues, châtelain de Lille, et que la Flandre était affligée par la famine et une affreuse mortalité (1), le comte ne prolongea pas son absence; il accourut afin de pourvoir aux besoins que le pays réclamait dans cette fâcheuse extrémité. Son retour était d'autant plus nécessaire, que Philippe-Auguste voyait avec peine qu'il fût en possession du Vermandois et qu'il ne cherchait que l'occasion de le lui disputer. Un prétexte se présenta bientôt, car Aliénor, sœur et héritière d'Isabelle, comtesse de Flandre, décédée en 1182, prétendait avoir des droits sur cette province. Philippe d'Alsace soutenait au contraire que la dot de sa femme, bien que défunte, devait lui appartenir.

Ne pouvant s'accorder, l'on se prépare au combat. Douai, Arras, Ypres, Gand, Bruges, courent aux armes et se rendent dans le Vermandois. Les Lillois y descendent en grand nombre sous la conduite de Nichée, tous pour s'opposer au démembrement des états du comte (2).

Cet appareil menaçant aboutit d'abord à peu de chose, car le roi d'Angleterre conclut une trêve entre les belligérants. Philippe d'Alsace en profita pour faire la guerre au comte de Hainaut, qui s'était déclaré contre lui (3).

---

(1) *Vanderhaer -- François Piétin.*

(2) *Guillaume Breton -- J. de Guise.*

(3) *Meyer -- De Guise.*

Quand l'armistice fut expiré, il se remit en campagne ; et, trouvant que le roi tardait trop à son impatience, il lui envoya un cartel. Le cardinal légat s'interposa en médiateur. Il fut convenu que le comte de Flandre conserverait à vie le titre de comte de Vermandois ; c'était le moins assurément qu'en bonne justice les spoliateurs devaient lui accorder.

La paix entre les deux princes ne fut pas cimentée, comme on peut le penser. Aussi Philippe d'Alsace, en 1185, voulant se dégager de toute obéissance envers Philippe-Auguste, rendit hommage à l'empereur d'Allemagne. Le roi de France, irrité, se précipita sur la Flandre ; le comte, à la vue des forces qui se disposaient à le briser, s'humilia, renonça à toutes prétentions sur le Vermandois (1), se réconcilia même si bien avec son avide suzerain que, deux ans après, tous deux se dirigèrent sur le Poitou afin de châtier Richard, fils du roi d'Angleterre.

A la suite de cette expédition, Philippe d'Alsace retourna en Palestine où une maladie pestilentielle vint le frapper mortellement.

---

(1) Idem.

CHAPITRE X.

Marguerite, fille de Thierry d'Alsace,
XVIIe COMTE DE FLANDRE.

Par suite des dispositions testamentaires de Philippe d'Alsace et par droit du sang, Marguerite, sœur de ce prince, prit les rênes de l'état; mais Philippe-Auguste, toujours avide d'accroître sa domination, saisit cette occasion pour venir en Flandre revendiquer la succession du comte, prétendant la réunir à sa couronne comme vacante faute d'héritier mâle. En vain on lui fit observer que la Flandre n'était point terre salique, il ne voulut rien écouter. Car souvent un conquérant ambitieux n'a point d'oreilles.

Enfin, en 1192, par le traité de Péronne, Baudouin, comte de Hainaut, époux de Marguerite, fut reçu à l'hommage de Flandre, à condition que Méhaut ou Mathilde, veuve de Philippe d'Alsace, jouirait pendant sa vie des châtellenies de Lille, Douai et Orchies; de Bailleul, de Bergues et autres places (1)

Baudouin ne profita pas longtemps de son nouveau comté, car Marguerite, ayant quitté cette vie deux ans après, il dut en remettre le gouvernement entre les mains de son fils.

---

(1) *Meyer -- De Guise -- Panckoucke.*

CHAPITRE XI.

Baudouin IX, dit de Constantinople,

XVIIIe COMTE DE FLANDRE.

Baudouin, l'un des comtes de Flandre dont la vie est la plus extraordinaire par suite des événemens singuliers qui la signalent, succéda, comme nous venons de le dire, à Marguerite, sa mère.

Son avènement fut célébré à Lille par de grandes réjouissances. Il récompensa l'affection que cette ville lui portait en lui donnant, en 1195, un *corps d'echevins* (1) pour la gouverner; belle magistrature plébéïenne qui restreignit à sa juste mesure la féodalité devenue trop puissante, et qui reçut un grand développement sous Jeanne de Constantinople; magistrature enfin qui dut son origine à Louis-le-Gros et qui s'occupa constamment du bonheur des Lillois en défendant les priviléges qu'ils vont acquérir en grand nombre. Dès ce moment le luxe rongeant les domaines des grands va accroître la fortune de la bourgeoisie.

---

(1) *Van der haer*, qui profita du travail de *Piétin*. -- EM 72. manusc. Voir détails dans *Roisin*.

C'était alors l'époque de l'organisation des communes : deux ans auparavant, Baudouin, époux de Marguerite, avait donné aux Gantois un corps semblable d'échevins. (*Oudegh*)

C'est par son institution que finit la *majorie*, dit Piétin, c'est-à-dire, l'administration d'un chef unique appelé *mayeur*, qui n'avait, pour ainsi dire, rien pour contrebalancer sa souveraine autorité.

Ce chef fut conservé cependant, puisqu'il fut mis avec un *Rewart* à la tête de onze échevins dont la réunion avec quelques autres fonctionnaires formait ce qu'on appelait *la loy*.

Cependant Baudouin, en fesant hommage au roi de France, qui avait basé sa politique sur la spoliation de ses grands vassaux, s'était désisté de tout droit sur l'Artois. Cette cession lui causa bientôt des regrets; et, dans l'espérance de rentrer dans cette domination, il se rebella et prit les armes.

Les Anglais accourent à son aide, descendent dans la Flandre française, et prennent plusieurs places.

Le roi arrive à grandes journées pour s'opposer à l'invasion. Après bien des difficultés, Baudouin, à l'instigation de la comtesse Marie, sa femme et de Jean, châtelain de Lille, conclut la paix, en 1199; mais le comte ne déposa les armes qu'en obtenant la possession d'Aire et de Saint-Omer, suivant traité signé à Péronne (1).

Dès qu'il fut rentré dans la jouissance de ces deux villes, il fit vœu de passer en Terre-Sainte. Et, ayant remis le gouvernement du pays entre les mains de Marie, à laquelle il donna pour conseils Philippe de Namur, son frère, messire Baudouin de Commines, les châtelains de Lille, Bruges et au-

---

(1) *Meyer* — *J. de Guise* — *Buzel.* — *Oudegh.* — *Panck.*

tres seigneurs, il partit en 1203 avec Henri, son frère (1), s'empara en peu de temps de Constantinople, dont il fut élu empereur; mais, ainsi que Philippe d'Alsace, il dut payer de sa vie le zèle qui l'entraînait au combat contre les infidèles, car deux ans après son élection à la couronne impériale, il tomba entre les mains du roi des Bulgares qui, dit-on, le fit mutiler et ensevelir vivant dans un cloaque......

CHAPITRE XII.

Jeanne de Constantinople,

XIXe COMTE DE FLANDRE.

Jeanne, fille aînée de Baudouin de Constantinople, succéda à son père à l'âge de dix-huit ans.

Le comte de Namur, son tuteur, eut la lâcheté de l'abandonner (2) à la merci de Philippe-Auguste, qui, voulant rentrer dans la possession d'Aire et de Saint-Omer qu'il s'était vu forcé de céder à Baudouin, comme nous l'avons vu, la retint prisonnière pendant dix ans, malgré les réclamations des flamands, irrités d'une conduite si peu magnanime.

---

(1) *Nicetas* — *Oudegh.* — Hist. litt. de France.
(2) *Meyer* — *Marchant.*

Pendant sa captivité, le pape, Innocent III, publia (1210) une croisade contre les Albigeois ; Jacques de Vitry, légat de Sa Sainteté, vint à Lille, où il engagea Foulques d'Utenhove, chanoine de St.-Pierre, à le soutenir dans ses prédications et à exciter le peuple à marcher contre les hérétiques ; mais le chanoine eut la sagesse de ne pas l'écouter (1) ; sagesse d'autant plus remarquable, qu'à cette époque où commença l'histoire sanglante de l'inquisition, des missionnaires fanatiques portaient partout avec un cruel succès le feu de la guerre civile, et qu'il n'était pas toujours prudent de leur résister.

Ces événemens et d'autres du même genre ne firent pas oublier à Lille que la jeune comtesse était toujours captive ; aussi cette ville déploya-t-elle tant de zèle, qu'enfin ses démarches, celles du reste de la Flandre et de la reine de France (2), furent complètement heureuses ; car, en 1211, le monarque céda aux instances qui lui étaient faites, maria Jeanne à Ferrand de Portugal ; mais, toutefois, il exigea qu'Aire et Saint-Omer revinssent sous sa domination.

Ferrand ne céda que malgré lui à cette injuste exigeance ; aussi ne fut-il pas longtemps sans réclamer ces villes dont il se regardait comme très-illégitimement dépouillé. Mais Philippe-Auguste resta sourd à ses réclamations.

Ferrand, dont le mécontentement était encore animé par les

---

(1) *Meyer* — *Thom. Cantiprat*, Vie de J. de Vitry. — *Buzelin.* — *Montlinot.*

(2) Jeanne, favorisée de Blanche, mère de S. Louis, espagnolle, fit venir à Paris un sien parent, Ferdinand, fils de d'Ancio, roi de *Portugal*, et négocia tellement, que le roi accorda à Ferrand ceste Jeune comtesse, et furent espousés à Paris en 1211. *(Van der haer.)*

Gantois, osa alors refuser de rendre hommage à ce suzerain brutal et offrit son alliance aux Anglais qui acceptèrent avec d'autant plus d'empressement, que Philippe-Auguste préparait alors une expédition contre eux.

Frémissant de colère, le roi de France, à la tête des forces qu'il avait rassemblées contre Jean-sans-Terre, se précipite (1213) sur la Flandre, vient assiéger Lille dont il s'empare trois jours après (1). Il y bâtit le *fort des Raigneaux* pour tenir le peuple en respect, et laissa le commandement de cette place à son fils (2) ; mais Ferrand, aidé de Guillaume, comte de Hollande, et d'une partie des Lillois révoltés, chassa les Français en 1214.

---

(1)   Insula post triduum modica fuit obsidione
    Vertice demisso regi parere coacta.
         (Philippéide.)

(2) « Il laisse à Lille, Louys, son fils, Gauthier de Chastillon, le
» comte de Saint Pol et Henri li mareschal à belle chevalerie, puis
» s'en retourna incontinent en France ; quand il y fut retourné, Louys
» son fils qui estoit demeuré à Lille fit sonner la trompette et issit de-
» hors et alla ardoir la ville de Courtray. Pendant que Louys se fut allé
» vers France auprès le roi son père, et mena avec lui le comte de Saint
» Pol et Henry le seneschal, il laissa deux cents hommes pour garder
» la ville. Incontinent que Loys fut allé en France le comte Ferrand
» ne fut mie endormy, si vint assir Lille où il fut quatre jours à peu
» de conquest, quand il vid que rien n'y feroit il s'en partit, ceux de
» la ville issirent hors et assemblèrent à ses gens, et là fut pris Allard
» de Borgueles es fauxbourgs et l'emmenèrent à grant ioye en la
» ville.

» Quant le roi de France sceut les nouvelles que le comte Ferrant
» avoit assis Lille et que son ost avoit ainsi exploicté, grant ioye en eut
» et sceut bon gré aux bourgeois de la ville de ce qu'ils avoient si bien
» aydé à sa gent, et pour la grande fiance qu'il avoit à eux il en osta
» toute la garnison et leur laissa la garde de la ville. Si tost que le comte
» Ferrant sceut que les garnisons estoient hors il rassembla ses ost et
» vint de nouveau assir la ville de Lille et tantost ceux de la ville se
» rendirent au comte Ferrant.

Philippe-Auguste accourut (1). Le comte de Flandre, quoiqu'affaibli par une fièvre assez violente, se fit porter en litière au milieu des défenseurs de la ville ; mais considérant que toute résistance serait inutile ; que, par le fort des Raigneaux, rien n'était plus facile que de s'introduire dans l'intérieur de la place, parce qu'il « y donnoit entrée et issue », il remonta dans sa litière et se dirigea vers Gand.

De son côté, arrivé sous les murs de Lille, le roi trouva peu d'obstacles à la reprise de cette ville, défendue par une très-faible garnison : aussi en fut-il bientôt maître. Il la fit démanteler, y mit le feu aux quatre coins et la détruisit de fond en comble (2).

L'incendie fut si violent, rapporte Guillaume Breton, témoin oculaire de ce désastreux événement, que le fond marécageux de la ville prit feu, et la fumée eut une telle densité, que le soleil en fut obscurci pendant plusieurs jours. Enfin, la terreur des habitans fut si grande, que la plupart s'expatrièrent en Angleterre ou furent vendus comme esclaves......

Philippe-Auguste, pour accélérer la perte de la ville et aider

---

» Moult fut courroucé le roi de France de ce que la ville se rendit si
» tost, il assembla ses osts puis s'en revint en Flandres et vint à Lille.
» Quand le comte Ferrant le sceut, il ne l'osa attendre et le roy entra
» en la ville de Lille par force et bouta le feu dedans. »
(*Van der haer.*)

(1) *Rigord* — *Æmilius* — *Guill. Breton* — *J. Meyer* — *Oudegherst* — *Van der haer* — *M. Lebon*, Revue du Nord.— Hist. de l'abb. de Loos. — Msc. bib. royale, n° 8380.

(2) *Rigord*, chapelain de ce prince, s'exprime ainsi : Insulam verò propter malitiam inhabitantium in ea funditùs evertit.

l'incendie trop lent à son impatience, fit cramponner des crochets et des cordes aux maisons afin de les renverser. Tel est le tableau que nous en donne Guillaume Breton dans la *Philippéide :*

> Insula tota perit misera servato ruina
> Quidquid enim tota sibi flamma cremabile villa
> Reperit, absumpsit reliquam instrumenta deorsum
> Ferrea dijiciunt...... strictique ligones.

Dans cette malheureuse occurrence, Ferrand ne fut pas dompté ; car il est dans le cœur de l'homme de développer plus d'énergie par cela même qu'on l'opprime davantage. Aussi il s'allia avec Othon, empereur d'Allemagne, ennemi du roi de France. Puis il se rendit en Angleterre dont le monarque se laissa facilement persuader à prendre les armes contre ce prince ambitieux et si peu humain.

Les alliés se dirigèrent vers Lille et s'arrêtèrent à Bouvines, village des environs. Philippe-Auguste accourut, rangea son armée en bataille. C'est alors qu'eut lieu la déposition de la couronne en présence de l'armée ; que le roi s'écria : « Si » quelqu'un est plus digne que moi de se parer de ce diadème, » je suis prêt à lui obéir ; mais si vous ne m'en croyez pas in- » digne, songez que vous avez aujourd'hui à défendre votre » prince, vos femmes, vos biens, votre patrie!..... »

Profitant de l'enthousiasme qu'avaient produit ces paroles, il fit donner le signal du combat mémorable dont tout le monde connait l'histoire.

Après avoir déployé de part et d'autre un admirable courage, Ferrand fut mis en déroute, renversé de son cheval, fait prisonnier et chargé de chaînes. Triste et défiguré, il fut placé pour être conduit à Paris dans une voiture traînée par quatre chevaux alezans, nommés alors ferrans ; ce qui fit dire que « *quatre ferrans bien ferrés menèrent Ferrand bien enferré* », car à cette époque, comme aujourd'hui, les calembourgs populaires insultaient à l'infortune.

Jeanne arrive à Paris, se jette en pleurs, pâle, échevelée, aux pieds du roi, le supplie de lui rendre son époux. Philippe-Auguste se laisse fléchir, mais exige, pour prix de cette faveur, que les remparts de la Flandre seraient démantelés.

Les flamands connaissaient trop le danger de rester sans défense à la merci d'un prince qui pouvait venir les écraser du jour au lendemain dans un moment de colère, passion qu'il savait si peu réprimer. Ils refusèrent donc cette humiliante et injuste prétention, ce qui fit que Ferrand resta prisonnier dans la tour du Louvre, nouvellement bâtie (1).

Pendant la captivité de son illustre époux, Jeanne, pour se distraire dans sa douleur, s'occupa activement de son administration. D'abord elle fit relever Lille du sein de ses ruines, l'agrandit, y incorpora la paroisse (2) de *Saint-Sauveur*, y fonda un hôpital du même nom qu'elle confia à des religieux de l'ordre de Saint-Augustin.

Cette cité comptait alors six portes : celle de Courtray, celle

---

(1) *Rigord* et autres historiens.

(2) Elle existait déjà en 1144, selon M. Brun-Lavainne, *Atlas topographique de Lille*. Un manuscrit de la bibliothèque de cette ville, côté EM 90, prétend qu'elle ne fut fondée qu'en 1190.

des Raigneaux, du Moulinel, de Saint-Pierre, de Weppes et celle des Malades (1).

On présume que la chapelle et la maison dites des *bons enfans* datent de la même époque. Leur pieux établissement était situé près de l'hôtel-de-ville et habité par « quatre enfans ves-
» tus en robbes et bonnets comme prestres. Ils vont quelques
» jours la semaine, dit une ancienne relation (2), en rue ou au
» coing d'icelle où ils chantent quelques dévotes oraisons à
» l'honneur d'icelles et après quoi, ils disent : *Date bonis pue-*
» *ris panem pro Deo;* et ce pour avoir l'aumosne de quoy ils
» vivent avec quelqu'autres revenus, y ayant un prestre avec
» iceux pour les gouverner. »

Cependant Jeanne, au milieu de ses travaux, s'efforçait de rechef (1221) d'obtenir la liberté de son époux ; mais elle n'eut pas plus de succès, Philippe-Auguste ne voulant rien rabattre de ses onéreuses prétentions. La collégiale de Saint-Pierre, dit Panckoucke, avait offert à la comtesse 300 livres pour la rançon de Ferrand, suivant la prière qu'elle lui avait faite de l'aider en *forme d'aumône;* mais ces secours ne suffisaient pas aux exigeances d'un prince opiniâtre et ambitieux.

Obligé à la résignation, le comte Ferrand, de son côté, engageait (1224) les Dominicains récemment institués et qui le consolaient dans sa prison, à coloniser dans ses états des membres de leur ordre, afin qu'ils excitassent le peuple à la vertu. Sur sa prière, il en vint plusieurs à Lille, où Guillaume de Plouich, châtelain de cette ville et

---

(1) *Manuscrit des anciennetés*, p. 275. — *Buzelin* — *Montlinot.*
(1) *Man. des anc.* p. 369.

prévôt de Saint-Pierre, ainsi que les chanoines du même chapitre, leur firent tout l'accueil possible. Déjà, trois ans auparavant, ils avaient écrit à Saint-Dominique, leur fondateur, pour obtenir quelques uns de ses disciples; mais ce saint personnage mourut la même année à Bologne, de sorte que leurs démarches n'eurent d'abord aucun résultat. Ils s'adressèrent ensuite au père Jourdain, second maître-général de l'ordre, qui, sur leur demande, jointe aux sollicitations de Ferrand, ainsi que nous venons de le dire, leur envoya, en 1224, plusieurs de ses religieux afin de les fixer dans cette pieuse cité où on leur donna un terrain considérable dans l'emplacement duquel se forma la rue des *Trois Anguilles* (1).

Ces religieux parcouraient avec un zèle infatiguable les campagnes pour y instruire les habitans de la parole divine: heureux s'ils ne se fussent rendus bientôt les instrumens les plus actifs de la déplorable inquisition dont ils se firent gloire, tant l'enthousiasme se laisse égarer à de fallacieux sophismes!...

Jeanne, de son côté, projetait (1225), pour y être occupée par des religieuses de l'ordre de Saint-Bernard, la fondation de l'*abbaye de Marquette*, près Lille, mais l'exécution n'en fut commencée que deux ans après (2), car elle fut interrompue dans cette dévotieuse entreprise par l'apparition du *faux Baudouin*, ermite imposteur qui, profitant de quelques bruits populaires et du mécontentement de la noblesse qui se voyait avec

---

(1) *Chronique manuscrite des frères prêcheurs*, EM 81, bibl. de Lille — *Wartel* et *Montlinot* — *F. Piétin* — *Buzelin* — *Van der haer*.

(2) *Antiq. de Flandre*, msc. p. 106 — *Oudegherst* — *Meyer* — *Yperius*.

peine gouvernée par une femme, voulut se faire passer pour Baudouin de Constantinople, père de Jeanne. En effet, la nouvelle mensongère s'était répandue que ce vieux comte de Flandre n'était pas mort et qu'il ne tarderait pas à reparaître ; plusieurs personnages avaient même prétendu qu'il se trouvait au nombre de quelques croisés revenus de la Palestine qui s'étaient fait ermites. Ils crurent ou feignirent de le reconnaître sous le froc d'un solitaire des environs de Mortagne qui lui ressemblait. Ce solitaire, connu sous le nom du *faux Baudouin*, était un homme de basse extraction nommé Bertrand (de Rayns).

Cet obscur intrigant se laissa porter en triomphe par la multitude abusée. Car, tout en affectant un hypocrite regret, il dit que puisqu'on l'avait reconnu, il ne pouvait plus s'en cacher, et que réellement il est le père de Jeanne. Son parti se grossit partout où il passe. Lille, séduite comme les autres villes de Flandre, lui ouvre les portes ; il y entre au milieu des plus joyeuses acclamations.

Jeanne refuse de le voir. Le peuple, dont le cri n'est pas toujours la voix de Dieu, comme on l'a dit et si souvent répété, s'imagine qu'elle veut méconnaître le noble auteur de ses jours pour ne pas lui restituer une place qui dès lors ne lui appartient plus. Mais cette princesse s'était assurée de la vérité, et elle avait en main des preuves contre l'imposture de l'ermite.

Elle avait, en effet, envoyé deux religieux dont l'intégrité était connue, pour s'enquérir de l'exactitude des faits. Elle s'adresse ensuite à Louis VIII, roi de France, qui fait comparaître devant lui le problématique personnage.

L'ermite, qui avait quitté le capuchon, se présenta avec assurance devant l'assemblée royale, vêtu d'un manteau de pourpre, une verge de bois blanc en main. Plusieurs questions lui furent posées. Il y répondit; mais l'évêque de Beauvais fit tomber le masque en lui demandant où il avait fait hommage au roi de France ?.... qui l'avait créé chevalier ?.... Dans quel lieu il s'était marié à Marguerite de Champagne?

L'imposteur, ne sachant que répondre, commença alors à balbutier, à mettre dans tout son jour son impudence, trop longtemps victorieuse.

Chassé de l'assemblée qui dévoila sa honte, il n'eut rien de plus pressé que de prendre la fuite. Mais Evrard de Chastenay l'arrêta et le fit conduire à Lille, accablé sous le poids de ses chaines et du pressentiment du sort qui l'y attendait.

La comtesse le fit comparaître devant les barons et officiers de la justice, qui le condamnèrent à parcourir en haillons ces mêmes rues où naguères il avait promené sa fastueuse usurpation. Il fut en outre condamné à être pendu (1) devant la *Salle-le-Comte*. Il fut mis d'abord « au pilori entre deux chiens » noirs pour enseigne de déshonneur, dit M. Gachez, puis » pendu devant une grande foule de peuple et malgré les mur- » mures de quelques habitans qui n'étaient pas désabusés. »

Le cadavre du patient fut porté ensuite au riez de Loos et attaché aux fourches patibulaires. Certains historiens prétendent que le supérieur de l'abbaye l'en fit détacher pendant la nuit et lui fit rendre les honneurs de la sépulture.

Jeanne pardonna aux partisans de l'ermite, et leur adressa

---

(1) Msc. 8350, biblioth. du roi — *Buzelin* — *Denis Sauvage* — Revue du Nord. etc.

des lettres à cet égard, titres conservés encore dans les archives de plusieurs villes de Flandre (1).

Lille n'en soupçonna pas moins Jeanne de s'être rendue coupable de parricide.

Quand on eut fait justice du *faux Baudouin*, la fondation des pieux établissemens reprit son cours. Roger, châtelain de Lille, éleva *l'hôpital Saint-Jacques,* pour y recevoir les pauvres femmes en *gésine,* c'est-à-dire, en travail (2).

Ce fut encore vers la même époque que s'éleva, au faubourg Saint-Maurice, sous les auspices de Jeanne, la maison des *frères mineurs* (3), connus également sous le nom de Récollets ou disciples de Saint-François (4).

Tout en les comblant de ses bienfaits, la comtesse fesait des démarches près du roi de France pour le décider à remettre son mari en liberté. En vertu du traité de Melun, signé en

---

(1) *Archiv. comm. de Lille* — EM 85, f° 225, bibl. publ.

(2) EM 81 — *Manusc. bib. de Lille* — *F. Piétin.*

(3) *De la ville de Lille, msc. des ancienn.* — Msc. EM 93, bibl. de Lille — *Piétin* — *Van der haer* — *Buzelin.*

Enfin, du temps de Jeanne, fut instituée, dans la rue des Malades, une *léproserie* pour y recevoir les malheureux infectés d'une maladie cruelle rapportée d'Orient. Cette léproserie était dirigée par des religieux et des religieuses. Certains abus peu canoniques se glissèrent entr'eux ; mais l'évêque de Tournai s'occupa à en arrêter les suites. - *Walt. dipl.* — *Roisin* — *Buzelin* — *Montlinot.*

(4) La comtesse Marguerite, vingt-cinq ans après, selon lettres-patentes datées de Valenciennes, leur donna quelques terres et une maison rue des Foulons. Ils s'établirent en conséquence dans l'intérieur de la ville. (*Msc. des ancienn.*, p. 43.)

1226, et par lequel elle s'engageait à fournir, pour la rançon de Ferrand, 50,000 livres parisis, dont la moitié serait payée comptant, ses vœux devaient être exaucés : il avait été décidé que le roi resterait en possession de Lille, Douai, l'Escluse, pendant dix ans, c'est-à-dire, jusqu'à l'extinction de cette dette (1).

Telles étaient les conditions du traité, mais elles furent rejetées, dit M. Varnkœnig, « tant par les barons que par les villes » de Flandre. Sur ces entrefaites, Louis VIII mourut. Son fils, » Louis IX, consentit, au mois de janvier 1227, à modifier le « traité de Melun ; il se contenta d'un seul paiement de 25,000 » livres parisis. Cette modification ne soulevant plus d'opposi- » tion, Ferrand recouvra la liberté. »

Ce second traité fut signé à Paris et à Lille.

Jeanne, jouissant du bonheur d'avoir retrouvé son mari, ne se ralentit cependant pas dans son administration publique ; Lille devait particulièrement en recevoir de nouveaux bienfaits.

Entr'autres elle fit bâtir, dans le voisinage de son palais (2),

---

(1) *Baluze*, p. 258 -- *Leibnitz*, Cod. jur. gent. -- *Oudegherst* -- *Dom Bouquet*.

(2) *Justa domum nostram*, disent les lettres de fondation. -- *Buzelin* -- *Moutlinot*.

Tiroux donne des détails minutieux sur l'administration de cet hôpital ; nous lui emprunterons les renseignemens suivans :

Autrefois tous les moulins des environs de Lille étaient imposés en faveur de cette maison : c'était un revenu considérable, vu le nombre prodigieux de ces machines à vent.

Les papes la comblèrent de privilèges : ils conférèrent aux maîtres et aux chapelains qui la dirigeaient le droit d'absoudre de toutes fautes,

l'hôpital Comtesse, en faveur des pauvres malades et des pèlerins ; lui assura des revenus considérables, et y plaça, pour le desservir, des religieux de l'ordre de Saint-Augustin. La donatrice ordonna enfin que les pauvres y fussent reçus sans obstacle.

C'est à cette époque que Lille, relevée de ses ruines, embellie, agrandie, peuplée d'édifices religieux, vit s'organiser dans son sein la fête célèbre des *nobles rois de l'Epinette*, ratifiée sans doute par Saint-Louis, puisque les historiens du pays le regardent comme son fondateur (1).

Cette fête, où la noblesse la plus illustre venait jouter contre la simple bourgeoisie, occupa la Flandre jusqu'en 1556, époque de sa suppression.

Tous les ans, on créait un nouveau roi de l'Epinette qui pré-

---

excepté du crime d'hérésie. Ils pouvaient accorder une indulgence plénière aux malades qui y mouraient. Aussi l'on vit souvent dans l'origine que des personnes du plus haut rang s'y faisaient transporter à l'article de la mort pour y recevoir l'absolution générale.

(1) Nous avons publié une monographie de cette fête. Nous en préparons une seconde édition avec un grand nombre de blasons.

Les manuscrits qui traitent des rois de l'Epinette sont loin d'être sans intérêt pour l'histoire du moyen-âge. On y voit une magnificence extraordinaire de costumes, et à quel point l'opulence était arrivée.

Les villes de Flandre et des environs rivalisaient d'adresse sous leurs bannières respectives. Les comtes de Flandre joutaient souvent avec les plus braves champions. Le vainqueur recevait un épervier d'or de la main des dames, juges de leurs prouesses. Louis XI, roi de France, ne dédaigna pas de jouter en personne, en 1464, contre Baudouin Gommer, roi de l'Epinette. Ce fut à cette époque que Jean de Croï, âgé de 15 à 16 ans, se mesura avec un gentilhomme de la suite du monarque. Il désarçonna son adversaire, connu pour la plus terrible lance du royaume. Il périt cependant de sa chûte.

sidait aux plaisirs pendant la durée de son règne, sous le nom du *Sire de la Joie*.

Cette dignité devint bientôt excessivement onéreuse à ceux qui en étaient revêtus, à cause des dépenses énormes auxquelles entraînait la magnificence de la fête. Elle fut souvent même une cause de ruine pour plusieurs habitans. L'on finit dès lors à récuser souvent cette coûteuse royauté, si bien que la fête était sur le point de cesser d'avoir lieu, lorsque, pour en maintenir l'existence, Philippe-le-Bon, duc de Bourgogne, autorisa, en 1429, un impôt en sa faveur ; mais il ne suffisait pas : le comte de Flandre en établit un second en 1459.

Les dépenses excédèrent toujours ces subsides : aussi l'on continua à refuser le titre de noble roi. On employa la contrainte. Alors plusieurs familles s'expatrièrent.

Charles V sentit enfin le danger d'user plus longtemps de cette fâcheuse contrainte pour protéger l'existence d'une fête qui portait atteinte à la liberté individuelle, aussi suspendit-il les rois de l'Epinette. Ses successeurs imitèrent cet exemple jusqu'à son entière abolition.

Mais revenons à Jeanne : après avoir rempli Lille des monumens de sa piété, elle confirma (1235) à cette ville l'institution des échevins chargés de la défense des lois et priviléges. Elle étendit leur juridiction, choisit pour cet effet douze hommes parmi les plus intègres citoyens ; et, en leur donnant un chef nommé *Rewart*, elle leur confia le soin de rendre la justice ; tandis que, par une mesure pleine de sagesse, elle défendit d'admettre dans cette magistrature des parens ou personnages alliés entr'eux. Elle voulut que les échevins fussent renouvelés tous les ans, afin qu'on pût changer ceux qui ne rempliraient pas convenablement leur charge.

Elle leur associa *huit-hommes*, choisis parmi les curés de la ville, et les chargea de la répartition des impôts ; enfin, pour remplacer les échevins en cas d'absence, elle nomma douze conseillers sous le titre de *voir-jurés* (1).

Deux ans s'étaient écoulés depuis la mort de Ferrand de Portugal, qui, sans ses malheurs, aurait passé presque inaperçu sous le règne de Jeanne, de cette Jeanne extraordinaire par son activité et par la sagesse de son gouvernement.

Quoique bien capable assurément de soutenir, comme elle l'avait fait pendant si longtemps, le poids de sa puissance, elle sentait le besoin d'associer quelqu'un à ses travaux. Elle n'avait pas d'héritier direct, on la pressait de se remarier. Ces considérations l'engagèrent à accepter, à la persuasion de sa noblesse, la main de Thomas de Savoie, oncle des reines de France, d'Angleterre et de Sicile.

Ce mariage ne lui fut pas plus favorable que le précédent sous le rapport de sa progéniture ; aussi, sept ans après cette union, sans avoir goûté les douceurs de la maternité, elle prit, du consentement de Thomas, le voile à l'abbaye de Marquette, où la mort ne tarda pas à l'atteindre. Ce fut là qu'elle rendit son âme à Dieu, le 5 décembre 1245, pleurée et regrettée vive-

---

(1) *Arch. de Lille*, liv. H, f° 38 -- *Msc. bib. de la ville*, EM 81 -- EM 84 -- EM 44 -- *Buzelin*.

Oudegherst s'exprime ainsi à l'occasion du renouvellement des magistrats : « La contesse Jehenne privilégia la ville de Lille et ordonna » comment la loy se devrait refaire par son commis d'an en an le jour de » tous Saints par l'advis de quatre prestres paroissiaux de la ville, dont » sont lettres de l'an 1235. »

ment des habitans de Lille. Elle fut inhumée près de Ferrand, son premier mari (1).

La dévotion de cette princesse, l'habileté avec laquelle elle dirigea la Flandre, n'avaient pu adoucir les coûtumes judiciaires. Alors existait l'usage de mettre le feu à la maison de tout *forain* (homme du dehors, mais appartenant à la châtellenie) qui avait battu, navré ou tué un bourgeois de Lille. Cette coûtume, dite des *arsins*, était l'un des plus importans priviléges de cette ville; privilége terrible, mais peut-être alors nécessaire pour comprimer les meurtres et les hostilités des habitans des villages voisins, puisque la justice n'avait pas encore une marche bien régulière.

Toutefois cette exécution ne se fesait pas aveuglément. Quand le prévenu demeurait dans la châtellenie de Lille, on arborait les bannières sur le marché. Ensuite l'on se dirigeait hors de la ville pour cette expédition. A la tête de la bourgeoisie armée marchait le Rewart, le bailli, les échevins et un personnage désigné sous le titre de *Roi des Ribauds*. Il portait le feu des arsins (2).

Arrivé à la maison de l'accusé, on le sommait de comparaître afin de le faire passer en jugement. S'il refusait de rendre satisfaction, le bailli mettait le feu à sa propriété, et bientôt elle était réduite en cendres. L'exécution se fesait au bruit des instrumens de musique guerrière.

Cet usage redoutable fut confirmé en 1350. En vain le cha-

---

(1) *Gouselaire*, Hist. manusc. de l'abb. de Marquette -- *Oudegh.* -- *Buzelin*.

(2) *Comptes de la ville en* 1318 -- NOTICE SUR LE PALAIS DU RIHOUR, par M. *Brun-Lavainne*.

pitre de Saint-Pierre usa de la puissance papale contre les arsins (1) ; en vain l'évêque de Tournai vint à Lille pour les faire abolir, il ne put rien obtenir. Ils furent, au contraire, confirmés en 1377 par Louis de Mâle (2) ; car ce comte ordonna, par ses lettres-patentes, « que tout forain qui au-
» roit battu, blessé ou injurié un bourgeois de Lille, et que
» plainte auroit été portée pardevant les eschevins, si le forain
» ne venoit pas se justifier quand il seroit assigné, il seroit crié
» publicquement pour aller avec les bailly, rewart et eschevins
» quand on sonnera la cloche blanche ou escalette et tost après
» seront mises les bannières du chastelain de la ville ès fenêtres
» de la halle et y seront plusieurs jours à ceste fin que si le fo-
» rain qui aura faict l'injure ne vient avant, on procédera con-
» tre à la vengeance ci-après déclarée et sera le forain qui
» viendra pugni par les eschevins non par amendes pécuniai-
» res, mais en pélérinage à l'advenant que les eschevins or-
» donneront ; que si le forain ne venoit, on sonneroit la clôche
» blanche pour assembler le peuple en criant publicquement que
» chascun vienne avec le bailly et le rewart et eschevins pour
» prendre vengeance dans la maison du forain qui aura fait
» l'injure ; et là, sera encore crié en cas que le forain y soit
» qu'il compare et s'il ne vient, lors sera la maison du forain
» arsée et détruite et les arbres du pourprès de ladite maison
» seront couppez et extirpez ; le bailly mettra le premier le feu
» dans la dite maison, sera le premier coupant les arbres. »

C'est en vertu de ce privilége qu'en 1240, la maison d'un habitant de Quesnoit-sur-Deûle fut brûlée, parce qu'il avait *navré* un bourgeois de Lille.

---

(1) Le pape écrivit de Lyon pour en ordonner l'abolition.
(2) *Van der haer -- Buzelin*, citant le livre de Saint Pierre.

Trois ans après eut encore lieu un arsin à Flers « sur la
» maison en lequel Thomas li Aschemes manoit, qui estoit hos-
» tes Saint Pierre à Lille pour chose que cil Thomas avoit été
» en le forche et en l'aiwe d'un hôme qui un bourgois de Lille
» avoit navré (1). »

CHAPITRE XIII.

Marguerite,

XXᵉ COMTE DE FLANDRE.

Jeanne n'ayant point laissé d'héritiers directs, Marguerite, sa sœur et seconde fille de Baudouin de Constantinople, prit les rênes de l'état en 1244.

---

(1) *Roisin* -- *Van der haer*. Ce dernier, dont nous venons de reproduire un passage, raconte encore qu'en 1248 le rewart et les eschevins de Lille « firent arsins à Forbièke en la paroche de Kaisnoit sur les
» maisons en lesquelles Aelis de le Houssière et Jehan ses fius manoient
» pour chose que cil Jehan avoit navré Jehan de Beckan, bourgois de
» Lille. »
De son côté, Valenciennes jouissait du privilége des *abattages* c'est-à-dire, du droit d'abattre la maison d'un habitant des environs qui avait battu, outragé ou injurié un bourgeois de cette ville. Ces deux manières de procéder avaient beaucoup de rapport. (Voir *Henri d'Oultreman*, *Hist. de Valenciennes*.)

Louis IX ne voulut recevoir l'hommage de son comté qu'après qu'elle eut fait serment de ratifier le traité qui rendit Ferrand à la liberté. Mais ce monarque inquiet, loin de se contenter de cet acte religieux, envoya bientôt des députés à Lille pour engager les magistrats à la méconnaître et à se liguer contre elle si elle violait jamais l'engagement qu'elle venait de contracter. Cette cité, toujours fidèle à son souverain, répugnait à prendre cet engagement qui lui paraissait humiliant ; mais la princesse, sur la parole de laquelle on pouvait compter, décida (1) les échevins à céder aux exigences du roi.

Marguerite était d'autant plus aimée des habitans, qu'elle avait gagné leur affection en les déchargeant du droit de *tonlieu*, c'est-à-dire, de toutes les taxes ou impôts levés sur les marchandises au profit des comtes de Flandre (2).

Elle coulait paisiblement ses jours dans cette ville, lorsqu'un incident vint l'arracher au bonheur : elle avait épousé en premières nôces Bouchart ou Bossaert d'Avesnes, son séducteur, qui était dans les ordres sacrés, ce qu'elle ignorait en se mariant. Elle en eut trois enfans, mais le caractère mystérieux de Bouchart ne resta pas longtemps secret ; aussi toute la Flandre se scandalisa bientôt d'une union qu'elle regardait comme devant attirer sur le pays la vengeance divine.

De son côté, le pape Innocent III avait prononcé la nullité du mariage et avait ordonné à Bouchart de rendre Marguerite à sa

---

(1) *Jacq. Meyer* — *Buzelin* — Msc. FM 81, bibliot. de Lille — *Oudegherst*.

(2) *Roisin*, f. 309 — EM 41, *notes sur Lille*, msc. du XVIᵉ ou XVIIᵉ siècle, original du msc. EM 40.

famille. Celui-ci, à son retour de Rome, se préparait à mettre cet ordre à exécution ; mais, dès qu'il revit sa femme, il n'eut pas la force de s'en séparer. La mort, à laquelle on ne peut se soustraire, vint bientôt le forcer à la quitter. Par la suite, Marguerite épousa Guillaume de Dampierre, duquel elle eut aussi des enfans.

Ils grandirent ; et quand l'âge eut développé les passions dans leur cœur, l'ambition, qui le dessèche, divisa les demi-frères : il s'agissait de la succession aux états de Flandre.

Les deux lits prétendent aux mêmes droits. Dans leurs débats, les fils de Guillaume traitent d'illégitimes ceux de Bouchard et protestent que dès lors leurs réclamations ne sont pas admissibles. Ceux-ci réclament contre cette assertion et assurent que leur naissance fut légitimée par Innocent IV. Ne pouvant s'accorder, ils vont, en 1246, à Péronne pour en appeler à la décision du roi de France, qui, pour les concilier, sépara le comté de Flandre de celui de Hainaut, et assigna, pour en jouir après la mort de leur mère, la Flandre à Guillaume et le Hainaut à Jean d'Avesnes (1).

Cette sage décision ne rétablit pas la paix entr'eux ; aussi, pendant les haineuses rivalités de ses enfans, Marguerite, pieuse comme Jeanne, cherchait comme elle des consolations dans les bras de la religion, s'occupant à de dévotieuses entreprises. Ce fut alors qu'elle fonda à Lille une maison pour quelques pauvres femmes qui devaient y demeurer en habit de *béguines*, et les affranchit de toute imposition (2).

---

(1) *Jacques Meyer* — *J. de Guise* — *Buzelin* — *Miræus*, liv 1er, ch. 88.

(2) *Et sy frankissons toutes les femes qui y demouront en habit*

Elle éleva ensuite (1247), dans les environs de cette ville, le bel *hôpital de Seclin*, et y établit, pour le desservir, des religieuses de l'ordre de Saint-Augustin. Il était destiné à recevoir les malades et à donner l'hospitalité aux étrangers (1).

Tandis qu'elle se livrait à ces travaux, Guillaume de Dampierre, le fils qu'elle affectionnait le plus, périt (en 1251) dans un tournois à Trasignies, en Hainaut, sous les pieds de son palefroi ; et, au lieu de trouver dans Jean d'Avesnes un fils qui cherchât à la consoler, elle ne rencontra qu'un ennemi : en effet, enchanté d'être débarrassé d'un compétiteur, Jean descendit (1252) dans le Hainaut, afin d'exciter le peuple à la sédition. Marguerite délégua des députés pour calmer les rebelles, mais, pour toute réponse, ces derniers poussèrent la barbarie jusqu'à couper les mains, les oreilles et le nez des femmes des officiers flamands, et les renvoyèrent ainsi mutilées à la malheureuse princesse (2).

De son côté, Guillaume, comte de Hollande, soutenait les perturbateurs. La comtesse, justement irritée contre ce vassal,

---

de beguines, dit Marguerite dans ses lettres de fondation. (Ancienn. de Lille, p. 344.) Les béguines tiennent le milieu entre la vie monastique et la vie séculière : elles peuvent se marier quand elles veulent, aussi ne font-elles pas de vœux. *(Sanderus.)*

M. Varnkœnig nous donne, dans sa savante histoire de Flandre, des détails curieux sur les béguinages de la Belgique ; il rapporte qu'on trouvait à Lille des béguines en 1277, il aurait pu dire qu'elles y existaient même trente ans plus tôt.

(1) *Piétin* — *Buzelin* — EM 81 — *Hist. de l'abb. de Loos.*

(2) *Panckoucke.*

fit attaquer la Zélande en 1253, par Guy et Jean de Dampierre, ses plus jeunes fils; mais ils furent battus à Westcappel, dans l'île de Walcheren, et faits prisonniers (1).

Affectionnés à leurs jeunes princes, les Lillois, joints aux habitans de Douai et de Gand, s'efforcèrent d'obtenir leur liberté; mais Guillaume imposait à Marguerite de trop humiliantes conditions. Loin d'y accéder, elle alla trouver Saint Louis, qui lui accorda des secours dont elle n'usa pas, car elle apprit, au même instant, la mort de Guillaume, tué dans une expédition contre la Frise, événement qui ouvrit la prison des fils de Marguerite, toutefois moyennant une somme d'argent qui fut payée au régent de Hollande (2).

A ce dénoûment inattendu s'en joignit un autre qui rendit entièrement le bonheur à la comtesse : Jean d'Avesnes et son frère renoncèrent à toutes leurs prétentions aux états de Flandre en faveur de Guy de Dampierre.

Ce dernier, voyant dès lors la couronne de Flandre assurée sur sa tête, s'occupa avec la plus grande activité de l'administration du pays : ce fut en vertu de ses lettres-patentes et de celles de Marguerite, datées de 1265, que l'on construisit à Lille un pont qui fut appelé le *Pont de Phin*, parce que, dit-on, Phinaert y perdit la vie en se battant avec Lydéric. Ce pont

---

(1) *Jacq. de Guise* — *Kluit*, t. 2.

(2) *Jacq. Meyer*. En 1262, les habitans de Damme et de Munich vinrent à Lille afin d'être remboursés des frais qu'ils avaient faits pour procurer des vaisseaux aux fils de Marguerite, dont l'équipement tomba entre les mains de l'ennemi. (*Roisin* — *Meyer* — *Buzelin*.)

était remarquable par deux rangs de maisons habitées par des marchands forains (1).

Quatre ans après, Marguerite donna à Lille la propriété de la Deûle, depuis le pont du rivage jusqu'à Deûlemont, c'est-à-dire, le droit d'y pêcher et d'y percevoir l'impôt du péage, appelé *longuet* (2) ; puis ensuite elle institua, en 1269, la célèbre procession de cette ville (3), à la prière des chanoines de Saint-Pierre, qui, profitant du dévotieux élan du peuple envers N.-D. de la Treille, image qu'on venait révérer dans leur chapitre, virent dans cette cérémonie une source féconde d'offrandes.

Le pape seconda la comtesse dans cette pieuse et lucrative

---

(1) *Franc. Piétin.*

(2) Msc. EM 81.

(3) Msc. des ancienn., p. 468 — *Roisin*, f° 134 — Etc. — Ce ne fut donc pas en 1279 que cette procession fut instituée comme le dit Madame Clément-Hémery, à l'ouvrage de laquelle nous renvoyons pour de plus amples détails qui malheureusement n'y sont pas précisés assez rigoureusement sous le rapport de l'indication des manuscrits qui lui ont servi. *Wartel*, réfutateur de Montlinot, reproduit les lettres de Marguerite sur la procession de Lille. On y lit :

« Nous Margherette, contesse de Flandre et de Haynau fesons savoir
» à tous que nous en l'honneur nostre signeur Diu Jesus Christ et de la
» glorieuse virgene, se mère et pour le proufit de le église Saint Pierre
» de Lille qui fondée est de nos ancisseurs signeurs de Flandre et pour
» l'avancement de l'œuvre qui commenchiée est en l'église devant dite
» pour laquel li chanoines de chele mesme eglise de leur rentes dont
» ils doivent vivre se sont durement grevé de piécha et sont encore cas-
» cun jour, avons ottroyé et ottroions une proucession a faire entour le
» ville de Lille, cascun an perdurablement par tel voie et par tous liens
» que nos chier ami Jehans de Bruges, Jehans de Evilles ont deviset et
» ordinet. »........

Mirœus, t. III, n. 686, donne aussi des lettres de fondations qui ont précédé celles-ci.

institution ; il accorda des indulgences à tous ceux qui suivraient la procession et visiteraient pendant quarante jours l'église de Saint-Pierre.

Marguerite, tout en donnant à la collégiale ce témoignage de sa piété, avait décidé que cette solennité religieuse se ferait par telle voie qu'il plairait aux échevins : sage décision, qui restreignait l'absolutisme des deux pouvoirs en les balançant et en les contentant tous deux.

Il était d'usage que le magistrat qui dirigeait la procession la fît annoncer quelques jours d'avance au son des trompes dans toute la ville ; et (1), dit Madame Clément-Hémery, leurs délégués s'exprimaient ainsi : « Nous vous faisons assavoir de par
» nos seigneurs le comte de Flandres et de par le chastelain,
» et de par le baillif et de par le conseil de le ville que li pour-
» cessions nostre dame de Lille yert *(sortira)* ce dimanche pro-
» chain qui vient et durera neuf jours. Si commenche li fran-
» chise del pourcession ce semmedi prouchain qui vient à mesne
» et que tout chil et tout chelles qui venront à la pourcession,
» on bon respist de clains (procès), de cateulx et de tous en-
» seignemens d'eskevins et de tous jugemens de en tous les
» neufs jours et celluy semmedy depuis noesne. »

Outre le clergé des paroisses, continue Madame Clément,
« les religieux de chaque couvent, les nombreuses confréries
» avec leurs chasses ou *fiertes*, leurs croix, leurs bannières,
» les compagnies bourgeoises nommées *serments* (2), tous les

---

(1) *Histoire des fêtes civiles et religieuses du département du Nord.*

(2) Compagnies d'archers, d'arbalêtriers, soumis par un serment personnel à la stricte observance des obligations de leur corporation.

» corps de métiers, avaient chacun une histoire de la Passion
» de Notre Seigneur J.-C., entremêlée de quelques histoires de
» l'ancien testament, histoire qu'on jouait ou récitait pendant
» la procession. »

Un manuscrit de la bibliothèque publique de Lille (1) raconte que : « L'an 1565 à la procession de Lille furent faites
» pour la dernière fois les *histoires*. Tous les corps de mes-
» tier avoient chacun une histoire de la passion de notre
» Seigneur entremêlée d'aucunes histoires de l'ancien testament
» comme vous verrez par ordre ci-après. Semblablement mar-
» choient (2) les neufs preux montés sur beaux chevaux tous
» armez. Aussi marchoient toutes les sybilles montées sur che-
» vaux tenantes en main certaine enseigne de la passion, avec
» chacune un laquais tenant les brides desdits chevaux et étoient
» lesdites sybilles accoutrées et ornées comme princesses; et
» marchoient aussi à ladite procession un géant et une géanesse
» fait d'ozier, chacun à la hauteur de 60 pieds et avoient les
» patissiers et corroyeurs la charge du dit géant et géanesse au
» lieu d'autre histoire; ce qui étoit une chose bien récréable
» tant pour le peuple de Lille que des autres villes et villages.
» Semblablement toutes places des roys, princes et ducs de la
» ville avoient chacune leur histoire sur chariot, au marché du
» côté de la Halle, au coin de la rue des Malades jusqu'au Beau

---

(1) *Histoire et généalogie de quelques rois de France.*

(2) Tiroux dit que « ces représentations se faisoient par des gens de
» métiers plus capables d'exciter la risée que la piété, de sorte qu'on
» auroit dit une mascarade spirituelle; » que « parmi ces représenta-
» tions dévotes les chevaliers nommés communément les neuf preux,
» paroissoient montés sur de beaux chevaux avec les sybilles récitant
» des vers dans les rues. »

» regard du côté de la fontaine au change où les joueurs de
» comédies jouoient par signes histoires tant du vieux que du
» nouveau testament ; et le lundy, mardy et mercredy suivant,
» l'après diner se jouoient lesdites histoires en la halle de Lille
» devant MM. du magistrat ; et le soir se jouoit aussi une farce
» devant le dit magistrat et le jeudy en suivant se donnoient les
» prix aux mieux jouans des comédies aux places de ladite
» ville (1). »

---

(1) M. l'abbé d'Artigny, cité par Madame Clément-Hémery, dit (dans ses mémoires historiques et critiques, tome IV, p. 311) « que la » procession de Lille instituée en 1270 est ouverte par le fou de la ville » qui lui paie annuellement des gages ; qu'il est habillé d'une manière » conforme à son office et tient une marotte avec laquelle il fait mille » extravagances contre les spectateurs de la procession ; que souvent » même il jette de l'eau au peuple et en attaque quelques-uns avec le » symbole de sa charge. »

L'abbé Valory, prévôt de Saint-Pierre, ajoute Madame Clément-Hémery, réfute ainsi cette assertion sans la détruire :

23 janvier 1753.

« Monsieur,

« .... Il y a 48 ans que je suis dans cette église, je n'ai point » manqué ou bien rarement d'assister à la procession du Saint-Sacre-
» ment, et jamais je n'y ai vu marcher le fou de la ville.

» Il y a une autre procession instituée en 1270 par Marguerite, com-
» tesse de Flandre, en l'honneur de la Sainte-Vierge, procession très-
» pieuse et très-décente dans son origine, mais dans laquelle il s'est
» glissé quelques abus par différents spectacles que le désir des peuples
» et la facilité des magistrats, peut-être le zèle peu éclairé, avaient
» laissé introduire.

» On n'y a jamais porté le Saint-Sacrement, mais bien toutes les chas-
» ses et reliques des Saints...... Non seulement les reliques tiennent
» leur place à la procession, mais encore toutes les confréries avec les
» images de leurs patrons, tous les corps de métiers précédés de grands
» bâtons chargés de tous les attributs de leurs métiers ou profession
» surmontés d'un flambeau historié et orné.

— 80 —

Cette cité privilégiée obtint encore, en 1271, de Marguerite, la permission d'établir un marché ou *foire aux chevaux*. Cette comtesse, pour faciliter les affaires, défendit aux créanciers d'exercer, pendant les cinq jours qu'il doit durer, aucune poursuite contre leurs débiteurs, afin que ces derniers puissent alors venir à Lille (1) en toute sécurité.

» Ci-devant les quatre compagnies des canonniers, archers, arbalê-
» triers et tireurs d'armes qui sont des compagnies bourgeoises ouvraient
» la marche précédés d'instrumens et fesant un feu continuel de leurs
» armes à feu. Chaque compagnie avait ses valets habillés grotesque-
» ment. Il y avait en diables qui tourmentaient un Saint-Antoine ;
» et d'autres, pour faire ranger le peuple, fesaient beaucoup de folies,
» seringuant de l'eau, jetant du son et frappant avec des fléaux de crin
» qui ne pouvaient faire de mal ; des chars de triomphe garnis d'enfans
» fort parés représentant le paradis, l'ange gardien, l'enfer, etc. Jus-
» qu'ici, Monsieur, on ne voit pas de fou de la ville qui pouvait aussi
» de son côté se montrer. Les religieux et le clergé étaient à la fin, non
» mêlés avec tout cet attirail profane et chantaient des pseaumes.

» .... La procession de Lille, dont je viens de parler, est précé-
» dée la veille d'une cavalcade à la tête de laquelle marche le fou de la
» ville, jetant des dragées au peuple ; ceux qui composent la cavalcade
» sont trois chanoines chargés de certains offices dans le chapitre, le pré-
» vôt de la ville, deux échevins, le secrétaire du chapitre, les greffiers
» de la ville et tous les ouvriers sermentés tant de la ville que du cha-
» pitre, etc. Cette cavalcade part du cloître de Saint-Pierre et va visiter
» toutes les rues et les remparts pour faire réparer ce qu'il y a à réparer
» ou pour voir si tout est bien réparé. »

(1) *Roisin, dipl. de Marg.*, cité par Buzelin — Msc. EM 40 et EM 41. Ce dernier dit que ce privilége fut accordé « à charge de par le
» vendeur payer au comte de Flandre 3 deniers, monnaie de Flandre,
» si ce n'est qu'il soit bourgois auquel cas il est quitte. »

Un manuscrit sur les titres et franchises de Lille, appartenant à la bibliothèque de cette ville, s'exprime de la manière suivante sur ce privilége :

« Il est accordé à tous qui venront à la ditte feste sauf allant et ve-

Infatiguable dans ses travaux, elle autorisa ensuite, en faveur du commerce, la canalisation d'un fossé qui pût conduire les denrées de cette ville à La Bassée. L'accord en fut réglé moyennant 1,500 livres d'Artois, avec Jean, châtelain de Lille (1).

Tandis qu'on s'occupait à le rendre navigable, la comtesse élevait hors des murs une petite abbaye pour y recevoir des religieuses cloîtrées de l'ordre des frères prêcheurs (2). Une rue de cette ville, sous le nom de *rue de l'Abiette*, rappelle cette communauté qui fut dirigée en premier lieu par Guillemette d'Antoing, dame de haute naissance et que la princesse affectionnait.

Cependant, la rançon de Ferrand, convenue selon traité de 1226, et que Marguerite avait ratifiée en 1244, n'avait pas été payée. Philippe-le-Hardi, à l'imitation du roi son père, députa à Lille, Collard de Mollaines et Guillaume de Saint-Aignan, pour dégager les magistrats de toute obéissance envers Marguerite et son fils, s'ils n'observaient pas le traité en question (3). La princesse elle-même engagea, comme elle l'avait fait précédemment, les échevins à prêter serment entre les mains des députés, tandis que le roi, pour obtenir plus facilement ce qu'il

---

» nant et sauf demourant en la ditte ville et fauxbourg, les dits cinq
» jours et trois après de toutes debtes et de tous calenges fors des laids
» et bannissures »

(1) Reg. D. fol. 3. p. 4, arch. comm. — Titres orig. aux archiv. du département. — Nous les avons publiés dans nos recherches sur l'abbaye de Loos.

(2) *Buzelin* — *Dipl.*, t. III, p. 132.

(3) *Buzelin.*

demandait, promettait, en vertu de ses lettres-patentes, de conserver intégralement les privilèges des habitans.

Guy, moins soumis que sa mère, fut singulièrement froissé de la méfiance du roi ; toutefois, il dissimula d'abord l'excès de son mécontentement et porta ses yeux sur Liége, qui s'était soulevée contre son évêque. Il fut bientôt invité par les habitans à épouser leur querelle. Il partit donc, sur la prière des Liégeois, à la tête d'une levée de Lillois. Bientôt (1276), l'évêque se trouva serré de si près, qu'il fut contraint de crier miséricorde (1).

Cette expédition fut regardée comme une impiété et comme devant attirer la colère divine. L'on remarqua, en effet, que Jean, châtelain de Lille, qui avait suivi le comte dans cette démarche, mourut presqu'immédiatement, et que Guy fut incarcéré quelque temps après par le roi de France.

En revenant de Liége, le comte trouva Lille toute terrifiée des suites d'un crime qui venait d'être commis dans ses murs : un nommé *Adam Bleuet* ou Blawet, fils du chevalier Amourry, s'était déjà rendu redoutable par différens forfaits. Il leur ajouta le meurtre de sa femme, qu'il poignarda : il fut cette fois condamné au gibet par « Michel de le Deusle, lors bailly à la
» comtesse Marguerite, lequel Adam fut prins dans l'église
» Saint Pierre. Et pour ce, le bailly fut condamné à le rappor-
» ter sur son dos du dit gibet au dit Saint Pierre et à la répa-
» ration du mesus et à être le chevalier rouge qui va devant la

---

(1) *Cousin* — *Meyer* — *Roisin* — *Van der haer*.

» fierté de nostre dame de la treille, à la procession de Lille
» chascun an à perpétuité (1). »

Il paraît, d'après les mémoires du temps, que Hellin, seigneur de Cysoing, fut pareillement condamné par le chapitre de Saint-Pierre, pour avoir voulu se saisir du meurtrier qui avait commis ce crime sur ses terres. En effet, dit Montlinot, « ce
» seigneur, croyant qu'un asile aussi respectable que l'église de
» Saint-Pierre n'était point fait pour recéler un homme chargé
» de forfaits, l'en fit arracher, pour le faire pendre. Le chapi-
» tre de Saint-Pierre s'assembla et excommunia Hellin : ce fut
» en vain qu'il demanda l'absolution, qu'on ne voulut pas lui
» accorder avant qu'il eût été chercher le patient au gibet. Il
» fut contraint de l'apporter sur son dos jusques dans l'église
» Saint-Pierre. Là, on l'obligea plusieurs fois à baiser son ca-
» davre à la bouche et à assister en habit de deuil aux prières
» publiques que l'on fit pour Blawet, avec une solemnité ex-
» traordinaire. Cela ne suffit pas ; on obligea pour toujours les
» seigneurs de Cysoing et leurs successeurs à venir tous les
» ans, à cheval, garder la procession de Lille ; c'était ce qu'on
» appelait alors le *chevalier rouge*. Cette peine fut non-seule-

---

(1) Msc. EM 90 de la bibl. de Lille. Voir *Montlinot* et les notes d
Wartel. — 2e vol. des Arch. du Nord.

Voici le jugement porté par la comtesse, le 19 août 1276, et reproduit sans citation par Madame Clément-Hémery (Fêtes civiles et religieuses) :

« Nous ordonnons que Michel de le Deusle et ses aidans, les che-
» veux pendans, en chemise, et nu-pieds, rapporteront le corps d'A-
» dam Blawet au chapitre de Saint-Pierre où il a été pris ; que Michel
» ne sera plus bailly de Lille ; que tous ses biens seront tenus de cette
» église. »

» ment attachée à la postérité d'Hellin, mais à la terre même de
» Cysoing (1). »

Marguerite ne survécut pas longtemps à cet acte arrogant du chapître de Lille. En effet, ayant remis les rênes de l'état entre les mains de Guy, son fils, elle se retira à l'abbaye de Flines, où elle termina ses jours en 1279.

Cette princesse, qui avait porté une loi pour contenir dans de justes bornes l'agrandissement des biens ecclésiastiques, n'en laissa pas moins un testament dans lequel elle fait plus de 300 legs à diverses églises et communautés religieuses (2).

---

(1) Montlinot ajoute que le *livre enchaîné*, fol. 250, s'exprime de la manière suivante à cet égard :

« Commandons au seigneur de Chysoing et ses successeurs ki pour le
» temps sera seigneur de Chysoing, qu'il warde cascun an le pources-
» sion de Lille qui est es-octave de la trinité, en une cotte d'escarlate
» à cheval, une blanke verghe en le main à l'honneur de l'église et s'il
» ne peut le warder, nous disons qu'il le fasse warder par son ainé fils
» et par ung chevallier honueste et disons que par cascune année dont
» li sire de Cysoing kikonques le soit par suite de temps viendra encon-
» tre cette no ordonnance de warder la pourcession devant ditte, il en-
» kiera la peine de chinque cens livres de surnommés à rendre la moi-
» tié à la dite église et l'autre moitié aux comtes de Flandres. »

D'après les observations de Wartel, nous avons donné au seigneur de Cysoing le nom de Hellin au lieu d'Arnoult, fils de ce seigneur, sous lequel la peine prononcée par le chapître fut en partie supprimée.

Wartel ajoute que le cheval monté par le chevalier rouge, devait être ferré d'argent et que le seigneur pénitent devait marcher « ayant un
» chappel de violette sur son chief à tous éperons dorés et se montrer à
» MM. les chanoines s'il souffit. Ce réfutateur cite à cet égard des notes
» du XVIe siècle. »

(2) Ce testament, conservé aux archives du département du Nord, signale, parmi les exécuteurs testamentaires, l'abbé de Vicogne, le prieur des frères prêcheurs à Lille et le gardien des frères mineurs de cette même ville.

CHAPITRE XIV.

Guy de Dampierre,

XXI° COMTE (1) DE FLANDRE.

Guy, l'un des bienfaiteurs de Lille, commença son administration particulière (2) par accorder, en 1280, à cette ville privilégiée, les revenus provenant de la halle des bouchers, corporation alors d'une grande importance ; et trois ans après, en dépit du traité fait sous Ferrand, il autorisa les habitans à relever leurs fortifications. Philippe-le-Bel en témoigna d'autant plus son mécontentement, qu'il projetait de faire de la Flandre une province française. Il fit donc signifier aux échevins « de
» cesser immédiatement les travaux (3), à péril de voir arriver
» une armée chargée de faire exécuter ses ordres. Les éché-
» vins effrayés, se hâtèrent d'envoyer trois d'entr'eux auprès

---

(1) Guillaume de Dampierre obtint, comme nous l'avons vu, le comté de Flandre, selon sentence rendue par Saint-Louis, et fut, par conséquent, le XXIe comte. Nous n'avons pu lui assigner un rang numérique puisqu'il ne gouverna pas.

(2) *Meyer* — *Buzelin.*

(3) M. *Lebon,* dans la Revue du Nord — *Buzelin* — *Roisin.*

» du monarque : ils lui représentèrent que Louis IX et Phi-
» lippe-le-Hardi avaient toléré de semblables réparations, non
» faites dans un but hostile, mais seulement pour mettre la
» ville à l'abri d'un coup de main de routiers vagabonds, qui
» commençaient à se faire craindre. La colère du roi s'apaisa ;
» il ferma les yeux sur la reprise des travaux, moyennant une
» somme (1) de 20,000 livres ; mais le prince donna à enten-
» dre aux échevins que cette marque de bienveillance était
» plutôt due à son affection particulière envers les Lillois, qu'à
» l'intention d'obliger Guy de Dampierre, son grand vassal,
» dont il déclara être fort mécontent.

» Les députés, flattés des paroles royales, demandèrent un
» accroissement de franchises et une prolongation de quatre
» jours pour la tenue de la foire de Lille ; ce que le roi leur
» accorda sans difficulté. »

Les Lillois s'étaient remis à leurs fortifications (2), lorsque, malgré le peu d'accueil qu'un prédicateur des croisades avait reçu chez eux en 1210, des moines vinrent pour engager les habitans à prendre les armes contre Pierre d'Arragon, en vertu de l'excommunication que le pape Martin IV lança contre lui, parce qu'il « revendiquait injustement la Sicile. »

---

(1) M. Lebon n'est point entièrement d'accord sur cette somme avec Buzelin, et le manuscrit EM 81 (bibl. de Lille), où on lit que cette ville ayant offert au roi 24,000 livres « et s'estant soumis à son juge-
» ment plutôt qu'attendre la sentence d'autres juges, il reçut si bien
» leurs offres, qu'il les déchargea de ladite somme et leur permit d'a-
» chever leurs murailles et défenses. »

(2) Guy, pour alléger la ville des dépenses auxquelles ces constructions l'entraînaient, leur accorda, en 1185, de lever un impôt sur les bêtes à trait pendant dix ans. *(De la ville de Lille, BM p. 200, msc. bib. publ.)*

Les magistrats, malgré des promesses d'indulgences, méprisèrent les exhortations de ces religieux. Le pape, irrité, envoya son légat à Lille. Ce dernier fit venir le mayeur et les échevins, les obligea à se prosterner à ses pieds, et les condamna à une amende de 4,000 livres parisis qui furent employées aux frais de l'expédition (1). Ces Magistrats rebelles étaient, à cette époque, aux prises avec la collégiale de Saint-Pierre : la paroisse de Saint-Maurice se trouvait en partie sous la juridiction du chapitre, comme située sur ses terres Les échevins lui disputaient cette souveraineté. Les deux partis déployèrent bientôt une telle animosité, que Guy se vit contraint de les concilier en engageant les chanoines à se désister de leurs droits et à accepter en échange d'autres possessions territoriales.

L'affaire restait en litige, lorsqu'enfin le pape Honoré IV se joignit au comte de Flandre pour intervenir dans leurs discussions scandaleuses. Il écrivit à l'évêque de Tournai, au prieur des Dominicains, et au gardien de l'ordre des frères mineurs à Lille, pour qu'ils examinassent la chose et fissent l'échange proposé « pour le bien et l'utilité de l'église (2). » Le contrat fut alors passé : le chapitre ne retint que sa part aux offrandes faites sur leur ancienne juridiction et le droit de nommer le pasteur

---

(1) *Meyer*, liv. II — *Buzelin* — *Montlinot*.

(2) *Roisin* — *Buzelin* — *Tiroux* — *Van der haer* dit à cette occasion que « le comte Guy estoit fort affectionné à la ville de Lille
» pour laquelle il acquesta l'an 1288 du chapitre de Lille la terre de
» Saint Maurice qu'ils avoient en dedans le pourpris es murailles et
» pour récompence il authorisa le chapitre d'acquester de Robert de
» Laurengbien et Marie sa femme la disme de Wambrechies qu'ils te-
» noient de luy en fief et par dessus la décharge de tout droit féodal, il
» donna à ceux du chapitre la moitié de l'achat des dites dismes. »

ou *coutre*, c'est-à-dire, le grand clerc qui était chargé du soin de parer l'autel et de sonner les cloches.

Déjà, depuis quelque temps, par sa politique astucieuse, Édouard, roi d'Angleterre, avait cherché à susciter des ennemis au roi de France en le brouillant avec ses grands vassaux du nord.

Pour mieux gagner le duc de Brabant, il lui avait donné sa fille en mariage. Il voulait également gagner le comte de Flandre, qui, en 1294, avait facilité Philippe-le-Bel à lever le cinquantième (1) denier des biens meubles et immeubles pour l'aider dans son expédition contre les Anglais. Édouard, sachant que Guy était désireux de former une avantageuse alliance pour sa fille, n'avait pas négligé de lui faire proposer la main du prince de Galle, que le comte ne refusa pas.

Philippe-le-Bel avait observé les démarches de son ennemi d'Angleterre : aussi mécontent de ces projets de mariage faits sans son consentement, il se promit d'en tirer vengeance. Il dissimula toutefois sa colère, et (1296) engagea Guy à lui amener sa fille avant qu'elle passât la mer. Il l'avait tenue sur les fonds baptismaux. Le comte, trop crédule, y consentit ; mais, arrivés à Paris, on les retint prisonniers. Peu de temps après, Guy fut remis en liberté, mais sa fille resta captive. Le comte la redemanda, et ne fut pas écouté. Il cacha également son dépit, attendant le moment propice de le faire éclater. Une amitié apparente régna même dès lors entre les deux princes. Mais lors-

---

(1) Lille, mécontente de cet impôt, avait allégué ses priviléges et refusé de payer. Les mutins furent jetés en prison. Elle finit par payer 6,000 livres. Douai, alors plus importante, en paya 7,000 pour sa part. (*Buzelin* — *St.-Genois.*)

que les Valencenois se furent révoltés contre Jean d'Avesnes, comte de Hainaut, et eurent reconnu Guy pour leur seigneur, ce dernier, profitant de la circonstance, appela les Anglais à son aide et envoya à la cour de France l'abbé de Gemblours, pour défier le roi en son nom. Le monarque, qui lui avait inutilement fait faire des remontrances (1), ne se contient plus (1297) : à la tête de 60,000 hommes d'infanterie et de 10,000 cavaliers, il se jette sur la Flandre, met le feu à Phalempin, à Seclin, ravage le pays, et vient mettre le siége devant Lille, qui tient ferme pendant un blocus de onze semaines ; mais, la voyant exténuée par la famine qui augmentait chaque jour, Robert de Béthune, fils de Guy, se vit obligé de capituler, « et » quant il eut dit et déclaré devant tous pour quelle raison il » les laissoit et mettoit leur ville en la main du roi, tous pren- » dre à larmoier et à plourer et à détordre leurs mains en » grant douleur (2). » Alors le jeune comte se retira avec ses

---

(1) Il lui avait envoyé l'archevêque de Rheims, qui ne put rien gagner sur son âme ulcérée ; aussi le patriarche, qui avait épuisé les exhortations, se retira, dit Oudeghcrst, à Téronenne, d'où il mit la Flandre en interdit.

(2) Msc. bib. du roi, 8380 — *Spicil.*, t. III, p. 150 — *St.-Genois*, p. 864 — *Chron. de Jean-le-Tartier,* dont Lille possède une copie — *Buzelin* — EM 35, msc. de la même bibl. — *Oudeghcrst* — *Meyer* — *Van der haer.*

Pendant ce siége, se trouvait parmi les mécontens un chevalier nommé Robert d'Astiche. Il parvint à s'évader, va trouver Philippe-le-Bel et lui dit qu'il serait facile de surprendre Lille ; que les vivres y sont rares ; que, par conséquent, s'il voulait faire conduire un troupeau de porcs près la *porte de Fives*, il ferait cacher près des remparts 300 à 400 hommes pour faciliter l'entrée de la place, les assiégés ne devant pas manquer de faire une sortie afin de s'emparer d'un troupeau que le hasard semblait leur offrir ; qu'alors les Français, en se mettant en embuscade, pourraient tomber sur eux à l'improviste.

troupes et ses bagages ; c'est ce que raconte un ancien manuscrit (1) de la manière suivante :

« Il fit trousser ses bagues (*bagages*) et tout premièrement
» fist partir son charroy ; après les sommiers et puis ses grands
» chevaulx. Et après yssi son escuierie deux à deux. Puis ses
» gens de guerre et les nobles quy en sa compaignie estoit et il
» sen venoit à cheval derrière tout désarmé au costé de mon-
» seigneur Guy de Neelle, mareschal de France. Lequel l'avoit
» pris en saulf conduict et toute sa compaignie.

» Quant les bourgois et la comunaulté de la ville de Lille
» veirent qu'ils avoient perdu leur jeune seigneur, ilz envoie-
» rent par devers le Roy luy faire remoustrer côment il estoit
» leur souverain et que encontre luy nullement ne se vouloient
» tenir ne rebeller et qu'il lui pleust de les rechepvoir en sa
» bonne grâce. Adont le roy quy fut piteux et débonnaire ac-
» cepta leur requeste qu'il prit bien en gré ; et ainsi ceulx de
» Lille, bourgois, manans et habitans se rendirent au roy leurs
» corps, leurs membres et leurs biens. Quand le roy vey la

Par bonheur, les Lillois s'étaient aperçus de l'évasion du traître. Alors, Roux de Faulquemont, qui commandait les assiégés, pour déjouer la perfidie d'Astiche, se fit apporter plusieurs cochons qu'on fit crier le plus possible pendant que les portes étaient tenues entr'ouvertes. Les porcs, aux cris des jeunes cochons, se précipitèrent vers l'endroit d'où partaient ces cris. Ainsi Faulquemont, en s'en emparant, sut faire tourner à son avantage la ruse de ses ennemis.

D'Astiche était retourné à Lille ; on le saisit, et Robert de Béthune, avant de sortir de cette ville, l'avait fait mettre dans un tonneau, afin de l'emporter avec ses bagages et de le punir ; mais le traître jeta des cris si violens, que les soldats français le délivrèrent. (*Montlinot*, *d'après un msc. de la bibl. des Jésuites de Lille.*)

(1) Bibliot. du roi, n. 8380.

» bonne voulenté du peuple de Lille il commanda à une partie
» de ses gens entrer dedans la ville où l'on leur fist bonne
» chière. »

Raoult de Neelle y fut laissé en qualité de gouverneur, et Guy, toujours confiant, se rendit (1300) à Paris, où il avait été appelé sous prétexte de conclure un traité ; mais on le retint encore : on l'emprisonna à Compiègne, et Robert, son fils, fut incarcéré au château de Chinon ; puis le comté fut déclaré réuni à la couronne.

Philippe-le-Bel vint aussitôt recevoir le serment de fidélité de toutes les villes de Flandre. Les échevins et les bourgeois de Lille allèrent implorer de nouveau sa clémence. Il leur promit de maintenir leurs priviléges et de les prendre sous sa protection si on les inquiétait en faveur de Guy de Dampierre (1).

Tant de victoires remportées en si peu de temps par les Français, dit Meyer (2), était moins le résultat de l'habileté de Philippe-le-Bel que celui d'une puissante faction qu'il fomentait en Flandre, et qui était connue sous la dénomination de *Léliarts*, gens des lys.

Comme on le voit, le roi de France fut bien peu magnanime dans la conduite qu'il tint vis-à-vis son grand vassal. On dirait qu'il avait pris pour maxime le

...... *dolus an virtus quis* in *hoste requirat?*

de Virgile ; sentence digne d'être gravée autour de ses monnaies.

---

(1) *Roisin*, fol. 323 et 326 — *Buzel. gall. Fland.* — *Meyer.*
(2) Liv. X, p. 86 — Voir l'intéressante notice de M. *Voisin*, sur la bataille de Courtray.

Pendant les hostilités, les chanoines de Seclin avaient été dépouillés de leurs richesses. Philippe-le-Bel, par lettres datées de 1299, en ordonna la restitution (1). Sa piété ou sa politique envers les monastères de Flandre, se signala spécialement dans cette circonstance; aussi l'abbaye de Loos, qui avait ressenti ses bienfaits, lui voua à perpétuité une messe qui y fut chantée chaque jour (2). Il avait cru sans doute que quelques générosités envers le clergé devaient le laver aux yeux du juge suprême de l'astuce la plus déloyale dont il enveloppa son administration!.. Cependant, malgré tous les soins que ce monarque avait mis à se faire un appui des communautés religieuses, le pape Boniface VIII ne lui en ordonna pas moins de restituer à Guy et sa fille et son comté.

On raconte que, dans cette circonstance, Robert, comte d'Arras, voyant la lettre du pape dans les mains du roi qui la lisait, la lui arrache, et la jette au feu en disant qu'un roi de France ne devait point se laisser maîtriser.

Philippe-le-Bel, convaincu par ce reproche, retint Lille et toutes ses conquêtes, et répondit à Boniface que les affaires temporelles des souverains ne regardaient pas Sa Sainteté (3).

Et, en effet, ce prince vint à Lille (1300) accompagné de la reine, et y laissa *Jacques de Châtillon*, comte de Saint-Pol, son bel-oncle, en qualité de gouverneur de Flandre, afin de remplacer Jacques de Neele, dont l'administration aurait pu consoler les Flamands de leur assujettissement.

---

(1) *Buzelin.*
(2) *Hist. de l'abb. de Loos.*
(3) *Buzelin — Panck., Abr. chr. de l'histoire de Flandre*

Châtillon s'occupa aussitôt à faire élever un fort (1) pour tenir les Lillois en respect Ce fort était situé près de *l'hôpital Comtesse*, où on le voyait encore en 1698.

Dur et accablant ses administrés d'impôts, le gouverneur devint bientôt un objet de haine : et quoique naturellement peu séditieuse, Lille se souleva (1301). Toute la Flandre, dans le même temps, se révoltait également contre les Français. Le comte de Saint-Pol, qui alors se trouvait à Bruges, se réfugia dans une maison où il resta caché jusqu'au soir. On venait alors de sonner dans cette ville l'heure du massacre. Tous les Français devaient y être occis, et, pour les reconnaître, les Brugeois avaient pris pour ralliement ces mots flamands : *Vlaendere de levu schilt ende vriendt uvat V valsis, valsis slaet doot*, presqu'impossibles à articuler par les étrangers.

Le sire de Châtillon, déguisé, passa l'eau à la nage et se dirigea sur Courtray ; mais il y fut bientôt atteint. En effet eut lieu en juillet 1302, la sanglante *journée des éperons d'or* (2), où les Français furent complètement battus. Parmi les morts se trouvèrent Jacques de Châtillon et Jean IV, châtelain de Lille, fils du comte Flandre.

Jean de Namur, profitant de la débâcle de Philippe-le-Bel, vint faire le siége de Lille qu'il reprit vers le milieu d'août suivant. Les magistrats étaient fort disposés à rentrer sous l'an-

---

(1) *Jacques Meyer* — Msc. bibl. de Lille, EM 81 — EM 89 — *Hist. de Loos*, où nous avons reproduit une pièce authentique — M. *Voisin*, Notice de la journée de Courtray — *Van der haer*.

(2) Les historiens prétendent que 4,000 gentilshommes français éperonnés d'or y perdirent la vie ; de là le nom consacré au souvenir de cette bataille célèbre.

cienne domination des comtes de Flandre; aussi avaient-ils promis, pendant le blocus, de leur rendre la place le jour de l'Ascension, si toutefois le roi de France ne les secourait pas auparavant (1).

Philippe-le-Bel, voyant les progrès du *Namurois,* avait repris les armes; et sa victoire éclatante de Mons-en-Pévèle (2), remportée le 18 août 1304, avait été des plus funestes aux Flamands, quoique l'ayant été presqu'autant à lui-même.

Le vainqueur, sans perdre un instant, arrive vers Lille; mais, au moment où il venait pour en faire le siége, les Flamands, au nombre de 60,000, dit d'Oudegherst, revinrent camper sur les bords de la Deûle!... « Je crois qu'il pleut des » Flamands...! » s'écria le roi, étonné d'en revoir un si grand nombre après leur défaite; mais sa surprise augmenta bien davantage, lorsque des hérauts viennent fièrement lui demander la bataille ou une paix honorable.

Des peuples qui exprimaient ainsi leurs intentions firent sentir

---

(1) *Van der haer — Meyer — Buzelin —* Msc. EM 81.

(2) Voici ce que dit *Van der haer* sur cette bataille mémorable :

« .... Au bout de la trefve le comte Guy retourne pour tenir
» prison à Compiègne. Le roi retourne en Flandre avec très grande
» puissance, loge à Mons en Pévèle, entre Lille et Douay. Guillaume
» de Juilliers qui s'en pouvoit bien excuser, attaque l'armée du roi,
» l'oriflamme et le roi furent portez par terre et peu s'en fallut que toute
» l'armée ne courut la fortune de celle de Courtray. Cependant la fin
» en fut tout autre : Guillaume de Julliers s'y perdit et la victoire de-
» meura au roi qui là incontinent vint assiéger Lille. On convint que
» les villes de Lille et Douay, avec leur appartenances et dépendances
» seraient soudain mises es mains du roy à la charge de les rendre au
» comte l'amende payée. Cette paix fut acceptée par le comte de
» Thiette estant à Lille et publiée dans les deux armées. »

le besoin de les ménager. Aussi Philippe-le-Bel, après le siége de Lille, qui lui opposa une vigoureuse résistance, tout en convenant qu'elle resterait à la France, ainsi que Douai et Orchies, jusqu'à ce qu'il lui soit payé pour ses frais d'expédition 800,000 livres, stipula que les Flamands conserveraient leurs priviléges et que les prisonniers seraient rendus de part et d'autre (1).

Par ce traité, Guy, qui avait été fait prisonnier, devait être rendu à la liberté; mais il mourut dans sa prison à Pontoise, en 1304, âgé de 80 ans, usé par l'âge et plus encore par sa malheureuse carrière.

CHAPITRE XV.

Robert III, dit de Béthune,

XXIIe COMTE DE FLANDRE.

Robert, fils aîné de Guy de Dampierre, était détenu avec son père, lorsqu'en vertu du dernier traité, il recouvra la liberté, toutefois en fesant serment de raser les fortifications de Lille, Douai, Gand, Bruges, Ypres, et de ne jamais les relever. Pour garantie de ces conventions, ces deux premières villes restèrent en possession du roi (2).

---

(1) *Ut suprà* — *Oudegherst*.

(2) *Meyer* — *Van der haer* — *Oudegherst* ajoute qu'il fut de plus

Les habitans de Lille murmurèrent de l'obligation que leur imposait de nouveau ce prince soupçonneux. Robert sentit la force des réclamations qui lui étaient adressées de toutes parts ; aussi se rendit-il en 1308 à Paris pour plaider la cause de cette ville. Le monarque sentit le danger de tourmenter cette cité par une mesure rigoureuse (1). Il leur accorda donc la conservation de leurs murailles. Il fit plus, car il donna aux échevins le pouvoir de juger les délits commis par les bourgeois dans toute la châtellenie, « ce à quoi le gouverneur s'estoit opposé (2). » Il comprenait d'ailleurs le besoin de ne plus porter atteinte aux priviléges d'une ville qu'il voulait attirer sous ses lois. Tandis qu'il cherchait à se concilier les esprits, il envoya à Tournai, en 1311, Charles de Valois, son frère, et Enguerrand de Marigny, l'un de ses plus habiles négociateurs, pour engager Robert à la lui céder ainsi que Douai et Orchies, lui promettant de le décharger des 10,000 livres de rente qui lui étaient dues selon les précédens traités (3).

Robert, séduit par leur astuce, y consentit par traité du 11 juillet 1312 ; mais il se repentit bientôt de cette impolitique cession : il vit bien qu'il avait remis la clef de ses états entre les mains d'un prince ambitieux. Aussi, dans son chagrin, il refusa de lui rendre hommage avant que ce marché ne fût annulé. Il allégua que les communes de Flandre avaient remboursé le prix

---

stipulé « que le Roy pourroit faire abbattre les chasteaux de Lille et de Courtray qu'il avoit faict fortifier, le fonds desquels néantmoins de- » moureroit au conte de Flandre. »

(1) Msc. EM 49 f° 90 — *Meyer*.

(2) Msc. *de Lille et de la fondation d'icelle* — Msc. EM p. 89 bibl. de Lille.

(3) *Meyer*, liv. II — *Van der haer*.

pour la garantie duquel ces villes avaient été engagées ; qu'en définitive, cette cession lui avait été extorquée par les manéges et les intrigues d'Enguerrand de Marigny, dont on ne remplissait pas les promesses (1).

Et, dans son dépit, il vient assiéger Lille (1313) occupée par les Français et dévaster son territoire. Le roi, irrité, envoie contre lui Charles de Valois, tandis que l'évêque de Rheims se dirige sur Saint-Omer, d'où il lance l'interdiction sur la Flandre. Fatigués de tous ces démêlés, les Flamands demandent et obtiennent une trêve d'un an.

Philippe-le-Bel mourut pendant qu'elle s'écoulait, mais Louis-le-Hutin, son successeur, ne fut pas mieux disposé envers Robert (2).

Quand la trêve fut expirée, ce dernier revint assiéger Lille ; mais, apprenant que le roi de France approchait, il quitta cette entreprise et conduisit ses troupes au-delà de la Lys. Louis-le-Hutin, de son côté, après avoir inutilement fait le siége de Courtrai, revint camper entre Bondues (3) et Mouveaux, d'où les mauvais temps le forcèrent à battre en retraite et à se réfugier à Lille le 11 septembre (4), où il arriva après avoir « fait » bouter le feu en ses charroys, tentes et pavillons. »

Les Flamands, à la mort du roi, qui ne survécut pas longtemps à cette expédition, espéraient goûter les douceurs de la paix ; mais Robert voulait reconquérir la totalité de ses états,

---

(1) Idem — *Oudegherst* — *Spicil.*, t. 3, p. 64.
(2) *Meyer*, liv. II — *Villaret*, t. 8.
(3) Villages de la châtellenie de Lille.
(4) *Buzelin gall. Fland.* et *Annal.* — *Oudegh.*

c'est-à-dire, Lille et Douai. Le peuple, mécontent d'être encore obligé de quitter ses foyers, s'adressa à Philippe-le-Long, en 1317, pour faire adoucir la rigueur des traités précédens ; mais il ne put obtenir que quelques trèves fort courtes pendant lesquelles l'on transporta à Lille des machines de guerre (1).

Les Lillois, en 1318, n'avaient pas encore juré fidélité au successeur de Philippe-le-Bel, qui, pour recevoir leur serment d'obéissance, se fit représenter par Louis, comte d'Évreux. Ce dernier jura à son tour, au nom du roi, de garder les priviléges de cette ville (2).

De son côté, Robert n'avait pas renoncé au projet de rentrer en possession de Lille dont il avait quitté le siége, ainsi que nous l'avons dit. Pendant qu'il se préparait à une nouvelle tentative, des Dominicains vinrent, de la part du monarque, le trouver à Tournai pour l'engager à se désister de cette entreprise. Le comte, irrité de leurs représentations, les fit incarcérer. Le cardinal Josserand accourt, et excommunie Robert. Les Flamands, fatigués de ces longues hostilités et effrayés des foudres ecclésiastiques qui pèsent sur leur prince, lui refusent leurs services. Il se vit donc forcé de prolonger la trève avec les Français (3), et même à aller en 1320 à Paris pour ratifier les anciens traités. Tout paraissait arrangé, lorsqu'au moment de signer, il se désista, refusant encore de remettre au roi Lille, Douai et Orchies, et s'esquive du royaume ; mais les communes, instruites de sa fuite, lui firent représenter les malheurs que son opiniâtreté amoncellerait sur la Flandre : on lui notifia même qu'on était

---

(1) *Meyer.*
(2) *Buzelin.*
(3) *Meyer — Oudegherst.*

disposé à l'abandonner s'il persistait dans sa conduite. Cette menace le ramena à Paris, où enfin il signa le traité après avoir fait longtemps encore des difficultés.

Pendant cet intervalle, Pierre Gallard, maître des arbalétriers de France, se trouvait à Lille, où il jurait de garder les priviléges des habitans, qui, de leur côté, prêtaient serment de fidélité entre ses mains (1).

Tel était l'état des choses lorsque Philippe-le-Long mourut. Robert, peu de temps après, c'est-à-dire, le 12 septembre 1322, quitta également ce monde.

CHAPITRE XVI.

Louis de Crécy,

XXIIIe COMTE DE FLANDRE.

Louis de Crécy hérita de l'animosité de Robert de Béthune, auquel il succéda; aussi le vit-on soudainement aux prises avec Charles-le-Bel, successeur de Philippe-le-Long.

Ce prince l'appela à Paris sous prétexte de recevoir l'hommage de son comté, mais, à l'exemple de Philippe-le-Bel, dont il

---

(1) *Buzelin* — *Manuscrit EM* 81 — Feu M. *Lebon*, *Revue du Nord*.

imita le peu de bonne foi, il le retint prisonnier et ne lui offrit la liberté que sous la condition qu'il renoncerait à toute prétention sur la Flandre gallicane (1).

D'autres chagrins vinrent assaillir le comte de Flandre : il avait cédé, en 1323, à Jean, comte de Namur, son oncle, la seigneurie de l'Escluse. Les Flamands et les Brugeois, entr'autres, se plaignirent amèrement de cette cession. Ils prétendaient que Jean pouvait fermer le passage à leurs denrées, pour aller par eau de Bruges à Dam. Ils osèrent même en témoigner leur mécontentement à force armée. Le comte de Namur tomba entre leurs mains et fut fait prisonnier.

Mais, dès qu'il eut recouvré sa liberté, il anima contre Bruges la colère de Charles-le-Bel et celle du comte de Flandre. Celui-ci, en 1324, fit même mourir six députés du Franc qui étaient venus le trouver pour lui représenter combien cette affaire venait les léser dans leurs priviléges. Il en fit jeter, bientôt après (1325), six autres dans les fers.

Les Brugeois, à la nouvelle de cet acte brutal, ne se contiennent plus : au nombre de 5,000, ils s'avancent vers Courtrai, où se trouvait le comte de Flandre. A l'approche de ces furieux, il se sauva à Lille où il fut forcé de se battre. On le fit prisonnier avec six seigneurs de sa suite, que l'on mit à mort afin de venger les députés du Franc, massacrés en pareil nombre.

Les Gantois prirent les armes en 1325 en faveur du comte, marchèrent contre ceux de Bruges, qui, battus à leur tour, rendirent la liberté à leur prisonnier (2).

---

(1) *Meyer — Buzelin — Aubert-le-Mire.*
(2) *Meyer — Buzelin — Ou'egherst — Fland. gener.*

Les Flamands toujours prompts à la révolte, ne tardèrent pas à se rebeller de nouveau (1327). Bruges avait, des premières, arboré l'étendard de l'insurrection, et les Gantois se laissèrent également entraîner par le fameux et populaire Jacques d'Artevelde, ce héros factieux, intrépide et fier.

Philippe de Valois, successeur de Charles-le-Bel, arriva (1328) à la hâte pour réprimer sa sédition. Il plaça une garnison à Lille, en mit une à Tournai, tandis qu'il chargeait le comte de Flandre, auquel il donna des troupes, de ravager les bords de l'Escaut et de la Lys.

De leur côté, les habitans de Courtrai et d'Ypres, entraînés dans la rébellion, fondent sur Lille; mais le roi les défit le 22 août, au mont de Cassel; journée désastreuse où, des 16,000 hommes qui composaient l'armée des séditieux, « il n'en » échappa nul » dit Froissart.

Cette défaite fit rentrer dans l'obéissance Bruges, Ypres et toutes les autres villes rebelles. Ce fut alors que Philippe de Valois, au moment de rentrer en France, dit, en passant à Lille, au comte qu'il venait de rétablir dans sa domination : « Beau » cousin, gardez-vous bien de nous faire retourner en Flandre » une seconde fois pour un pareil motif; si votre mauvaise ad- » ministration me rappeloit, je reviendrois moins pour vos in- » térêts que pour les miens (1). »

Pendant les hostilités précédentes, on vit s'établir dans cette ville de pieuses et bienfesantes religieuses dites sœurs noires ou ensaquiées, de l'ordre de Saint-Augustin. Elles vivaient dans

---

(1) Oudegherst — Meyer — Buzelin — Froissart, etc.

une grande pauvreté, visitaient les malheureux et les habitations malsaines, soignaient les malades, ensevelissaient les morts (1).

Ce fut encore vers cette époque (1331) que la ville de Tournai fonda la fête brillante du *Roi Golchot*, qui avait beaucoup de rapport avec celle des nobles rois de l'Epinette. Les Lillois, qui avaient été longtemps affligés par les dissentions de la Flandre, se rendirent avec empressement aux divertissemens que préparaient les habitans de Tournai. On distingua, parmi ceux qui s'y transportèrent, Wautier d'Hangouart, Jean de Courtenay, Guillaume de Beaufremez, Jean et Pierre Crète, Hellin de Pontrewart, Henri de le Vacquerie, tous personnages considérables. Les palefrois des joûteurs étaient couverts de housses de soie. Les prix destinés aux vainqueurs furent un épervier pour les Tournaisiens et un cheval pour les étrangers (2).

Le plaisir semblait avoir effacé de la mémoire des habitans de Lille les douloureux souvenirs laissés par les guerres intestines, lorsque les hostilités voisines firent bientôt sentir leur commotion sur le territoire flamand. En effet, Edouard, roi d'Angleterre, revendiqua, en 1334, la couronne de France comme héritier d'Isabelle de Valois, sa mère, et sœur de Philippe-le-Bel. Il prétendait que ses réclamations n'étaient nullement contraires à la loi salique. Les Flamands, appelés par les Français, s'étaient ligués pour repousser des prétentions aussi peu justes; mais l'astucieux Edouard, connaissant bien le cœur des masses, avait, en 1336, séduit la Flandre en lui fesant de riches présens, tandis que d'un autre côté il traita (1338) à Gand avec

---

(1) *Msc. des ancienn.*, p. 129 — *Gallo-Fland.*
(2) Msc. bibl. de Lille — *Buzelin.*

un personnage bien plus puissant que le comte de Flandre ; ce personnage, loué et blâmé tour-à-tour par les historiens, était le célèbre *Jacques d'Artevelde* qui, dit-on, devait partager avec l'Anglais les conquêtes qu'ils fesaient en commun. Quoi qu'il en soit sur les intentions de ce chef si fameux dans les annales belges, Philippe de Valois, irrité de la défection des Flamands, leur imposa une amende pour les châtier. Cependant, en faveur de l'attachement des Lillois à sa personne, il adressa à ces derniers des lettres pour les en exempter (1) ; et, malgré la suppression des joûtes et tournois dans son royaume, il permit à Lille de célébrer les siens ; il autorisa même les villes voisines à venir y prendre part (2).

La pacifique fidélité des Lillois envers le monarque français et le comte de Flandre, offusquait d'Artevelde qui, à la tête de ses troupes, vint, en 1340, pour les assiéger ; mais ce chef séditieux avait été imprudemment devancé par les Anglais, qui devaient se joindre à lui : leur impatience leur coûta cher, car ils furent enveloppés vers Marquette près Lille (ainsi que les comtes de Salisbery, de Suffolck et autres grands personnages), par 1,500 hommes sortis inopinément de cette ville, sous les ordres du seigneur de Roubaix, « adont, *dit une
» chronique* (3) *contemporaine*, en commença illec une moult
» grant bataille et dure d'une part et d'aultre. Mais en la fin les
» Anglois qui se veoient encloz et combattans à jeu mal party,
» car les franchois estoient quatre contre ung et toujours leur

---

(1) Msc. EM p. 72. — EM 85 p. 433.

(2) Pièces just. de notre monog. des rois de l'Epinette.

(3) Msc. bibl. du roi, n° 8380 — *Froissart* — *Buzelin* — Msc. EM 72 — *Oudegherst*.

» venoient gens nouveaulz et iceux qui plus ne pouvoient sous-
» tenir les armes de leurs ennemis furent tous morts ou prins. »

Parmi une multitude de seigneurs anglais tués ou faits prisonniers (1), messire Guillaume de Montagu, comte de Salisbery, « fut mené prisonnier à Lille et de Lille à Paris, car le
» roy le vouloit voir et parler à luy, » ajoute la chronique précédemment citée.

Les localités voisines avaient eu beaucoup à souffrir du passage des ennemis : Armentières fut totalement pillée et détruite (2). Les bourgeois et la garnison de Lille, de leur côté, sortaient de la ville pour faire des *courses* dans le pays, c'est-à-dire, des pillages et des dévastations déplorables (3).

Lille, Douai, Tournai armèrent 1,000 hommes pour ces excursions. On se jeta sur Courtrai, pillant tout ce qu'on rencontrait ; les maisons et les meubles, qu'on ne pouvait enlever, devinrent la proie des flammes. Les femmes que l'on rencontrait sur la route, dit Montlinot, « furent exposées à la brutalité des
» soldats qui les massacraient. Tournai reçut au milieu des ac-
» clamations les plus joyeuses ces furieux dégoûtant de carnage
» et chargés d'un riche butin (4). »

---

(1) Parmi les ennemis tués dans le combat, l'on comptait Guillaume Cliban, occis par un boucher de Lille ; et, parmi les prisonniers, l'on remarquait en outre des comtes de Salisbery et de Suffolch, *Raimond de Limoges*, neveu du pape.

(2) *Buzelin* — *Oudegherst*.

(3) *Cousin*, liv. 4 — *Meyer* — *Oudegherst*.

(4) Msc. de la ville de Lille, provenant de Saint-Pierre, selon cet historien, qui le cite.

Edouard, pendant ces entrefaites, fit venir en Flandre 1,000 sacs de laine, ce qui occasionna un plaisir extrême à la multitude séditieuse. Lille restait inaccessible à ses séductions. Auss , pour l'en récompenser, Philippe de Valois confirmait ses priviléges par lettres-patentes, acte politique d'autant plus nécessaire, que ses officiers ne respectaient pas les vieilles coutumes du pays. Leur administration avait pour lors excité des plaintes ; aussi, en leur adressant ce titre, le monarque ordonna que le gouverneur de Lille, ainsi que les autres fonctionnaires, seraient tenus de faire serment entre les mains des échevins de garder les lois et franchises de la ville (1) ; et, comme les magistrats avaient fait remarquer à ce prince qu'en contravention à l'ordonnance rendue par la comtesse Jeanne, plusieurs avocats s'étaient glissés parmi les échevins, il les en exclut (2). Bientôt après il décréta que pour être revêtu de cette dignité il fallait être marié. Il porte cette loi contre l'admission du célibat, « après avoir fait assembler par cry solemnel et en la manière
» accoustûmée tout le commun des bourgeois et manans ou la
» plus grande ou la plus saine partie d'iceux (3). »

---

(1) EM 85, f° 236.

(2) *Roisin* — *Msc. de* LA VILLE DE LILLE ET DE LA FONDATION D'ICELLE — *Revue du Nord*, t. III.
L'exclusion des avocats à la dignité échevinale était de toute justice. Les avocats étaient alors des ecclésiastiques ou des seigneurs, dit Montlinot : ils recevaient des pensions de leurs clients. N'était-il pas alors contre toute équité de les faire siéger au banc des juges? On le sentit ; aussi ils furent constamment éliminés de la magistrature

(3) *Roisin.*
Ce qui prouve, comme le fait remarquer très-bien M. Brun-Lavaine, que pendant les temps de la féodalité le peuple avait bien sur la législation autant de droit qu'il en a sous un gouvernement représentatif.

Enfin, pour bien se consolider l'affection des Lillois, Philippe de Valois défendit « qu'aucun sergent d'armes ou varlets » dou roi » ne fût élevé à leur magistrature, ce qui aurait porté atteinte à leurs priviléges.

Il statua, en un mot, que les bourgeois seulement pourraient prétendre à cette dignité ; il en donna les lettres-patentes (1), à la demande de ses *bien-amés les eschevins* en 1343.

Ce prince, habile politique, conserva également le droit des arsins, malgré les puissantes réclamations qui lui étaient adressées pour le aire abor (1).

Edouard ne se ralentissait pas dans ses démarches usurpatrices : pour mieux parvenir à la couronne de France et se donner un appui, il avait formé le projet de renverser le comte de Flandre et de donner cette principauté à son fils. Mais d'Artevelde, qui secondait son projet, fut assassiné à Gand en 1344. Edouard, désespéré de cette perte, se livra à la fougue de sa colère. Les Flamands ne purent l'apaiser qu'en lui promettant de ne recevoir leur comte qu'après qu'il aurait promis de le reconnaître pour roi de France (2) ; mais ce comte n'abandonna pas Philippe de Valois, et son dévoûment à sa personne fut tel qu'il périt en 1346 à la malheureuse journée de Crécy, dont il reçut le surnom par les historiens.

---

(1) *Roisin — Buzelin.*
(2) *Panckoucke.*

CHAPITRE XVII.

Louis de Mâle,

XXIVᵉ COMTE DE FLANDRE.

Louis de Mâle, en combattant près de son père à la bataille de Crécy, avait été dangereusement blessé. Pour le récompenser de son zèle, Philippe de Valois le fit chevalier en 1347. Ensuite de quoi le jeune comte vint prendre possession de ses états. Gand, Bruges, Ypres, le sollicitèrent bientôt d'épouser la fille du roi d'Angleterre ; mais il ne voulut pas accepter cette union, qui devait lui répugner sous tous les rapports. Il n'avait pas oublié que ce fut en combattant les Anglais que Louis de Crécy fut frappé mortellement ; d'ailleurs, le comte devait fidélité au roi de France.

Il exposa inutilement à son peuple ces raisons puissantes. On ne l'écouta pas. Les Gantois le retinrent même prisonnier et lui déclarèrent qu'il ne serait libre qu'après la consommation du mariage. Il parvint cependant à s'échapper dans une partie de chasse, et épousa immédiatement Marguerite, fille du comte de Brabant, dans lequel il trouva un appui.

Gand, irrité, se souleva contre Louis et répandit partout la

---

(1) *François Piétin* — *J. Meyer* — *Oudegh.* — *Buzelin.*

terreur ; profitant des désordres qui désolaient le pays, 2,000 flamands, poussés par l'espoir de la rapine et entraînés par la rébellion, passèrent la Lys et vinrent déborder sur le territoire de Lille.

Jean de Luxembourg, châtelain de cette ville, et Charles de Montmorency, à la tête de 500 fantassins et de 400 cavaliers, armés à la hâte, pris dans la garnison et parmi la bourgeoisie, les surprennent dans le voisinage de Quesnoit-sur-Deûle, les mettent en pièces, laissant plus de la moitié de ces spoliateurs vagabonds sur le champ de bataille (1). Le bâtard de Renty, qui les commandait, fut fait prisonnier et conduit à Lille.

Le comte de Flandre pardonna aux villes de Gand et d'Ypres ; et, en 1348, il confirma leurs franchises et priviléges. Malgré cette conduite généreuse, des mécontens répandaient encore dans Gand des murmures, mais ils furent forcés à l'obéissance par la majorité des habitans.

Louis de Mâle était jaloux de recouvrer la Flandre gallicane ; il refusa même, en 1350, d'assister au sacre du roi Jean. Mais ce monarque, malgré le mécontentement de son grand vassal, n'en était pas moins choyé des Lillois, auxquels, dix ans après, il confirma la coûtume des arsins (2) ; et lorsqu'en 1354 il vint au milieu d'eux, il n'y eut point de témoignages d'enthousiasme qui ne lui furent prodigués.

Des exilés voulant profiter du séjour de ce prince à Lille, cherchèrent à rentrer dans cette ville ; ils étaient protégés par le bailli du roi : mais Jean, voyant que les magistrats s'opposaient

---

(1) *Buzelin.*
(2) *Buzelin*, ARRÊT DU PARLEMENT.

à leur rentrée, décida que les échevins étaient dans leurs droits et qu'on ne devait pas léser leurs privilèges et franchises (1). Aussi les habitans s'empressèrent-ils de lui fournir des secours contre les Anglais ; mais, malgré tous leurs efforts, ce monarque ne put échapper aux destinées qui l'attendaient à Poitiers : ses armées y furent battues en 1356, et il y fut fait prisonnier. Tant d'infortunes touchèrent les Lillois : en effet, cette ville se cotisa d'une manière spéciale afin de suffire à la rançon du prince. Elle s'engagea à payer aux Anglais 8,000 pièces de monnaie royale dans l'espace de six ans. Cette somme fut comptée exactement aux argentiers du royaume, ainsi qu'aux abbés de Loos et de Saint-Bertin, chargés de la recette (2). Cette ville donna en outre deux ôtages ; car sur les lettres du roi, Jean de Luxembourg, châtelain de Lille, et Guy, son fils, passèrent sous ce titre en Angleterre (3).

---

(1) *Roisin*.

(2) CHRON. DE FLANDRE *publiée par Denis Sauvage.* Meyer — Reg. N f° 123 et Reg. L f. 172, *Archiv. comm.*

(3) La *Revue du Nord* a publié les lettres du roi Jean aux échevins de Lille pour que « 2 home de la dicte ville feussent envoyés à Calais » en hostage pour luy. »
Voir msc. *EM* 72. *EM* 85. fol. 440. bibl. de Lille.

On lit dans ce dernier manuscrit, portant pour titre : CHARTES DE LILLE :

Quittance du roy Jehan en 1360 pour sa rançon.

« Sachent tous que nous Aleammes par la permission de Dieu, abbé
» de Saint Bertin en Saint Omer et Jacques le riche, officier de Thé-
» rouanne, sommes cômis et establis par le roy, nostre sire par ses let-
» tres-patentes scellées de son secret scel, recepveurs des deniers que
» les bonnes villes et les autres sujets du royaume ont ordené à appor-
» ter et bailler en paiement de 600,000 deniers d'or à l'escu viez que

Le monarque français fut si touché de ce témoignage d'affection, qu'il accorda aux Lillois l'autorisation d'acheter pendant six ans des marchandises dans toute l'étendue de sa domination et de les transporter chez eux sans payer aucun impôt (1).

Par autre privilége de 1361, il accorda à ses fidèles Lillois la franchise de leur foire, c'est-à-dire, « saulf conduict de huit » jours pour venir et huict jours pour retourner à tous mar- » chands et autres (2). » Pendant cet intervalle, les débiteurs ne pouvaient être poursuivis par leurs créanciers, ce qui facilitait leurs opérations commerciales.

Enfin, par lettres-patentes datées de la même année, ce prince permet « aux varlets des bourgeois de Lille de porter » épées et bastons (armures) par toute la châtellenie (3). »

» il faut payer au roy d'Angleterre pour la délivranche de nostre di » sire. »

M. Brun-Lavainne, dans son *Atlas de Lille*, d'après la quittance reposant aux archives de la ville, dit que la quittance du roi, pour la part de Lille, « fut de 1986 moutons du roi, 1000 moutons de Flandre et » 25 royaux pour la valeur de 2000 écus Philippe vieux. Le mouton » du roi valait 30 gros 4 deniers ; celui de France 28 gros, le royal 24 » gros et l'écu Philippe viez 29 gros quatre deniers. »

(1) *Archiv. de Lille*, reg. KLM, fol. 172.

(2) Msc. DE LILLE EM. p 96 — *Buzelin* — *Tiroux*, qui diffère avec nous pour la date.

(3) Reg. *KLM*. fol. 160.

On abusa de ce privilége : les épées devinrent des instrumens de vengeance personnelle. Aussi, le 5 mai 1448, le duc de Bourgogne défendit « à auscun de quelque estat ou condition qu'il soit de donner des robes » de livrées à autres qu'à ses familiers ou serviteurs ; comme aussi de » porter dores en avant hâches d'armes, langues de bœufs, planchons, » créletez, et longues dagues, ne autres bastons de guerre invasifs. » (*Archiv. de Lille*, reg. MNO.)

Le roi Jean, tout en donnant à cette ville des témoignages de gratitude, n'oubliait pas que le châtelain et son fils restaient prisonniers en Angleterre comme ôtages ; aussi se rendit-il à Londres avec l'intention d'activer leur liberté, lorsque la mort vint l'y surprendre. Lille le pleura amèrement, mais, dans sa douleur, elle eut la consolation de trouver dans Charles V, fils de ce monarque, un prince qui avait hérité de l'amour de son père pour elle.

Marguerite de Flandre, comtesse d'Artois, représenta le pays en remplissant au sacre du nouveau monarque les fonctions de pair ; on l'y vit soutenir la couronne sur sa tête. Au milieu des fêtes de l'avènement au trône, on vint annoncer au roi la victoire de Cocherel, en Normandie, remportée par le brave Duguesclin sur les troupes de Navarre. Pendant ces entrefaites, Lille avait à déplorer la mort de *Baudouin Annekin*, gouverneur de la Flandre française, tué dans cette bataille mémorable (1).

Cette ville sentit vivement la perte qu'elle venait de faire dans ce guerrier intrépide, car peu de temps après, c'est-à-dire, en 1365, elle n'eut personne à opposer aux brigandages qui désolaient son territoire : en effet, un chevalier nommé *Gérard More*, banni de Flandre, s'était mis à la tête de plusieurs malfaiteurs et répandait l'épouvante dans les environs. Chaque jour l'on apprenait qu'il avait commis quelques meurtres et dépouillé les passans qui tombaient sous ses mains. Il se retirait tantôt

---

Ce monarque, dit Montlinot, au seul souvenir des bienfaits qu'il avait reçus de Lille, fit grâce aux bourgeois de cette ville qui s'étaient révoltés en 1362 contre le gouverneur du château. *(Reg. K, laie CK.)*

(1) *Froissart — Sauvage.*

dans une forêt, tantôt ailleurs. On n'osa pas l'attaquer. Le roi de France mit sa tête à prix tandis que Lille fit publier qu'elle donnerait de son côté 500 florins à quinconque en délivrerait le pays (1).

On sait qu'alors il y avait affluence de crimes; c'était pour diminuer le nombre des malfaiteurs que dans sa politique Charles V avait fait parmi eux diverses levées contre Pierre le Cruel. La Flandre était également peuplée de bandits qui avaient porté leur audace au comble, à la faveur des momens difficiles qui occupaient l'attention du pouvoir.

Ce fut à cette même époque que *Robert Guerri*, boucher de cette ville, fut frappé mortellement, en sortant de l'église Saint-Etienne, par deux assassins nommés Pierre Deladessoubs et Pierre Ghisart. Le bailly les fit arrêter dans le lieu saint, où ils s'étaient réfugiés, tout couverts du sang de leur victime. Le clergé, au lieu d'applaudir à la sévérité salutaire de ce magistrat, l'obligea à s'humilier pour ne s'être pas arrêté dans ses poursuites à la porte de l'église.

L'évêque de Tournai décida que les deux meurtriers n'étaient pas dignes à la vérité de trouver un asile dans le sanctuaire, mais que le bailly, pour les y avoir fait arrêter sans permission, devait être, lui et ses agens, frappé d'anathème, comme ayant pollué le temple du Seigneur (2).

Jean, châtelain de Lille, et son fils, qui avaient été envoyés en Angleterre comme ôtages, revinrent dans ce moment criti-

---

(1) *Buzelin.* ANN p. 351.

(2) Mss. EM 93 fol. 284 -- EM 40 et EM 41 -- *Roisin* -- *Buzelin.*

que (1). Charles V ne tarda pas (1368) à se rendre dans cette ville, mais son but principal était de traiter du mariage de Philippe-le-Hardi, son frère, avec Marguerite, fille unique de Louis de Mâle. Tandis qu'il négociait cet acte important, Marguerite de Brabant, mère de la future, vint à mourir; mais, aussitôt qu'elle fut inhumée (3), Charles activa si bien les fiançailles, que Philippe-le-Hardi se rendit en 1369 à Gand, où le mariage fut célébré (4); union des plus avantageuses à la France, puisque Marguerite, que l'Angleterre enviait pour épouse de leur prince, était héritière des comtés de Flandre et de Bourgogne.

Lille, Douai et Orchies, en considération de cette union, furent restituées à Louis de Mâle, qui reçut en outre 200,000 livres; mais il fut convenu que si « le dit comte Loys terminoit
» sans hoirs masles, les dites villes seroient héritaiges à Mar-
» guerite, sa fille et ses hoirs masles qu'elle auroit dudit Phlès
» le Hardy, son mari, jusqu'à ce que le comté de Flandres es-
» cheroit par droit de succession à femelle; que lors le dit roi
» ou ses successeurs poldroient rachepter icelles villes en bail-
» lant 10,000 livres de terre à héritaiges. »

Louis de Mâle, rentré dans la possession de la Flandre gallicane, créa, en 1369, à Lille, un tribunal dit *audience*. Il était

---

(1) *J. Meyer.*

(2) *J. Meyer,* liv. 13 -- *Villaret,* t. 10, p. 148.

(3) Dans la chapelle de N.-D. à Saint-Pierre à Lille. *(Msc. EM 90.)*

(4) *Froissart -- Meyer -- Oudegherst -- Buzelin -- Roisin -- Van der haer,* mss. EM 72, 85, 81 et 43, que l'on peut surtout consulter avec fruit pour l'histoire du pays -- *Speculator.*

destiné à réformer les abus des officiers de justice. « Ces ju-
» ges, dit Panckoucke, allaient de ville en ville recevoir les
» plaintes, et décidaient les affaires sommairement (1). »

Cette institution était bien importante à la suite des désordres qui avaient désolé le pays; mais Louis de Mâle tout en établissant ce tribunal, se souciait peu de respecter les vieux usages du pays, contre lesquels toute puissance vient presque toujours se briser lorsqu'elle s'y heurte trop rapidement. En effet, il voulut obliger tous les brasseurs du pays sans distinction à lui payer le droit d'*afforage* (2). Les brasseurs étaient nombreux; à leur tête se trouvaient des personnages de la plus haute influence. Les chapitres et les communautés avaient leur brasserie, et n'étaient pas accoutumés à se voir imposer. Les Lillois, si privilégiés par les prédécesseurs de Louis de Mâle, ne purent, malgré leur caractère pacifique, étouffer leurs plaintes. Les Gantois, moins patiens encore, ne tardèrent pas à se liguer, sous le nom de *Chaperons blancs*, contre le comte, tout occupé de ses plaisirs pendant que son peuple gémissait sous le poids de ses charges.

Philippe d'Artevelde, fils de celui dont nous avons parlé, est porté sur le pavois populaire, et bientôt la bourgeoisie, à sa suite, poursuit le prince retiré à Bruges. L'on s'y introduit au nombre de 2,000; chacun cache des armes sous ses vêtemens.

Le comte parvint à s'échapper et se sauva à Lille, où il convoqua sa noblesse pour l'aider dans cette circonstance difficile.

---

(1) Voir aussi *Oudegherst*.
(2) Droit de vente sur les boissons. Msc. de la bib. de Lille.

Su ces entrefaites, les séditieux s'emparaient d'Ypres et formaient le siége d'Oudenarde (1).

A la nouvelle de l'insurrection, le duc de Bourgogne accourut à l'aide de son beau-père. Les rebelles intimidés demandèrent la paix, qui leur fut accordée ; mais Louis de Mâle avait à peine reparu à Gand, que l'émeute se renouvela dans cette ville toujours indomptable. Il revint au plus vite chercher un abri au milieu des Lillois.

Jean Prunel, simple ouvrier en draps, s'était mis à la tête de 5,000 chaperons blancs, et, tombant à l'improviste sur Oudenarde, il s'en rendit maître.

Le comte de Hainaut réussit à s'emparer de ce chef intrépide, le fit charger de chaînes et l'envoie à Lille où il fut roué avec quelques autres factieux ; mais ce supplice ne calma pas l'ardeur des mécontens, car d'Artevelde, avec ses terribles Gantois, s'avança de rechef sur Lille, où se trouvait Louis de Mâle. Les Brugeois parvinrent, non sans peine, à détourner les aggresseurs du siége qu'ils voulaient entreprendre en leur en fesant remarquer l'imprudence, puisque le roi de France se disposait à arriver au secours de la place (2)

Lille et Douai parvinrent enfin, en 1380, à disposer les Brugeois en faveur du comte. Ce fut par leurs efforts réunis que Courtray ouvrit ses portes. Deux cents prisonniers y furent chargés de chaînes et dirigés sur ces deux premières villes.

---

(1) *Meyer* -- *J. Froissart* -- CHRON. DE FLANDRE. *publiée par Denis Sauvage* -- *Buzelin*.

(2) *Meyer* -- *Froissart* -- *Buzelin*.

Ce succès remporté par Louis de Mâle ne put lui rendre une longue tranquillité, car il fut défait un an après par d'Artevelde, sous les murs de Bruges. Ce fut alors qu'à la faveur des ténèbres, déguisé en matelot, presqu'abandonné, Louis gagna Lille partie à pied, partie sur un cheval de labour, sans selle, sans étrier et sans guide (1).

Charles VI arriva (1382) dans cette ville pour lui prêter main forte. Le logement qui fut préparé à ce monarque prit feu, sans doute par les manéges des factieux qui s'étaient introduits *intrà-muros*. L'incendie dura trois jours et réduisit en cendres un grand nombre d'habitations.

Toutes ces démonstrations hostiles n'effrayèrent pas le roi de France. Il se rendit à Marquette, où il rangea son armée en bataille, la dirigea sur Commines, où il passa sur un corps de plus de 9,000 de ces furieux, parmi lesquels ils eurent à regretter le fameux d'Artevelde, qui fut trouvé sans vie (2).

Tant de malheurs ne terminèrent pas la guerre civile, car le comte se trouvait à peine (1383) de retour à Lille, que les Gantois recommencèrent la guerre.

Les Anglais accoururent leur prêter leur appui. De son côté, le duc de Bourgogne envoya 600 cavaliers bretons pour les repousser, mais ce léger subside fut détruit à l'exception de quelques hommes qui eurent le bonheur de gagner Lille, où ils se refugièrent (3).

---

(1) Détails dans la *Revue du Nord*, t. 1er, année 1837.

(2) *Froissart -- Meyer.*

(3) Msc. EM 81 *Froissart -- Meyer -- Buzelin.*

Arnould, évêque de Liége, s'empressa d'arriver pour conclure la paix avec les Anglais, qui étaient trop contens d'attiser le tison des dissensions (1) pour daigner l'écouter. Mais ils furent bientôt obligés d'abandonner le sol flamand : la sédition avait aussi soufflé le désordre chez eux.

Louis de Mâle ne survécut pas longtemps à cette crise, car il mourut en 1384 à Saint-Omer, dans l'abbaye de Saint-Bertin ; ses cendres furent transportées avec celles de la comtesse sa femme, au monastère de Notre-Dame de Loos, près Lille, d'où le lendemain (2) « les abbé et couvent de l'abbaye, quant les
» conducteurs du corps du noble conte Loys de Flandres furent advertis que maint barons, chevalliers, escuyers, esche-
» vins et autres estoient attendant dans la dite ville, ils rechar-
» gèrent le corps sur le chariot de dueil branslant ; et tous en-
» semble chantant de *requiem*, à croix et grant luminaire le
» accompagnièrent et le menèrent jusque dedans la *porte des*
» *malades* ; et illec portèrent les bannières jusqu'à l'église
» collégiale de Saint-Pierre où ils furent inhumés. »

On leur éleva dans la suite un tombeau magnifique tout en cuivre, où l'on représenta en grandeur naturelle le prince couché entre Marguerite de Brabant, sa femme, et Marguerite, sa fille. Les parois inférieures du mausolée étaient ornées tout à l'entour de figures de bronze représentant les seigneurs de cette illustre maison.

---

(1) Idem.

(2) Msc. bibl. du roi, coté 8380 -- *Antiq. de Flandre* -- EM 81 -- EM 72 -- *Froissart* -- *Tiroux*.

On lisait sur ce monument l'inscription suivante :

Chy gissent haulx et puissans Prince et princesses Loys de Mâle, cuens de Flandres, duc de Brabant, cuens d'Arthois et de Bourgoigne, Palatin, Seigneurs de Salins, Cuens de Nevers et Rethel et Seigneur de Malines et Margherite, fille de Jehan duc de Brabant son espouse et Margherite de Flandres leur fille, espouse de très hault et très puissant prince, Philippes, fils du Roy de France, duc de Bourgoigne, lesquels trespassèrent à savoir : le dit cuens Loys, le IXe jour de Janvier l'an mil iij c LXXXIV et Margherite de Flandre l'an mil iij c LXVIII et Margherite leur fille le XVIIe de mars mil iiij c et quatre, desquels, Philippes, Duc de Bourgoigne et Margherite de Flandres ont procrées les prinches et princhesses dont les representachions sont entour cette tombe et plusieurs aultres en la chapelle Nre. Dame de Saint Pierre à Lille (1).

---

(1) Ce tumulaire ne fut terminé qu'en 1465, ainsi qu'il l'indiquait lui-même, puisqu'on lisait encore avant la révolution cette inscription posée sous le lion qui était couché aux pieds du comte :

Cette tombe a fait feu très excellent et très puissant prince, Philippe, par la grace de Dieu, Duc de Bourgoigne, de Lothies, de Brabant et de Limbourg, comte de Flandres et d'Arthois, etc., en remembrance de ses prédécesseurs en la ville de Bruxelles par Jacques de Gerimes, bourgeois d'icelle et fut parfaite en l'an MCCCC LXV. (Panckoucke.)

CHAPITRE XVIII.

Marguerite, duchesse de Bourgogne,

XXVᵉ COMTE DE FLANDRE.

Quand le duc de Bourgogne eut rendu à son beau-père les derniers devoirs, il alla à Bruges afin de se faire reconnaître pour comte de Flandre, et revint à Lille où il fut reçu, ainsi que la duchesse Marguerite, avec les honneurs qui lui étaient dûs (1).

Il y fut témoin du duel de *Simon de Ryme* et de *Jean de Falcule*, tous deux d'une ancienne famille de Gand. Simon reprochait à Jean d'avoir dévoilé aux Gantois les secrets de la noblesse, ce qui avait été cause de la mort de son père (2).

Jean de Falcule fut tué. On le crut *par conséquent* coupable de la faute qu'on lui reprochait. Mais le duc de Bourgogne sentait combien le duel était une coûtume inique en justice; aussi, pour y remédier, il créa en 1485 à Lille la *chambre des comptes* (3), à l'instar de celle de Paris. Elle fut composée d'un cer-

---

(1) *Meyer*, liv. 14.

(2) *Buzelin*.

(3) EM 81, antiquit. de Fland. msc. p. 29 — *Oudegherst* — M. *Varnkœnig*. Trois ans après cette chambre fut transportée dans le lieu nommé *la Salle*, ancienne demeure des comtes de Flandre.

tain nombre de conseillers, avec pouvoir d'entendre toute
plainte et de faire droit à chacun. Pierre Vandenzippe, homme
d'un grand mérite, en fut le premier président.

Le duc avait à peine élevé ce tribunal, qu'il fut appelé par
les Français à prendre les armes contre les Anglais qui, ainsi
que nous l'avons dit, étaient en proie aux dissensions intestines.

Le port de l'Ecluse fut choisi pour point de départ. L'on y fit
de grands préparatifs d'hommes, de vaisseaux et d'instrumens
de guerre. Lille, où la noblesse de Flandre s'était assemblée,
s'empressa de fournir un armement. « Adonc, dit Froissart, le
» roi de France vint à Bapaulmes, à Arras, à Lille et toujours

---

Dans le msc. du XVIIᵉ siècle, EM 62 de la bibl. de Lille, on lit sur
l'organisation de cette chambre les détails suivans :

« L'institution de la chambre des comptes en cette ville a été faite
» par Philippe-le-Hardy, en 1385, ses fonctions s'étendirent pour lors
» non seulement sur les matières de finances, mais aussi sur celles de
» la justice ordinaire, ce qui a continué jusqu'en 1409 que Jean-sans-
» Peur trouva à propos d'en former deux corps séparés dont l'un pour
» la justice fut envoyé à Gand où il subsiste encore sous le nom de
» *grand conseil* et l'autre pour la finance fut fixé à Lille où il a duré
» jusqu'à la réduction de cette ville à l'obéissance du roi.

» Cette chambre avoit pour ressort les comtés de Flandre, d'Artois,
» de Haynaut et de Namur. La seigneurie de Malines et la connois-
» sance des affaires des officiers comptables de la cour du prince ; et
» comme pendant plus de 300 ans, on y avait amassé plus de 50,000
» registres et une infinité d'autres papiers concernant les affaires dont
» cette chambre connoissoit, le roi n'ayant pas jugé à propos d'y éta-
» blir de nouveaux officiers, Sa Majesté y a seulement commis un garde
» des archives pour en avoir soin sous les ordres de l'intendant de la
» province. Il y a 14 à 15,000 originaux ou copies authentiques. »

» avaloit gens de tous côtés si grandement que tout le pays en
» estoit mangé. »

Mais le duc de Berry, par ses lenteurs, fit échouer ces grands préparatifs ; une tempête survint en effet pendant l'intervalle et dissipa la flotte.

La Flandre, malgré cet accident, ne resta pas oisive. La *dupli-papauté* mettait tous les esprits en rumeur ; chacun était dans l'inquiétude de sa conscience. Généralement le parti d'Urbain VI était reconnu ; mais le duc favorisait celui de Clément. Il le soutint si énergiquement, qu'il fit incarcérer en 1392 à Lille Pierre de Roulers ou Van Rousselare, qui s'était déclaré hautement à Bruges en faveur d'Urbain.

Pierre de Roulers s'était laissé entraîner à l'éloquence de Jacques d'Oostburch « qui avoit publiquement presché que
» tous ceux qui tenoyent du party du pape Clément estoient
» excommunié (1). »

Le duc ne se contenta pas de le tenir en prison, car « il
» eust dans le chasteau de Lille la teste tranchée. Il fit sembla-
» blement pour la mesme occasion trousser messire Jehan de
» Heyle et conduire audict chasteau où il mourut tost après de
» déplaisir. » (2)

Toujours agitée par les factions civiles ou religieuses, par des rebellions suscitées soit à l'intérieur, soit au dehors, cette ville sentit bientôt la nécessité d'établir dans ses murs une garnison permanente, afin de l'opposer à ses ennemis. Elle (3) ins-

---

(1) *Oudegherst.*
(2) *J. Meyer,* liv. 14 -- *Buzelin.*
(3) Les compagnies de Saint-Sébastien qu'on remarque encore de nos jours dans diverses localités de la Flandre, paraissent être un reste de cette institution.

titua en conséquence en 1394, à l'imitation des Anglais, une compagnie d'*arbalétriers*. Les autres villes de Flandre en firent autant : Tournai célébra l'inauguration de cet établissement par une fête magnifique. Quatre cents arbalétriers des localités voisines s'y rendirent. Lille en envoya dix, Douai six, et La Bassée en fournit autant. Des vases en argent furent décernés à ceux d'entr'eux qui se distinguèrent le plus par leur adresse.

Sur ces entrefaites, les événemens se pressaient : l'infortuné Charles VI, roi de France, était tombé dans un cruel état de démence au moment où le royaume avait le plus besoin de la raison de son souverain. Mais, au lieu de venir à son aide, les ducs d'Orléans et de Bourgogne se disputaient la régence et se livraient à leur animosité personnelle.

L'Angleterre, ayant excité partout le désordre, se préparait à saisir sa proie ; et, lorsque la France était sur la lave brûlante, Charles, comme insoucieux du sort de sa dynastie moribonde, confia à Jean de Nevers 12,000 hommes, afin d'aller au secours de Sigismond de Luxembourg, menacé par Bajazet !....

La Flandre, à cause de cette expédition, fut imposée. Les premiers subsides ne suffirent pas, puisque le duc de Bourgogne s'adressa encore aux villes de Lille, Douai et Orchies, par l'entremise de « ses biens amés et féaux messire Pierre de la
» Zippe, gouverneur de Lille, de maistre Jehan de Perchy,
» maitre des comptes dans la même ville, afin que les habitans
» desdites chastellenies lui fussent ayde de la somme de 2,500
» nobles d'or. »

Malgré tous ces frais, l'armée fut battue par Bajazet et Jean de Nevers fait prisonnier, « lequel, peu après, dit Oudegherst,

" fut relâché moyennant grandes finances " que les Gantois, les habitans d'Ypres et de Bruges payèrent en partie de leur propre mouvement.

Des différends qui s'élevèrent (1402) entre Valerand de Luxembourg, châtelain de Lille, et Henri de Lancastre, contribuèrent heureusement à arrêter les Anglais dans leur invasion. Lancastre avait fait périr Richard, roi d'Angleterre, afin de s'emparer de sa couronne. Le châtelain irrité contre l'assassin qui lui avait enlevé un parent, l'appela en duel et le menaça de le poursuivre partout, les armes à la main. En effet (1), l'année suivante, Valerand se joignit aux Français contre cet usurpateur, et se montra son ennemi le plus implacable; mais les rigueurs de l'hiver vinrent le forcer à différer le moment de sa vengeance.

Pendant la suspension des armes, c'est-à-dire, le 24 avril 1404, le duc de Bourgogne mourut à Hall (2), et laissa, pour lui succéder, un fils surnommé Jean-sans-peur.

---

(1) *Manuscrit de Gérard*, cité par Lesbroussart, annotateur d'Oudegherst.

(2) *Monstrelet* -- *Meyer*. Le corps du défunt fut transporté à Lille, et ensuite à Douai, d'où on le conduisit en Bourgogne pour l'inhumer.

CHAPITRE XIX.

Jean-sans-Peur,

XXVI° COMTE DE FLANDRE.

Valerand n'avait pas oublié le ressentiment qu'il portait aux Anglais ; et, dès que la saison fut favorable, il s'empressa d'équiper une petite flotte. Alors, accompagné de la noblesse qu'il avait associée à sa haine, il se rendit devant l'île de Wicht, qui appartenait à la grande Bretagne, et s'efforça de la subjuguer ; il aurait réussi dans cette expédition, si un prêtre, pour donner le temps aux Anglais d'arriver, ne l'eût amusé en feignant de la lui livrer, suivant certaines conditions qu'ils étaient à débattre (1).

Valerand, de retour à Lille, ne se rebuta pas. Il s'occupa bientôt (1405) à faire une levée considérable dans les environs de Saint-Omer. Il enrôla sous ses bannières 500 hommes de cavalerie, autant de balistaires génois, 1,000 sapeurs flamands, et se rendit à leur tête, près Calais, afin de faire le siége du château de Marck, appartenant aux Anglais. Mais ceux-ci se précipitèrent de Calais sur leurs aggresseurs et les forcèrent à battre en retraite, lorsque Valerand, secondé par Jean-sans-Peur et

---

(1) Monstrelet -- Meyer -- Buzelin.

par le roi de France, rebroussa chemin. Alors les Anglais furent mis en déroute.

Entraînés par ce succès, les deux princes se rendirent devant Calais qu'ils bloquèrent. Mais le duc, à cause de l'inimitié qui régnait entre lui et le duc d'Orléans, manqua cette expédition qui eût été si importante, puisqu'elle aurait ravi aux Anglais une position si terrible pour la France.

La haine des deux ducs amena une effrayante catastrophe. Le 23 novembre 1407, le duc d'Orléans fut assassiné, au moment où il sortait des appartemens de la reine, par dix-huit sicaires gagnés par son ennemi. Le duc de Bourgogne avoua son crime, se retira à Lille où il fit assembler les états de Flandre et d'Artois. Il leur déclara les motifs qui l'avaient porté à se défaire de l'Orléanais, tels que les séductions et les tentatives qu'il avait employées envers la duchesse de Bourgogne, dont il se vantait d'avoir obtenu les faveurs. Les états promirent des secours à Jean-sans-Peur, tandis que les échevins firent un traité particulier avec un corps d'arbalétriers qu'ils lui offrirent (1).

Rassuré sur les intentions de la Flandre et de sa bonne ville de Lille, le duc se rendit à Paris à la tête de ses défenseurs pour plaider sa cause. Charles VI, qui le craignait, lui accorda (1408) des lettres par lesquelles il condamnait le duc d'Orléans, son frère, et rendait son amitié *au beau cousin de Bourgogne.*

Muni de ce titre, Jean revint à Lille où il apprit (1409) que les Liégeois refusaient de reconnaître pour évêque Jean de Bavière, cousin de la duchesse de Bourgogne, parce qu'ils s'obs-

---

(1) *Monstrelet*, fol. 33 — *Meyer*, liv. 15.

tinait à ne pas recevoir les ordres sacrés (1). Il lève une armée à la hâte, et court sur Liége, qu'il soumet à l'obéissance.

On signa la paix à Lille le 24 octobre, et des ôtages y furent envoyés ainsi qu'à Arras.

Le pardon que le roi avait publié en faveur de son cousin n'avait pas calmé le parti de la maison d'Orléans. La duchesse, sa veuve et son fils ne cessaient de demander justice. Jean, à la tête d'une suite nombreuse, repartit pour Paris, afin d'en terminer. Le roi n'osa poursuivre l'affaire, même on le vit, en 1410, assembler les grands du royaume et ordonner que rien ne se ferait, durant sa maladie, sans les conseils des ducs de Bourgogne et de Berry. Mais ce premier sut accaparer toute l'autorité.

Cependant Paris se divisait en deux partis, l'un pour Jean-sans-Peur, et l'autre contre lui, il eut le dessous. Le roi le déclara alors ennemi du royaume.

Jean ne crut pas prudent de résister plus longtemps ; il revint à Lille (2), où il assembla de nouveau les états. Les habitans, ainsi que ceux de Douai, d'Ypres, de Gand et de Bruges, confirment que le duc d'Orléans a mérité le coup qui l'a frappé et l'on promit au meurtrier de l'aider dans la position où il se trouvait. Jean, bien qualifié de *sans peur,* n'en fit pas moins

---

(1) Cet abus n'était pas rare : M. Estienne, dans les notes dont il a enrichi la *Vie de Sainte-Aldegonde*, nous apprend qu'en 1264, l'on conféra, à de simples Laïcs, des prébendes diaconales et sous-diaconales du chapitre de Maubeuge.

(2) *Ut suprà -- Tiroux -- Oudegherst.*
Meyer -- Monstrelet -- Buzelin -- Heuter -- FM 81, manusc.

célébrer les *fêtes de l'Epinette ;* il y prit une part active ainsi que Philippe, son fils, Antoine, duc de Brabant, le comte de Nevers, et beaucoup d'autres hauts et puissans personnages (1). Lille ne songea, en un mot, qu'à se divertir. La fête était à peine terminée, que le roi de France députa au duc le seigneur de Dampierre et l'évêque d'Evreux, afin de lui faire connaître qu'il s'opposait à ce qu'il fît alliance avec l'Angleterre. Jean, irrité de s'être vu délaissé par ce prince, ne daigna pas leur répondre et se rendit à Oudenarde. Il revint bientôt à Lille, où il apprit que sa fille, qui était partie pour épouser le fils du roi de Sicile, lui était renvoyée ; car ce monarque avait embrassé la cause de la maison d'Orléans.

Jean fut vivement blessé de cette humiliation ; il donna ordre à sa noblesse d'aller à Beauvais au-devant de la princesse et de la lui amener à Lille.

Le roi de France, revenu en santé, marcha bientôt (1414) contre lui. Il se jeta sur Arras, dont il s'empara, malgré les soins que le duc avait mis à la bien fortifier.

La comtesse de Hainaut et le duc de Brabant s'interposèrent pour calmer le monarque ; ils y réussirent, puisque le roi rendit la place après avoir fait flotter ses étendards sur les remparts de la ville.

Là ne se terminèrent pas les chagrins de Jean-sans-Peur. En effet, en 1415, ayant perdu son gendre, dauphin de France, et son principal appui, on le tourmenta de nouveau : mais, peu patient, il rompit entièrement avec Charles VI.

---

(1) *Buzelin.*
(2) *Ut suprà.*

Henri V, roi d'Angleterre, étudiait depuis longtemps l'affaiblissement de Charles. Sa rupture avec le duc de Bourgogne lui parut un moment opportun pour faire valoir ses prétentions sur le trône de France. Il se fondait sur le droit prétendu qu'Edouard III avait signifié à Philippe de Valois. Cet impertinent prince écrit alors au faible Charles VI une lettre menaçante signée de *Henri, par la grâce de Dieu, roi d'Angleterre et de France;* pénètre en Artois, où se livra la funeste bataille d'Azincourt, perdue par l'ambition des chefs, qui voulaient tous commander l'armée.

Le duc de Bourgogne, dont on avait rejeté les services, avait reconnu Henri pour roi de France et ne tarda pas à marcher avec lui sur Paris, avec 10,000 hommes de cavalerie.

Le patriotisme gémissait à la vue des progrès des Anglais. On s'unit dans ce pressant danger pour tenter un salutaire effort. Enfin, le clergé et la partie la plus saine de la noblesse réussirent à rétablir la bonne intelligence entre le duc et le dauphin. L'entrevue pour la réconciliation fut fixée au 10 septembre 1419.

Les amis de Jean-sans-Peur cherchèrent à le détourner de ce rendez-vous. Il ne les écouta pas. Quand il fut entré dans le salon, ce prince mit un genou en terre et protesta au dauphin qu'il n'avait rien de plus à cœur que son service et celui du roi. « *Levez-vous, mon beau cousin,* » dit le dauphin en lui prenant la main; mais Tanguy du Chastel et ses gens, présens à l'entrevue, crièrent au même instant : *à mort!* Tanguy lui appliqua un coup de hâche, tandis qu'un autre lui plongea une épée dans le corps.

Ce meurtre faillit renverser la monarchie française.

CHAPITRE XX.

Philippe-le-Bon,

XXVIIe COMTE DE FLANDRE.

Philippe III, fils de Jean-sans-Peur, avait juré d'être le vengeur de son père, auquel il succéda.

Espérant le calmer sans doute dès son avènement (1420), Charles VI avait renoncé au rachat de la châtellenie de Lille et de la Flandre gallicane (1), auquel il pouvait prétendre selon les droits réservés au roi de France, en vertu des conventions stipulées en 1369.

Cette cession, toute généreuse qu'elle fut, ne pouvait consoler le duc de la mort de son père ; aussi n'en persista-t-il pas moins dans ses projets. En effet, dès le commencement de son administration, secondé par les seigneurs de Comines et de Hallewin, il enleva plusieurs places au dauphin (2). Ces expéditions furent mélangées de revers, car ces seigneurs et celui de Lannoy tombèrent au pouvoir de leurs ennemis ; mais, de retour à Lille, Jean traita avec le dauphin et proposa un échange réciproque de prisonniers qui fut accepté avec empressement.

---

(1) *De Lille* LM *et* EM 85. *mss. de la bibl. publ.*
(2) *Meyer -- Monstrelet -- D. Sauvage.*

Là ne se borna pas la vengeance du duc ; il joignit ses armes à celles des Anglais, qui continuaient à morceler la France dont il leur livra en quelque sorte le roi, en mariant la fille de ce prince avec Henri V, « accordant, dit Oudegherst, par le dict
» traité de mariage, que le dit roi d'Angleterre auroit par adop-
» tion la propriété du royaume duquel le dict Dauphin seroit
» fourclos (exclu) et enchassé. Et soubs les dictes conditions,
» le dict Roy Henri se porta de là en avant pour roy de France
» et d'Angleterre, mesmes afin de le mettre du tout en posses-
» sion d'iceluy royaume, le duc Philippe assembla merveilleu-
» sement grande puissance, laquelle secondée par les Anglais et
» leurs confédérez, mit tout le royaulme de France en extrême
» ruyne et désolation. »

Cependant, en 1425, Philippe-le-Bon, réfléchissant peut-être à la honte de l'invasion de ces ambitieux insulaires, et s'étant brouillé avec Glocestre, régent d'Angleterre, il le força à restituer le Hainaut au comte de Brabant. Glocestre, fort mécontent, retourna en Angleterre. Le duc n'en resta pas là, car, deux ans après, il s'empara de Zéwemberg, en Hollande, dont le gouverneur fut fait prisonnier et envoyé à Lille, accablé du poids de ses chaînes (1).

Ces diverses défaites firent sentir au duc de Bedfort, régent de France, combien la désunion de Glocestre avec le duc de Bourgogne était préjudiciable aux intérêts de la monarchie *anglo-française*. En effet, il appréhendait avec raison que, par une réaction, Philippe-le-Bon ne relevât Charles VII, qu'ils nommaient ironiquement le *roi de Bourges*. Il vint donc à Lille

---

(1) *Monstrelet* -- *D. Sauvage* -- *Buzelin*.

en 1427 pour opérer une réconciliation entr'eux (1), mais il apprit que la haine se cramponne quelquefois au cœur de l'homme pour ne jamais le quitter. D'ailleurs la providence, qui se joue des humains, veillait sur les destinées de la France.

Les Anglais, qui regardaient déjà cette monarchie comme une proie assurée, avaient amené à leur suite des religieux qui y fondaient des colléges, et qui de ville en ville fesaient des sermons. Quelques-uns arrivèrent en Flandre, entr'autres un carme nommé *Thomas Connecta*, vint loger à Lille, chez les Templiers, et prêcha d'abord à *Saint-Etienne*, qui ne put contenir ses nombreux auditeurs. Pour parer à l'exiguité du local, il fit ses instructions en plein air. Il déclamait vigoureusement contre les vices, tels que l'ivrognerie, le peu de chasteté des prêtres, la coquetterie et le luxe des dames. Il se déchaîna principalement contre ces dernières, à cause de leurs coiffures élevées qu'on appelait alors *hennins* ou *cornes*. Les enfans du peuple, animés par son éloquence, s'armèrent de crochets avec lesquels ils tiraient et renversaient dans la boue ces coiffures, assez semblables à celles de nos cauchoises. Le carme peu galant les représentait comme les *cornes du diable*. Cet événement chagrina infiniment les dames, fort attachées à cette élégante parure, d'autant plus que les modes ne changeaient pas alors du jour au lendemain.

Le duc de Bourgogne, avec sa noblesse, ne manquait jamais d'assister aux prédications du religieux carme, qui attirait souvent plus de 12,000 auditeurs (2) !....

---

(1) *Monstrelet.*
(2) *Jacq. Meyer.* — *Buzelin* — EM 8).

Philippe-le-Bon, malgré sa piété, savait résister aux exigences de l'inquisition. En effet, en 1429, l'évêque de Tournai et Lambert de Campo avaient condamné Mathieu-le-Moleur, bourgeois de Lille, et plusieurs autres turlupins, à périr sur le bûcher; et, suivant leur usage, fort lucratif sans doute, ils avaient confisqué les biens de ces victimes de l'opinion religieuse. Les magistrats représentèrent au duc que la confiscation était contraire aux priviléges de Lille; alors le prince annula sur ce point la sentence des inquisiteurs (1).

Ami du plaisir, il profita de quelques instans de repos, créa bientôt après (1430) à Bruges le brillant et galant ordre de la *Toison d'or*, qu'il composa de vingt-quatre chevaliers des plus illustres et en donna les statuts écrits l'année suivante à Lille, où l'on vit ces nouveaux dignitaires, dont la fête dura huit jours, se rendre lors de la Saint-André (29 novembre) deux à deux et montés sur de superbes coursiers, à l'église collégiale de Saint-Pierre, où ils furent reçus par le chapitre: le duc prit la place du prévôt, et les chevaliers se placèrent dans les stalles des chanoines, que l'on décora de leurs armoiries (2).

---

(1) *Panckoucke, Abrégé de l'hist. de Fland. — Buzelin*, etc.

(2) *Meyer — Sauvage —* Msc. *EM* 82 *et GA* 22, recueil historique mal désigné par Sirs Philipps dans son *Codex* manusc. de la bib. de Lille.

Un autre chapitre de la Toison d'or se rassembla encore à Saint-Pierre, sous les ordres du duc, en 1436, quelques jours après l'arrivée de Réné, duc de Lorraine et chancelier de France. Il y fut reçu par une suite nombreuse de gentilshommes. On lui donna des fêtes, des banquets, des plaisirs de toute espèce. *(Meyer, liv.* 16.)

On voit encore en 1837, au moment où nous écrivons, l'église de Saint-Bavon à Gand, parée des blasons des chevaliers de la Toison d'or, blasons que les niveleurs de 93 firent disparaitre à Lille.

Les magistrats, de leur côté, pour fêter les nouveaux dignitaires de la Toison d'or, firent rôtir, dit une relation peu ancienne (1), un bœuf entier pour être servi aux convives rassemblés dans le palais de Rihoult nouvellement bâti. Ils commandèrent en même temps un grand pâté troué à sa base, ainsi que la table sur laquelle on le posa. Lorsqu'on vint à l'ouvrir, il en sortit douze valets de ville vêtus en fous. Le lendemain du festin, s'il faut en croire le même récit, Philippe-le-Bon, se promenant sur la place d'armes où il y avait alors un puits, aperçut les mêmes fous qui montaient et descendaient le long de la chaîne, de sorte qu'on eût dit que l'on y puisait des fous; si bien que le prince les apercevant, s'écria : *Voilà les sots de Lille;* de là proviendrait le dicton un peu mordant qu'on consacre aux habitans de cette ville.

Cependant, ces plaisirs galants, guerriers et religieux n'empêchaient pas de songer aux choses utiles; tandis qu'on s'amusait, la duchesse Isabelle de Portugal, femme du duc de Bourgogne, élevait l'*hôpital Saint-Jacques*, près la porte de Courtrai, sur un terrain que les échevins de Lille lui avaient concédé à cet effet (2). Elle le destina » aux pauvres pélerins allant à
» Saint-Jacques en Gallice ou autres pélerinages. Depuis, les
» pélerins n'y furent plus admis, mais on y plaça les pauvres
» femmes honnestes, pour y faire leur *gésine* (couches). »

Cette pieuse duchesse permit bientôt après d'édifier dans cette ville « un *cloistre de Saincte Claire*, pourveu que les
» religieuses seroient quant à leur temporel subjectes de la

---

(1) *Particula et antiq. de la ville de Lille*, imprimé en 1726.
(2) *De Lille EM* p. 183 — *Manusc. des anciennetés*, p. 327.

» loy. » Elle leur donna pour s'établir un terrain alors connu sous le nom des « *estimés de dorelot*, là où se fesoient beau-
» coup de maux et péchés (1) »

Ces religieuses observaient un maigre perpétuel, vivaient d'aumônes, marchaient pieds nus et ne sortaient que voilées.

De son côté, Philippe-le-Bon, afin de se faire aimer des Lillois, porta un édit ainsi conçu : « Il est permis, si quelque
» forain venoit battre ou tuer en la ville quelques bourgois ou
» manans, que les bourgois de Lille pourront prendre l'ag-
» gresseur pour l'amener à la justice, et que si les forains se
» rébelloient contre ceux qui les arrêtent, ils pourront être
» mutilés ou occis légitimement (2). »

La bourgeoisie était dans toute la vigueur de sa puissance : elle s'était rendue féodale par le besoin qu'elle avait de lutter avec la noblesse, qui voyait avec peine qu'elle était devenue partie du tiers-état.

Dans le besoin de se l'attacher, les princes ne pouvaient rien lui refuser, puisqu'elle pouvait marcher, contrairement à ses intentions, dans les assemblées délibérantes. Alors existait le privilége qu'on trouve relaté dans *Roisin*, le vieux jurisconsulte de Lille (3) : « Si un bourgois crie *bourgoisie* que tous les
» bourgois qui entendent ce cry le peuvent ayder sur le ser-
» ment que un chacun bourgois a faict à la bourgoisie..... »

Les échevins étaient même tenus de rembourser les dépenses

---

(1) Idem, p. 143 — *Tiroux.*

(2) Manuscrit des *anciennetés*, p. 100.

(3) Manuscrit que publie M. Brun-Lavainne.

faites dans ces circonstances; Philippe-le-Bon avait su maintenir l'équilibre entre les divers ordres de son peuple, aussi comptait-il sur eux. Leur ensemble rendait son pouvoir formidable. La France, toujours en lutte avec l'Angleterre, le sentit : aussi, en 1435, Charles, duc de Bourbon, Louis, comte de Vendôme, vinrent le trouver à Arras de la part du roi ; et, se mettant à genoux dans l'église de Saint-Waast, ils le prièrent de pardonner le meurtre de son père, résultat des conseils perfides donnés par quelques intrigants.

Le duc fut touché jusqu'aux larmes ; et, serrant la main des deux députés, il leur assura le pardon qu'ils sollicitaient : dès lors, les Français reprirent leur supériorité (1).

Les Anglais, déconcertés de cette réconciliation fort malheureuse pour eux, cherchèrent à attirer des ennemis au duc en soulevant contre lui les Gantois. Ils savaient qu'ils étaient faciles à se rebeller ; mais les dépêches furent saisies, et Philippe-le-Bon, justement irrité, se prépara bientôt (1437) à faire le siége de Calais, qui leur appartenait.

Les habitans de Bruges, de Courtrai et d'Ypres se rangèrent sous les bannières du comte ; mais, à la vue d'une flotte nombreuse appartenant aux ennemis, par une innovation dont on ne trouve pas d'exemple dans leurs annales, les Flamands prirent honteusement la fuite. Le comte ne leur en cacha pas son mécontentement (1).

Bruges et Gand continuèrent à se mutiner : le duc se rendit à

---

(1) *Jean Chartier* -- *Monstrelet* -- *Olivier de la Marche.*

(2) *Meyer* -- *Monstrelet* -- *Oudegherst.*

Bruges pour réprimer la sédition, qui fut tellement opiniâtre, que les perturbateurs l'eussent massacré, sans le dévouement d'un habitant qui lui ouvrit un asyle, coûteuse générosité, car ses concitoyens le firent écarteler (1)!.....

Enfin, après une longue crise, les factieux se calmèrent. Le duc n'oubliait pourtant pas que son expédition devant Calais n'avait échoué que par la retraite des Flamands, et, pour leur rappeler à toujours qu'ils n'avaient pas soutenu leur vieille réputation de bravoure, il établit, en 1447, un impôt sur le sel, de 18 livres parisis par sac, mesure usitée dans le pays Il menaça d'employer la force des armes contre ceux qui se refuseraient à le payer. On obéit, à l'exception d'une seule ville, et cette ville était Gand, toujours rebelle, toujours indomptable; cependant elle finit par se soumettre; mais, lorsqu'en 1450, Philippe osa imposer le blé, oh! cette fois, les Gantois, plus terribles, relevèrent la tête et protestèrent qu'ils ne paieraient pas. Chasser leurs magistrats, bâtir des forteresses, s'emparer de Grammont, ne fut que l'affaire d'un instant.

Bientôt (1452) ils répandirent l'effroi jusque sur le territoire de Lille. Dans ce pressant danger, la noblesse et le clergé indistinctement sentirent le besoin de se joindre à la bourgeoisie pour défendre l'entrée de la ville aux ennemis.

Le duc, de son côté, fut bientôt aux prises avec les insurgés, sur lesquels il remporta des succès entremêlés de revers. Enfin, ces derniers s'affaiblirent et envoyèrent à Lille une députation pour traiter. Mais leurs conditions furent tellement impertinen-

---

(1) Idem.

tes, que rien ne fut conclu (1). Le prince, mécontent de leur insubordination, fit une levée plus considérable de troupes et se promit de faire plier à ses pieds ces Flamands opiniâtres. En effet, après s'être emparé du fort de Schendelberg, il fit pendre quatre cents Gantois.

Cette sévérité les exaspéra davantage. Les habitans de Bruges, en 1453, voulurent s'interposer en médiateurs; mais le duc, ne voulant point leur faire de quartier, fit transporter dans son palais à Lille des machines de guerre, des munitions, de la poudre à canon. Un factieux parvint à y mettre le feu au moyen d'une mèche. On arriva heureusement à temps pour arrêter l'explosion, qui, avec les ruines du palais, eût enseveli sous des décombres un grand nombre d'habitations.

Philippe-le-Bon, pour mettre un terme à ces funestes rebellions, courut sur Gand, en fit le siége et la força bientôt à lui ouvrir ses portes. Il y entra, fit pendre et étrangler la garnison bourgeoise.

Il ne put les dompter encore !..... car le combat reprit une nouvelle rage près de Gavres, (2) où 16,000 séditieux mordirent la poussière. Seulement alors, 2,000 d'entr'eux, tête nue et en chemise, allèrent implorer leur pardon.

Le duc annula, brisa leurs priviléges; enfin leur imposa une amende de 3,000 rixdales et leur accorda la paix.

Il revint à Lille, où, au lieu de prendre le deuil pour le pays qui avait été inondé de sang, il célébra cette cruelle victoire par de grandes réjouissances.

---

(1) *Olivier de la Marche — Marchant — Monstrelet — Meyer.*
(2) *Jacques Duclercq* et auteurs cités.

Pendant les fêtes, un légat du pape Nicolas V arriva, se présenta devant le duc de Bourgogne auquel il annonça la prise de Constantinople par les Turcs, et l'engagea, au nom du Saint Siége, à se joindre aux princes chrétiens contre les ennemis de l'église.

Le duc s'empressa d'adresser au Saint Père quatre vaisseaux armés et équipés, en attendant de meilleurs auxiliaires. L'empereur d'Allemagne ne tarda pas à lui députer une ambassade pour l'engager également à prendre part à cette croisade (1) dont il s'occupait avec la plus grande activité. Aussi, lorsque le duc de Clèves, en 1454, vint à Lille, Philippe-le-Bon, son oncle, l'engagea à s'associer à son grand projet contre les infidèles.

Ces princes donnèrent plusieurs banquets magnifiques, afin de réunir la noblesse et de l'engager dans leur expédition.

Olivier de la Marche (2) raconte que le duc de Bourgogne commanda un festin dont il confia la direction à Jean de Lannoy, chevalier de la Toison d'or, et à Jean Boudard, tous deux renommés par leur esprit inventif. La salle où se fit ce banquet célèbre « estoit grande et bien tendue d'une tapisserie
» en quoy estoit faicte la vie d'Hercules : pour entrer en cette
» dicte salle, il y avoit cinq portes gardées d'archers vestus de
» robbes de draps gris et noir : et dedens la salle avoit plu-
» sieurs chevaliers et escuyers conduisant le dict banquet :
» desquels les chevaliers estoient vestus de draps de damas et
» les escuyers de satin desdites couleurs de noir et de gris. En
» celle salle avoient trois tables couvertes l'une moyenne, l'au-

---

(2) *Olivier de la Marche.*
(1) Voir aussi *Lacurne de Sainte-Palaye*.

» tre grande et l'autre petite ; et sur la moyenne avoit une
» église croisée, verrée et faite de gente façon ; où il y avoit
» une cloche sonnante et quatre chantres. Il y avoit un autre
» entremêts d'un petit enfant tout nu sur une roche qui pis-
» soit eau de rose continuellement. Un autre entremêts y avoit
» d'une caraque (1) ancrée, garnie de toutes marchandises et
» de personnages de mariniers ; et en la plus grande caraque
» du monde il n'y a pas plus d'ouvrages ne de manières de
» cordes et voiles qu'il y avoit en ceste. Un autre entremêts y
» avoit d'une moult belle fontaine dont une partie étoit de
» verre et l'autre de plomb de très nouvel ouvrage ; car il y
» avoit petits arbrisseaux de verre, feuilles et fleurs si nouvel-
» lement faictes qu'à merveilles ; et l'espace de l'artifice estoit
» ainsi comme un petit préel (2) clos de rochers de saphis-
» trins (3) et d'autres estranges pierres ; et au milieu d'iceluy
» avoit un petit Saint Andrieu (4) tout droit ayant la croix de-
» vant luy et par l'un des bouts de la croix (5) sourdoit la
» fontaine un grand pié de hauteur et récheoit (6) dedans le
» préel par si subtile manière que l'on ne savoit que l'eau de-
» venoit.

» La seconde table (qui estoit la plus longue) avoit première-
» ment un pasté ; dedans lequel avoit vingt-huit personnages
» vifs jouant de divers instrumens, chascun quand leur tour

---

(1) Vaisseau.
(2) Pré.
(3) Saphyrs.
(4) Saint-André.
(5) Jaillissait.
(6) Tombait.

» venoit. Le second entremêts de celle table estoit un chasteau
» à la façon de Lusignan et par deux des moindres tours de
» ce chasteau sailloit, quand on vouloit, eaue d'oranger qui
» tomboit es fossés. Le tiers estoit un moulin à vent, haut sur
» une motte. Et sur le plus haut volant avoit une perche au bout
» de laquelle estoit une pie et gens à l'entour, de tous estats,
» ayant arcs, arbalètes et tiroyent à la pie. Le quart fut un
» tonneau mis en vignoble ; sur le dit tonneau avoit le per-
» sonnage d'un hôme richement vestu qui tenoit en sa main un
» brief (1) où estoit escript : *Qui en veut, si en prenne*......

» La tierce table avoit pour second entremêts un lion mou-
» vant attaché à une corde au milieu d'un préau ; et là, avoit
» le personnage d'un homme qui batoit un chien devant le
» lion...... En celle salle, au plus près de la table, avoit un
» haut buffet, chargé de vaisselle d'or et d'argent et de pots de
» cristal, garni d'or et de pierreries. Au milieu de la longueur
» de la salle avoit un pillier sur quoy avoit une image de femme
» nue qui les cheveux avoient si longs qu'ils la couvroient par
» derrière jusqu'aux reins ; et sur son chef avoit un chapeau
» très-riche et estoit enveloppée ainsi que pour musser (2) où
» il appartenoit d'une serviette et jestoit cest image par la ma-
» melle droite ypocras (3) autant que le souper durat. Auprès
» estoit attaché à une chaine de fer un lion vif en signe d'estre
» garde et défense de cest image ; et contre son pilier estoit
» escrit en lettres d'or en une targe (4) : *Ne touchez à ma*
» *dame*.

---

(1) Inscription.
(2) Cacher.
(3) Composition de vin, de sucre et de cannelle, qu'on fait réduire de moitié par l'ébullition.
(4) Sorte de Grand Bouclier.

» Après que chacun eut bien admiré tous ces entremets (1),
» les maistres d'hôtel vindrent faire l'ordonnance de l'assiette. »

Ainsi que nous l'avons dit, le duc avait donné ce festin afin de mettre la noblesse dans la nécessité de se liguer avec lui contre les infidèles.

Et, en effet, pendant le repas, « une dame montée sur un
» éléphant, après avoir exposé la situation de l'église en Tur-
» quie et avoir engagé la noblesse à la défendre, entrèrent
» grand nombre d'officiers d'armes desquels le dernier estoit
» Toison d'or, roi d'armes. Ce Toison d'or portoit en ses
» mains un faisan vif; et quand ils furent tous devant Monsei-
» gneur le duc, le dit Toison d'or lui dit en cette façon :

» *Très haut et très puissant prince et mon très redouté*
» *seigneur, voici les dames qui très humblement se recom-*
» *mandent à vous; et pour ce que c'est la coustume et a esté*
» *anciennement qu'aux grandes festes et nobles assemblées,*
» *on présente aux princes, aux seigneurs et aux nobles*
» *hommes le paon ou quelqu'autre oiseau noble pour faire*
» *vœux utiles et valables, ils m'ont icy envoyé vous priant*
» *que les veuillez avoir en souvenance.*

» Le duc, qui savoit bien à quelle intention il donnoit ce
» banquet, regardant l'église qui estoit sur la table, tira de son
» sein un brief contenant le vœux de prendre croisie et d'ex-
» poser son corps pour la défense de la foi chrestienne et ré-
» sister à la damnable emprise du grand Turc et des infidèles.

---

(1) On peut voir plus de détails dans les mémoires d'Olivier de la Marche.

» A l'exemple du prince (1) les nobles hommes en commen-
» cèrent à faire vœux d'ensuyvir mon seigneur.

» Les festes accomplies (1454) le bon duc se rendit en Alle-
» magne où tous les princes le festoyèrent honorablement, fors
» l'empereur Frédéric qui craintif de sa personne, ne luy vou-
» lut octroyer le passage par ses états.

» Le bon duc en prit une maladie qui fut cause qu'il dut
» revenir à Lille sans avoir mis fin à son entreprise. »

Tandis que les souffrances physiques le retenaient inactif, il mûrissait son plan contre les Turcs, et dès que sa santé le lui permit, il parcourut la Flandre, le Hainaut et le Brabant, afin de collecter des secours en numéraire contre les infidèles (2), et, lorsqu'en 1459, une ambassade de cinquante cavaliers grecs vint le trouver à Lille de la part de l'empereur d'Orient afin de le presser à se mettre en marche, le prince, après leur avoir expliqué les causes inattendues qui l'avaient retardé, leur protesta qu'il s'embarquerait sous peu de temps ; mais il ne devait pas en être ainsi, car une maladie plus grave que la précédente vint l'arrêter à Bruxelles, où il faillit succomber.

Après deux ans de cruelles souffrances (1463), il reparut à Lille où la foule joyeuse accourut à sa rencontre : 400 bour-

---

(1) Parmi ces personnages figuraient Charles, fils du duc, comte de Charolois ; Jean, duc de Clèves ; Antoine, bâtard du duc ; Louis, comte de Saint-Pôl et châtelain de Lille ; Antoine de Croï ; Jean, seigneur de Chimay ; Jean, seigneur d'Haubourdin ; Philippe de Lalaing.

(2) *Monstrelet* — *Meyer* — *Jacques Duclercq*.

geois se dortèrent sur son passage avec des flambeaux allumés, et le conduisirent à son palais de Rihourt (1).

Son premier soin fut d'envoyer une députation à Rome afin d'offrir au pape 60,000 combattans à ses frais contre les Turcs, désespéré que sa santé ne lui permît pas pour le moment de partir avec eux.

Afin de se rétablir plus promptement, il s'éloigna du centre des affaires et se retira à Hesdin.

Pendant qu'il y séjournait, Marguerite, reine d'Angleterre, et son fils, passèrent à Lille où ils furent accueillis par le comte de Charolois, qui leur assigna pour logement l'hôtel de Roubaix. Quelques jours après, ces illustres étrangers allèrent visiter le duc à Hesdin. Il donna ordre de leur délivrer 12,000 écus d'or pour les frais de leur voyage.....

Le caissier infidèle ne remit pas la somme entière. Le prince, irrité, le condamna au gibet. Jean de Croï intercéda pour lui. Sur sa prière, le duc consentit à commuer la peine et imposa au coupable l'obligation de fonder, au pont de Canteleu, près Lille, l'*hôpital des Ladres*, connu sous le nom de la LADRERIE (2). Il était destiné à loger les malades atteints de la lèpre, funeste présent rapporté de la Palestine.

Dans le même temps, entraîné par la bienfesance, *Jean de le Cambe*, dit Gantois, élevait à Lille *l'hôpital de Saint-Jean-*

---

(1) *Monstrelet — Meyer — Jacques Duclercq.*

(2) *Monstrelet — Jacques Meyer.* — On voit encore, au moment où j'écris, les ruines de cet établissement, occupé par un chaufournier.

Baptiste, pieux établissement qui conserva aussi le surnom de son fondateur (1).

Seize ans après, ce riche marchand d'albâtre établit également dans cette ville, rue de la Barre, les *repenties* ou pénitentes de Sainte-Madeleine, afin « qu'aucune fille de légère vie
» qui se voudroient oster du péché publicq eussent lieu conve-
» nable où se pussent retirer pour amender leur vie (2). »

Lille était depuis longtemps un théâtre de persécutions religieuses. Et, en effet, on dirait que là même où les communautés étaient en plus grand nombre, il y avait le moins d'humanité, tant on saisit peu le véritable esprit de cette religion charitable et tolérante qui nous dit : » *Ne jugez pas si vous ne voulez*
» *pas être jugé....* »

En 1459, l'on *avait brûlé* devant la halle un Portugais nommé *Alphonse*, convaincu de répandre ses doctrines subversives à la faveur d'un extérieur austère. Il affectait beaucoup de piété, allait pieds nus, sa barbe et ses cheveux étaient longs, sa mise peu soignée. Il prétendait que depuis la mort de Saint-Grégoire-le-Grand, il n'y avait plus dans l'église ni pape, ni prêtre légi-

---

(1) *Msc. des ancienn.*, p. 281 — liv. II, fol. 125. — Cet hôpital était dirigé par des religieuses de l'ordre de Saint-Augustin.

(2) *Msc. des ancienn.*, p. 147 — *Roisin* — Msc. EM 85, fol. 187, où sont relatées les lettres de fondation — *Buzelin*.

Tiroux, qui parle sans doute du même établissement, dit que « Jean de le Cambe fonda, en 1461, les sœurs de la Madelaine, autre-
» ment dit *Madelonettes*, et que le magistrat a établi chez elles les
» petites maisons pour les femmes et y mettre les folles en pension. »

timement ordonné. Plusieurs de ses disciples périrent avec lui (1).

Ces supplices n'arrêtèrent pas le cours des hérésies. En 1465, on arrêta encore à Lille six turlupins. On les jeta dans une infecte prison ; et, quelques jours après, on les conduisit sur le grand marché, où on leur prêcha le catholicisme pour les convertir. Un seul persévéra et périt dans les flammes (2)!....

Pendant que Lille était ainsi en souffrance sous le rapport religieux, Louis XI cherchait astucieusement à subjuguer ses grands vassaux en les divisant. Il songeait alors à rentrer en possession de la Flandre française ; et, mettant en pratique son odieuse maxime *qui nescit dissimulare, nescit regnare*, il semait la rebellion dans les états du duc, qui fut obligé de se transporter à la hâte à Liége pour en arrêter les effets (3).

A son retour à Lille, les habitans, au nombre de 2,000, por-

---

(1) *Jacques Duclercq* — Hist. de l'abbaye de Loos.

(2) Idem — *Buzelin.*

(3) La politique déloyale de Louis XI lui avait attiré de nombreux ennemis : Commines, historien contemporain, qui, en 1464, était entré au service du comte de Charolois dont il déserta les drapeaux, raconte qu'à cette époque le duc de Bourbon vint à Lille que « toutefois l'oc-
» casion de la venue dudit duc estoit pour gaigner et conduire le duc
» de Bourgogne de consentir mettre sus une armée en son pays ; ce que
» semblablement feroient tous les autres princes de France pour re-
» monstrer au roy le mauvais ordre et injustice qu'il fesoit en son
» royaume et vouloyent estre fort pour le contraindre, s'il ne se vou-
» loit ranger ; et fut ceste guerre depuis appelée le *bien public* pour ce
» qu'elle s'entreprenoit sans couleur de dire que c'estoit pour le bien
» public du royaume. Le duc Philippe (qui depuis sa mort a été appelé
» le bon duc Philippe) consentit estre mis sus de ses gens, mais le neu
» de ceste matière ne luy fut jamais découvert. »

tant des flambeaux, selon leur coûtume, allèrent à sa rencontre précédés des échevins. 1,200 jeunes filles se rangèrent sur deux lignes de chaque côté du prince. Les rues principales où le cortége devait passer étaient ornées de riches amphithéâtres (1).

Philippe-le-Bon, après avoir employé quelques jours à se récréer au milieu de ses *bien amés les bourgeois et manans de Lille*, alla à Bruges où il mourut le 5 juin 1467 (2).

CHAPITRE XXI.

Charles, duc de Bourgogne,

XXVIIIe COMTE DE FLANDRE.

Charles, comte de Charolois, après avoir fait faire de magnifiques obsèques à son père, vint prendre à Lille possession du gouvernement.

Les premiers momens de son avènement au pouvoir ne furent pas heureux : les Gantois, en effet, se révoltèrent le lendemain de son entrée dans leurs murs. La prudence engagea le

---

(1) *Buzelin.*
(2) *Meyer — Monstrelet — Oudegherst.*

prince à ne rien leur refuser, mais il partit très chagrin de leur impérieuse cité.

De leur côté, les habitans de Liége remuaient encore. Charles leur fit sentir la pesanteur de son bras; et, lorsque son mariage avec Marguerite d'Yorck, sœur d'Edouard IV, semblait devoir le rendre plus redoutable, les Liégeois, secrètement assurés de la protection du roi de France, allèrent, en 1468, surprendre Tongres.

Le monarque avait demandé une entrevue au duc de Bourgogne, qui se rendit au lieu indiqué avec une suite nombreuse; le roi, surpris d'un tel entourage, se crut en danger; mais Charles n'était pas homme à abuser de cette circonstance. Il se contenta seulement de forcer ce prince dissimulé à désavouer la révolte des Liégeois et à les en punir de concert avec lui; ce qu'il fit; mais quand Louis XI se vit libre, il n'en continua pas moins à fomenter la division dans les états de Charles.

Ils furent bientôt tous les deux aux prises, et s'emparèrent l'un sur l'autre de plusieurs villes.

Pendant quelques loisirs que lui laissa une suspension d'armes, le duc, en 1469, vint passer quelque temps à Lille où il s'occupa du soin de rendre la justice. On le voyait siéger deux fois par semaine (1). Il voulut et ordonna que les sergents du prévôt, sous le poids d'une accusation, déposassent leur verge sur le bureau jusqu'à ce qu'ils eussent cessé d'être en prévention (2).

---

(1) *Meyer.*
(2) *De Lille, msc. EM.*

Tandis que le duc de Bourgogne se livrait à ces travaux législatifs, le roi de France, par ses séductions, continuait à exciter la défection dans le parti de ce prince. Tout-à-coup, le célèbre historien, Philippe de Commines, soit mécontentement éprouvé au service du duc, soit calcul de fortune, quitta les drapeaux de son maître et passa à la cour de France, où il fut comblé de richesses et marié avantageusement (1).

Le duc, ne pouvant supporter plus longtemps l'astucieuse conduite du roi de France à son égard, reprit bientôt les armes. Il entra en Picardie qu'il mit à feu et à sang. Ce prince, dont le règne fut continuellement agité, perdit la vie à la journée de Nancy, le 5 janvier 1477. Cet accident réjouit infiniment Louis XI, qui dès lors plus que jamais espéra de s'emparer plus facilement des états de Flandre, puisqu'ils passaient entre les mains d'une femme.

---

(1) Mémoires de *Commines* — *Marchant* — *Buzelin*.

CHAPITRE XXII.

Marie de Bourgogne,

XXIXe COMTE DE FLANDRE.

Ainsi que nous venons de le dire, Marie, fille de Charles-le-Belliqueux, ne parvint pas au pouvoir sous d'heureux auspices : elle avait à lutter contre un monarque cruel et déloyal, qui redoubla dès lors d'ardeur dans la conviction d'arriver bientôt à son but. Il envoya aussitôt Philippe de Commines et Olivier-le-Daim, afin qu'ils soufflassent en Flandre le feu de la sédition.

Sur ces entrefaites, il s'emparait de plusieurs places appartenant à Marie. Mais cette princesse avait un courage et une énergie que la femme sait si admirablement déployer quand elle en sent le besoin.

Partout son esprit prévoyant oppose des obstacles à ses ennemis. En quelques instans Lille est en état de siége. Les autres villes de Flandre, par ses soins, reçoivent des renforts considérables et se disposent à une vigoureuse résistance (1).

---

(1) *Molinet*, t. I — Msc. EM 81.

Frédéric, empereur d'Allemagne, envoya dans le même temps à Lille une députation pour demander la duchesse en mariage pour l'archiduc Maximilien.

Sur l'avis de son conseil, qui lui représente le besoin de se donner un appui contre la France, elle consentit à cette union, qui fut célébrée à Bruges au grand déplaisir de Louis XI ; car il se vit dès lors un antagoniste capable de résister à ses prétentions. En effet, aussitôt son mariage, l'archiduc (1), en habile politique, courut à Lille, confirma les priviléges des habitans, reçut leur serment de fidélité ; et, pour se concilier les esprits, il ordonna qu'avant leur installation le rewart et le mayeur prouveraient qu'ils sont natifs de Lille. L'archiduc, en un mot, parcourut la Flandre, corroborant partout les ûs et coutumes, et se fesant reconnaître pour souverain des Pays-Bas.

Puis, à la tête d'une armée considérable, il se mit en campagne, reprit, en 1478, plusieurs places sur les Français qui voulurent surprendre Douai ; mais les habitans d'Arras s'empressèrent d'en donner avis à cette ville menacée.

Le roi ne put modérer sa colère. Il se précipita sur Arras, qu'il voulut détruire pour la punir de son indiscrétion ; mais l'archiduc prévit le coup et parvint à détourner son attention en se jetant sur Thérouane (2).

Pendant la lutte opiniâtre de ces princes, le comte de Romont, qui combattait pour l'archiduc, continuait (1479) à

---

(1) *Roisin* — EM 81.
(2) *Jean Molinet*, t. I.

prendre plusieurs places situées en Artois. Il livra Lillers aux flammes, s'empara de Malanoye, où le brave Cadet Remonel avait longtemps arrêté les efforts de l'armée de Maximilien, qui le fit attacher au gibet. Le roi de France, irrité, fit pendre à son tour 500 prisonniers flamands en face des villes de l'archiduc ; dix furent suppliciés près Lille, dont le territoire fut ravagé par des détachemens de cavalerie. Les paysans, fatigués des souffrances auxquelles ils étaient en butte, se liguèrent contre ces dévastateurs, sur lesquels ils se précipitèrent près de Frétin. Cette soldatesque, déjà accablée sous le poids du butin, fut massacrée en partie, et le reste, chargé de chaînes, fut conduit à Lille (1).

Appréhendant que les hostilités ne reprissent bientôt une nouvelle ardeur, l'archiduc, pendant la trève qui eut lieu en 1481, obligea les habitans de la châtellenie, âgés de 18 à 70 ans, à porter un habit blanc et écarlate, rehaussé sur la poitrine et sur le dos d'une croix bleue, dite de Bourgogne. Il leur ordonna de se munir d'un arc et d'un carquois contenant douze flèches. Il fit publier que ceux qui ne savaient pas s'en servir porteraient une pique longue de dix-huit pieds (2).

L'on s'occupait de ces dispositions, lorsqu'on apprit à Lille que la duchesse Marie venait de périr d'une chûte à la chasse du héron (3). A dater de cet événement, de nouveaux malheurs devaient affliger la Flandre.

---

(1) *Heuter.*
(2) *Arch. de Lille*, reg. *ABC*, fol. 284. Les habitans de cette catégorie devaient « estre vestus à leurs frais d'un paletau blanc et san- » guin, avec une croix de Saint André bleuc derrière et devant. » Voir *Buzelin* et *Panckoucke*, ABRÉGÉ CHR. DE L'HIST. DE FLANDRE.
(3) *Commines — Locrius.*

CHAPITRE XXIII.

Philippe d'Autriche, dit le Beau,

XXXe COMTE DE FLANDRE.

Lorsque Philippe d'Autriche fut appelé aux états de Flandre, comme héritier de sa mère, Maximilien, son tuteur, se trouva forcé de céder aux instances du peuple, qui voulait obtenir à tout prix la paix avec la France. Il souscrivit donc aux conditions bien désavantageuses qui lui furent imposées. Il conclut, en effet, à Arras, un traité en vertu duquel Marguerite, sa fille, devait épouser le dauphin, Charles VIII, et lui apporterait en dot les comtés de Bourgogne, d'Artois, de Macon et autres possessions importantes.

En cédant à l'exigence des Flamands, Maximilien ne vit pas un terme à ses inquiétudes. Gand, en 1485, releva l'étendard de la révolte sous la conduite de Romont de Savoye.

Adrien de Rassenghem avait imité cet exemple de défection et eut l'audace de venir à Lille; mais Charles de Menneville, par ordre de l'archiduc, le fit charger de chaînes et conduire à la prison de Vilvoorde. Cette mesure ne calma pas les séditions du pays; le régent fut encore obligé de prendre les armes contre les Gantois et les habitans de Bruges. Enfin un traité de pacification fut réglé entre ceux de Lille, Douai, Orchies et les trois membres de Flandre (1).

Parmi les signataires l'on compta Jean Utenhove, Valentin de Bersée, chanoine de Saint-Pierre, Jean le François, Jacques de Landas, l'abbé de Loos, le rewart, les échevins, les conseillers, les huit-hommes et le procureur de Lille.

Ce traité ne fut pas agréable aux provinces voisines. Le Hainaut en témoigna principalement son mécontentement. La soldatesque de ce comté pénétra même sur le territoire de cette ville, qu'elle devasta enlevant argent et meubles, en un mot, tout ce qu'elle put emporter.

Maximilien, pour réprimer ce brigandage, se vit obligé d'écrire au grand bailli de Hainaut et au gouverneur de la Flandre française, afin qu'ils fissent publier que quiconque viendrait *fourrager* dans les environs de Lille serait pendu (2). Cette mesure éloigna les malfaiteurs.

Après avoir ainsi ramené la tranquillité sur le territoire, l'archiduc se mit en campagne, reprit, en 1489, Saint-Omer, qui s'était déclarée en sa faveur (3).

Jean Marius, surnommé de Grisor, Jacques Lobée, Jean de Saint-Pôl et Pierre Leroy, livrèrent également, en 1492, au roi des Romains et à ses officiers, la ville d'Arras, dont les portes furent ouvertes pendant la nuit à l'aide de fausses clefs fabriquées à Douai.

---

(1) Voir *Buzelin*, qui rapporte la teneur du traité.
(2) *Molinet — Buzelin — Montlinot.*
(3) Idem.

Lille célébra par de grandes manifestations de joie les succès de l'archiduc (1) qui poursuivit la reprise des villes du domaine de son pupille. Bientôt (1493), en vertu du traité de Senlis, les comtés d'Artois et de Bourgogne lui furent rendus par les Français.

Tels étaient les progrès de la maison d'Autriche lorsque Maximilien remit, en 1496, à Philippe, son fils, qui avait atteint sa dix-septième année, les états de Marie de Bourgogne, sa mère.

Ce jeune prince, marchant sur les traces de son père, chercha à rattacher à sa couronne les différens fleurons qui en avaient été détachés par le roi de France. En conséquence, Baudouin de Lannoy, gouverneur de Lille, fut envoyé (1497) en députation, avec une suite de hauts personnages, à la cour de Charles VIII, afin de demander à ce monarque à rentrer en possession d'Aire, d'Hesdin, de Béthune ; mais ils n'obtinrent que des promesses.

Par suite du traité de Senlis, dont nous venons de parler, ces possessions avaient été remises entre les mains du maréchal de Gueldre, qui devait les conserver jusqu'en 1498, époque où le jeune archiduc devait atteindre sa vingtième année.

Alors Louis XII, successeur de Charles VIII, n'ayant plus de prétexte légitime à opposer aux réclamations qui lui étaient faites, écrivit aux gouverneurs des villes qui devaient retourner à l'archiduc, afin de les lui faire remettre (2).

---

(1) Idem.
(2) Le roi de France était détenteur de l'Artois et de la Bourgogne, que Marguerite, fille de Maximilien, devait porter en dot à Louis VIII ; mais ce prince, ayant, en 1491, épousé Anne de Bretagne, il en dut la restitution.

Ainsi, environ dix-sept ans après le démembrement de la Flandre, Philippe d'Autriche revit les anciens domaines des ducs de Bourgogne rentrer sous sa domination, qui va acquérir une puissance formidable et rivaliser plus que jamais avec la France.

En effet, en 1500, l'archiduc fut appelé en Espagne pour être reconnu héritier de cette vaste monarchie, au moment où un enfant nouveau-né devait ébranler un jour le trône de François Ier.

CHAPITRE XXIV.

Charles-Quint,

XXXIe COMTE DE FLANDRE.

Charles V n'avait que six ans lorsque mourut Philippe d'Autriche. Maximilien, roi des Romains, aïeul de ce jeune prince, fut appelé en Flandre pour prendre les rênes de l'état en qualité de régent; tandis que Marguerite, sa fille, en fut nommée gouvernante.

Ce vieil archiduc, dont Lille avait pu apprécier la capacité administrative, ne ralentit pas son zèle en dirigeant le comté au nom de son petit-fils.

A la faveur des troubles qui occupèrent le règne de Philippe d'Autriche, une multitude de joueurs avaient, par d'incessantes querelles, compromis la tranquillité de cette ville. Les magistrats sentirent le besoin de comprimer leur dangereuse passion, et, sur leur demande, Maximilien défendit (1509) aux habitans de jouer (1) désormais aux dés et aux cartes.

Comme précédemment, ce prince se déclara le protecteur des priviléges de Lille, qu'on ne violait jamais impunément; aussi ratifia-t il, en 1510, la condamnation de Grard d'Aubries et de Jacotin Lepers, sergent du prévôt, qui avaient arrêté dans son habitation un bourgeois et « l'avoient tiré hors d'icelle par
» forche. Ils furent pour ce motif et par sentence d'échevins,
» à la semonce de Claude Mazurel, lieutenant du prévôt, con-
» dempnez à comparoitre devant le bancq de Wedde, à tout
» chacun un chierge de chire non ardent pesant chascun deux
» livres et d'illec aller en la maison du dit Berthoul et dire en
» la présence d'echevins que à tort, comme mal advisez et lé-
» gièrement ils ont prins le dit bourgeois et l'ont emmené con-
» tre sa volonté hors de sa dicte maison en enfreindant par ce,
» le privilège et franchise des bourgeois et qu'ils ne le ont pu
» ne dû faire; et le restablissement prier à Dieu, nostre benoit
» créateur et a eschevins de ce pardon au dit bourgeois et au
» procureur de la dite ville, au nom des autres bourgeois
» d'icelle; et ce fait, porter les chierges en l'église Saint Sau-
» veur et les poser; assavoir, le dit Grard devant l'image de la
» benoiste Vierge Marie et le dit Lepers devant l'image Saint
» Quentin, et les délaisser au profit de la dite église et de faire,

---

(1) Voir *Buzelin*, *Édit de l'archiduc* — EM 81.

» le dit Grard, deux voyages, l'un à nostre dame de Haulx et
» l'autre à Saint Claude, en Bourgogne, à le faire huit jours
» après qu'il en sera sommé par eschevins : et le dit Lepers
» aussi deux voyages, l'un à Sàint Anthoine, à Bailleul en de-
» dans le dit jour Saint Jehan Baptiste et l'autre à trois Rois en
» Coullongne quand il en sera sommé par eschevins (1). »

Les pélerinages de ce genre étaient alors fort en vogue à Lille : on en fesait la base d'un grand nombre de châtimens. En 1510, Collin le Candelle, sergent de la prévôté, « pour avoir
» soustoitiet (reçu chez lui) et hébergié en sa chambre une
» nommée Mariette Desmestry qui estoit bannie civilement, fut
» encore, de l'assentement de Sydrac de Lannoy, prévôt de
» Lille, condempné de mettre la verghe sur le bureau en la
» halle de la dite ville et suspendu de son office jusqu'aux pas-
» ques prochains et avec ce, condempné de faire un voyage à
» nostre dame de Boullongne pour la prospérité de l'empereur
» et de monseigneur l'archiduc d'Austrice, à partir le premier
» jour de mars prochain et de non rentrer en ladite ville tan^t
» qu'il auroit fait le dit voyage et d'iceluy avoir rapporté lettres
» ou aultres leâl enseignement (2). »

En 1512, l'on punit de la même manière « Berthélemy Li-
» bert et Mahieu Petit, brasseurs de cervoise pour avoir envoyé
» cervoise aux manans de la ville non disne d'entrer en corps
» de personne ; c'est à sçavoir, mené le dit Berthélémy un ton-
» neau à l'oste (la maison) d'une saige femme en la rue du
» Molinel et le dit Mahieu tonnel à l'oste maistre Jehan le Mon-

---

(1) Msc. EM 85, p. 331.
(2) Manusc. *Chartes de Lille*, bib. publ.

» noyer, furent condempnez à voir laisser couler en voie les
» deux dits tonneaux de cervoise ; et avec ce, ledit Berthelemy
» à faire un voyage et pélérinage à nostre dame de Haulx et un
» autre voyage à Saint Nicolas de Warengrelle. Item le dit
» Mahieu de faire deux voyages dont l'un à nostre dame d'Aix
» et l'autre à Saint Pierre de Rome (1). »

Pendant que ces petites circonstances et autres semblables se passaient à Lille, Maximilien et Henri VIII, roi d'Angleterre (1513), assiégeaient Thérouane. Louis XII envoya au secours de cette place 14,000 hommes qui furent battus sans pouvoir l'arracher à la destruction qui l'anéantit.

Après ce siége déplorable, l'archiduc et son royal allié, avec une suite nombreuse, vinrent à Lille où Marguerite d'Autriche et les dames les plus illustres des Pays-Bas les attendaient pour les complimenter (2) !

La guerre ne fut pas le seul fléau qui désolait alors la Flandre. Une maladie pestilentielle souffla la mort dans cette ville. Les magistrats, pendant les désastres qu'elle exerça, firent aussitôt suspendre la foire (3) ; et, s'occupant de tous leurs efforts à en arrêter les suites, ils bannirent de la châtellenie, « le 20
» jour de mars 1514, Jacques de Loz, teinturier qui en irré-
» vérence et mesprisement de justice et en contempnant les
» statuts et ordonnances de ceste ville de Lille, avoit esté
» trouvé dans ladite ville sans porter verge blanche es oste et

---

(1) EM 85, p. 333.

(2) *Buzelin*.

(3) France pittoresque.

» souffert oster l'estrain (1) pendant à sa maison démoustrant
» qu'il y avoit infection de peste, avant le terme de quarante
» jours passez, il fut banni de la ville et de la châtellenie de
» Lille à partir dudit jour étant et jusqu'à ce qu'il auroit payé
» 20 livres d'amende à appliquer en aumosne aux pauvres in-
» fectez de la maladie contagieuse (2). »

Dès que cette épidémie eut disparu, Charles V (dont le génie naissant se développait chaque jour), commença à prendre part au gouvernement. Il rendit aux Échevins, en 1515, la *Salle*, palais qu'il occupait dans cette ville, afin qu'il fût démoli pour faciliter le passage de la navigation sur la Deûle (3).

A la même époque, il rendit une ordonnance pour écarter de la magistrature tout homme condamné pour usure ou pour une faute grave. Il défendit aux échevins d'accepter aucun présent pendant qu'ils seraient en fonctions; et, en 1518, il décréta que le gouverneur de la Flandre française ne pourrait emprisonner que des soldats, parce que les bourgeois devaient toujours être jugés par leurs pairs (4).

Ce prince, remarquant que les barbiers qui fesaient les fonctions de chirurgiens compromettaient souvent par leur inhabileté l'existence des malades qui réclamaient leur assistance, ordonna que « nul barbières ou cirurgiens ne poudroient désor-
» mais seigner sans y avoir esté authorisé par le médecin (5). »

---

(1) Signal en paille.
(2) CHARTES DE LILLE, msc. bibl. de Lille.
(3) *Roisin*.
(4) Msc. EM 81.
(5) DE LA VILLE DE LILLE, msc. p. 172.

Il ne négligea pas le commerce de Lille et de sa châtellenie. Il fit bâtir une halle, afin d'y entreposer les draps destinés à être vendus au dehors; et, pour leur obtenir une solide réputation, il veilla à ce que les teinturiers donnassent à leurs apprêts les soins les plus minutieux (1).

Tels étaient les détails administratifs auxquels se livrait ce jeune prince, lorsqu'en 1519, la mort de son aïeul l'appela à la couronne impériale revendiquée par François 1er, avec lequel il va commencer ces longues guerres qui mirent l'Europe en feu.

En effet, dès qu'il eut été proclamé empereur à Aix-la-Chapelle, il manifesta hautement ses intentions hostiles. Il prétendit que son rival, depuis la mort de son bisaïeul, lui retenait le duché de Bourgogne et le duché de Milan, fiefs de l'empire, sans en demander l'investiture.

Bientôt ils furent aux prises. François 1er s'empara d'Hesdin en 1521. Charles, de son côté, était allé faire le siége de Tournai, qui se rendit.

Lille, qui, pendant l'attaque, avait souffert de la disette, parce que les troupes impériales absorbaient tous les vivres du pays, témoigna vivement la joie qu'elle ressentit de ce succès, mais elle était loin cependant d'être rassurée sur sa position. Aussi (1521) les échevins, dit Montlinot, firent défendre l'entrée de la ville aux *frères-mineurs,* qu'ils soupçonnaient de tremper dans une conjuration; mais les gardes se laissèrent séduire ou tromper, et ils entrèrent au nombre de plus de deux cents.

---

(1) *Buzelin.*

Les magistrats, effrayés de cette invasion (1), déclarèrent la ville en état de siége, firent placer dix pièces de canon sur le marché, et ordonnèrent aux frères-mineurs de se retirer. Ils obéirent en se lamentant de ce qu'on les empêchait de composer leur chapitre.

L'Espagne (1522) n'était pas plus paisible que la Flándre. Charles-Quint, après avoir placé une garnison sur les limites de son comté, pour en défendre l'entrée aux Français, se transporta dans ce royaume afin de calmer les esprits. Dans la précipitation qui le fit partir, il n'avait pas eu le temps d'illiminer de Lille les militaires dont la mauvaise conduite effrayait les habitans. Plusieurs d'entr'eux avaient été autrefois bannis par les échevins, mais il rassura sa bonne ville de Flandre en lui conférant le pouvoir de faire conduire au supplice ceux de ces soldats dont elle pourrait avoir à se plaindre. (2).

Cependant François Ier, remarquant l'agitation de l'Espagne où Charles V était occupé, profita des circonstances pour harceler plus vivement ce rival ; mais le succès ne répondit pas à ses efforts. En effet, il fut battu en 1524 à Pavie. Charles, respectant son malheur, le traita avec générosité durant sa détention. Il lui promit une prochaine liberté, mais il exigea qu'il renonçât à toutes prétentions sur Milan, Naples, et notamment sur Arras, Lille, Douai, Orchies et Tournai, ainsi qu'au droit de souveraineté sur la Flandre et l'Artois

---

(1) *Wartel* regarde ce fait comme apocryphe. — Voir Manuscrit des Ancienn. de Lille.

(2) *Buzelin*.

(3) *Panckoucke*.

Ce fut alors que le monarque français écrivit à sa mère :
« Tout est perdu fors l'honneur. »

A la faveur des guerres qui occupaient l'empereur, le luthéranisme avait fait de rapides progrès. Pour en arrêter le cours, Nicolas Coppin, chanoine de Saint-Pierre de Louvain, en qualité d'inquisiteur, ordonna à Jean Frelin, prieur des Dominicains d'Ath, de poursuivre sans pitié les Lillois qui professaient des doctrines dangereuses. De son côté, Charles V porta un édit contre les assemblées des sectaires et condamna leurs écrits au feu (1) et ceux qui les lisaient au bûcher.

La sévérité que l'on déploya ne répandit pas la conviction dans les esprits ; aussi, en 1532, les magistrats de Lille sévissaient encore contre les hérétiques : les uns furent exilés ; les autres, moins heureux, périrent par le fer et par le feu (1).

Indépendamment de ces guerres religieuses, la Flandre avait toujours à lutter contre François Ier. Les Français assiégèrent en effet de nouveau Hesdin en 1536.

Il fallut, pour s'opposer à leurs armes, lever des impôts : les Gantois, peu disposés à les payer, se révoltèrent ; mais ils furent bientôt obligés à la soumission.

Des jeunes gens, vers la même époque, ajoutèrent un surcroît d'inquiétude à l'anxiété qui déjà régnait parmi les habitans de Lille. Ils avaient pris la résolution de pénétrer violemment dans les jardins de la ville malgré les propriétaires, et d'en

---

(1) *Buzelin* — *Léonard Gallois* — Histoire de l'abbaye de Loos.

(2) *Buzelin*.

enlever les romarins et autres arbrisseaux pour la célébration de la fête du 1er mai, alors très en vogue.

Le mayeur, informé de ces projets, se rendit sur la place où il adressa aux moteurs une vive remontrance et leur fit envisager combien ils se rendraient coupables s'ils persistaient dans leur entreprise. On ne l'écouta pas. Enfin, pour dissiper l'émeute, il se vit obligé de commander à ses gardes de tirer sur ces perturbateurs audacieux. Ces derniers, loin de fuir, massacrèrent un des sergens du mayeur.

La gouvernante Marie, ayant eu connaissance du désordre, condamna les coupables au dernier supplice (1).

Charles V était alors aux prises avec son ennemi. En 1540, profitant de quelques instans de repos, il revint à Lille, où, par lettres-patentes du 16 décembre, il autorisa les magistrats à reculer les limites de la ville. Il chargea le comte de Reux, gouverneur de la Flandre française, Jean Marcenar, les échevins et autres personnages importans, de faire le tour des remparts afin de reconnaître sur quel point on pouvait donner de l'agrandissement à cette cité populeuse.

Enfin l'empereur, après avoir pris lui-même connaissance des lieux, arrêta que les murailles d'enceinte seraient reculées depuis la *porte des Malades* jusqu'à la maison de Rosimbois, en renfermant dans l'intérieur les anciennes portes *du Molinel* et *de la Barre* (2), qui furent démolies et reconstruites dans une autre direction un siècle après.

---

(1) *Buzelin.*
(2) *Buzelin* — et, pour plus de détails, les manuscrits EM 40 et EM 41.

Ce fut encore vers 1540, pendant l'armistice, que la *fête des sots* (1), qui se célébrait le 11 juin, fut abolie par Charles V, à cause des désordres auxquels elle donnait lieu.

Du Tilliot (2) rapporte que la coûtume l'emporta sur la défense ; car cette fête, en changeant de nom, fut célébrée pendant trois jours à Lille, en 1547, sous le titre de fête du *prince d'amour,* dont le personnage fut rempli par Allard du Bosquet. Les habitans éludèrent ainsi l'édit de Charles-Quint : ils se rendirent la même année « à Valentiennes où fut solemnisée » la feste de la principauté de Plaisance. Ils marchèrent en ceste » sorte : treize saietteurs vestus de rouge, le chapeau bleu en » teste ; leur chef à cheval couvert de velours noir. Suivoient » 38 porteurs au sac, habillés de rouge, 51 bouchers à cheval » revestus de mesme couleur ; le capitaine de velour noir. Puis » ceux de l'estrille couverts de veloux ou satin orangé et chaus- » sés de blanc. Leur prince très bien en *conche* (bien arrangé, » en bon équipage) accompagné de trompettes, héraut et pages. » Puis entra le prince d'amour de Lille, jadis appelé prince » des fols ; sabande estoit d'environ cinquante hommes ves- » tus de veloux ou satin bleu (3). »

Le 21 avril 1548, les hérauts de Valenciennes vinrent encore annoncer à Lille la fête des sots (4) ; et, bientôt après, le

---

(1) *É lit de l'empereur* — *Buzelin.* — Cette fête, dont on trouve des exemples dans l'histoire de la plupart des villes des Pays-Bas, existait également à Valenciennes, car « les hérauts de cette dite ville » de Valenciennes vinrent en 1548 à Lille pour annoncer la feste des » sots. (Msc. EM.) »

(2) *Mémoire pour servir à l'histoire de la fête des foux*, p. 49.

(3) *D'Oultreman, Hist. de Valenciennes.*

(4) Manusc. bibl. publ. *Généalogie de quelques rois de France.*

prince d'amour alla cueillir le mai hors des murs. Il portait un élégant costume de velours vert et une bannière sur laquelle on lisait cette inscription qui fesait allusion à son nom :

Puisque au bosquet, amour se tient en joie !....

Cependant Charles V, toujours infatigable, s'était rendu (1542) en Afrique pour faire le siége d'Alger. Profitant de son absence, François Ier envoya 30,000 hommes dans les Pays-Bas.

L'empereur, qui connaissait le caractère entreprenant du monarque français, avait placé une garnison sur la frontière. Le besoin d'hommes avait introduit dans les rangs de l'armée un grand nombre de gens sans aveu qui venaient souvent à Lille donner un libre cours à leur dévergondage. Ce n'était dans cette ville que rixes, pierres lancées des fenêtres sur les habitans.

Les magistrats se plaignirent, mais n'obtinrent rien de cette tourbe indisciplinée. Ils envoyèrent alors des députés à Marie, qui ordonna au comte de Reux, gouverneur de la Flandre française, de faire sortir sous trois jours cette ignoble soldatesque, et menaça des châtimens les plus rigoureux ceux d'entr'eux qui ne s'empresseraient qas d'obéir (1). Cette mesure rétablit la tranquillité, qui fut d'autant mieux cimentée, que l'empereur était rentré en Flandre, où l'on réclamait vivement sa présence.

Il vint à Lille, accompagné du roi d'Angleterre, et logea avec ce prince dans le palais de Rihourt, qui, dès lors, prit le nom de *cour de l'Empereur* (2).

---

(1) *Buzelin.*
(2) *Panckoucke.*

Pour protéger cette ville si importante contre l'invasion des Français, Charles ordonna au comte de Reux de flanquer de digues l'intérieur de la place et de donner aux ouvrages quarante pieds de largeur.

Tandis qu'on se livrait avec ardeur à ces travaux, un schismatique nommé *Pierre Dubruelle* parcourait les Pays-Bas prêchant ses insidieuses doctrines. Tournai lui donna une foule de prosélytes : malgré les supplices que l'on avait infligés à Lille à plusieurs hérétiques, il osa paraître dans cette ville où il séduisit également un grand nombre d'habitans (1). Les magistrats s'étaient mis à sa poursuite, lorsqu'un événement désastreux vint jeter la consternation dans cette cité, car « le trois sep-
» tembre 1545, le feu prit dans l'escurie du *cheval d'or*, rue
» Grande Chaussée, et consuma plus de 200 maisons. »

Dans ce désastre, connu sous le nom du *grand feu de Lille*, les habitations de droite et de gauche de cette rue furent totalement réduites en cendres. Les rues *des Suaires* et *de la Clef* partagèrent ces malheurs qui affligèrent particulièrement l'abbaye de Loos, qui y perdit six maisons (2).

François Hémus, ancien poète lillois, auteur d'une élégie sur la destruction de Thérouane, fit un poème sur cet incendie épouvantable, dont il avait été témoin oculaire (3).

---

(1) *Servius*. Il fut arrêté à Tournai, où il reparut, et périt sur le bûcher.

(2) *Gouselaire*, manuscrit appartenant à M. Ducas, antiquaire à Lille, et le msc. EM 72 — HIST. DE L'ABBAYE DE LOOS.

(3) Une partie de ses œuvres, sous le titre de : *Hœmii insulani sacrorum hymnorum libri duo*, fut publiée en 1556 et imprimée par Guillaume Hamelin, le plus ancien ou l'un des plus anciens imprimeurs de cette ville.

Dans le même temps (1547), François Ier termina ses jours; et deux ans après, Charles V, comme fatigué du poids de sa couronne, commença à en détacher la Flandre qu'il remit à Philippe, son fils, qu'il accompagna à Lille où il fit son entrée solennelle. On donna au jeune comte des fêtes magnifiques, des spectacles, des illuminations de toute espèce (1). En 1555, Charles V créa son fils grand-maître de la Toison d'or, et, l'ayant fait reconnaître pour souverain seigneur des Pays-Bas et héritier de ses autres états, il se retira avec une modeste pension au monastère de Saint-Just.

CHAPITRE XXV.

Philippe II,

XXXIIe COMTE DE FLANDRE.

Philippe II ne fut pas plus tôt parvenu (1557) au pouvoir, qu'il engagea Marie, son épouse, reine d'Angleterre, à porter la guerre en France. Elle y consentit, et, d'après ses ordres, 8,000 Anglais passèrent la mer et vinrent renforcer les armées d'Espagne et de Belgique. Les Lillois, pour leur part, fourni-

---

(1) EM 82 — EM 90 — *Guicciardin*.

rent deux compagnies de 250 hommes chacune, qui se mirent en marche sous la conduite du duc de Savoye, gouverneur des Pays-Bas, afin de former le siège de Saint-Quentin, qui se rendit après avoir déployé une vigoureuse résistance.

Philippe remporta, à la suite de cette campagne, une brillante victoire à Gravelines (1). Toute l'armée française, forte de 10,000 hommes, fut détruite. Quand la paix eut été signée à Câteau-Cambrésis, Lille, féconde en inventions du même genre, en mémoire de cet événement, institua dans ses murs la fête de l'*empereur de la jeunesse*, qui fut couronné par le *pape des Guinguans*, sur un théâtre dressé au marché au blé (2).

N'ayant plus d'occupation au dehors, Philippe II tourna ses armes contre le luthérianisme. Pour l'étouffer plus facilement, l'on créa de nouveaux évêchés. On en sentit d'autant mieux le besoin, que celui de Thérouane avait disparu avec cette ville infortunée.

Ce prince s'adressa au pape Paul IV, qui applaudit à sa résolution. L'archevêque de Cambrai obtint pour sa juridiction la partie du territoire de Lille située au-delà de l'Escaut, et l'évêque de Tournai obtint Lille, Commines, Lannoy, Orchies. Enfin l'évêque d'Arras eut pour sa part Douai, Armentières, La Bassée (3).

Cette mesure n'eut pas le succès qu'on en attendait. En 1561, les nouvelles doctrines continuaient à se propager à Lille. On y

---

(1) *Buzelin*.
(2) EM msc. bibl. de Lille.
(3) EM 81, manusc.

fesait des assemblées clandestines : hommes et femmes, tous couraient avec ardeur aux prêches. Philippe II ordonna aux magistrats de sévir sans pitié contre les novateurs; dès lors l'inquisition prit une marche plus sanglante, et montra son atrocité dans tout son jour en fesant « brûler tout vif à Lille dix ana- » baptistes, natifs de Menin (1). »

Un an après « fut encore brûlé vif et réduit en cendres, de- » vant la maison de ville, frère Paul, chevalier, religieux cor- » delier, grand hérétique (2). »

La rigueur exercée contre les hérétiques s'accrut encore. En 1565, la duchesse donna des ordres pour l'établissement du concile de Trente dans les Pays-Bas, malgré l'opposition de tous les membres qui lui avaient représenté l'humeur indomptable des Flamands et le danger de les tourmenter sur leur opinion religieuse. Elle n'écouta rien et écrivit à l'évêque de Tournai, le 11 juillet, et au lieutenant des gouvernances de Lille, Douai et Orchies, le 24 du même mois, pour qu'on exécutât ses ordres (3).

Ces vexations produisirent les résultats qu'on avait prédits à la princesse. L'orage s'étant gonflé, éclata d'une manière terrible : les hérétiques se sentant à leur tour assez forts pour lutter avec leurs persécuteurs, se rassemblèrent et fondirent tout-à-coup sur les églises de la Flandre, dont ils s'emparèrent. La gouvernante ouvrit dès lors les yeux, mais il était trop tard. En vain elle accorda aux insurgés la liberté de conscience par provision ; ils voulaient se venger.

---

(1) EM 18 — EM 82 — *Van der haer* — *Panckoucke.*
(2) *Cousin* — *Van der haer.*
(3) Manusc. EM 62, bibl. de Lille.

Valenciennes, au pouvoir des hérétiques, ferma ses portes à la duchesse, tandis que des bandes de ces iconoclastes furieux, connus sous le nom de *gueux*, dont ils prirent orgueilleusement le titre, parcouraient les campagnes, pillant les églises. Les environs de Lille essuyèrent principalement leur colère (1). Les abbayes, les prieurés, les temples, tout fut profané. « Ils rom-
» pirent les tombeaux des seigneurs, firent leurs nécessités
» dans les fonds (2). »

Le 22 décembre 1566, quatre mille de ces fanatiques partirent de Tournai dans l'intention de s'emparer de cette cité, profitant de l'absence de Maximilien de Rassenghem, son gouverneur; mais le sieur de Noircarmes, lieutenant du gouverneur de Valenciennes, les dissipa près de Lannoy, qui en vit périr deux cents (3).

Ils ne furent pas mieux traités par les habitans de Seclin, réunis à ceux de Gondecourt et de Wavrin, qui s'étaient tous armés d'instrumens que le hasard avait mis sous leurs mains.

L'intérieur de Lille était loin d'être rassuré, car « le lende-
» main de la dédicasse de la paroisse de Saint Sauveur, un
» nommé Gervois Deleplace vint dans cette église, afin de bri-
» ser les images, comme l'on avoit fait à Tournay et à l'entour
» de la ville. Il fut poursuivi par les femmes et un chacun se
» mit en armes. Il fut mené par la populace au chateau et on

---

(1) L'église d'Hellemmes fut brûlée, celle de Grison dévastée, le curé massacré.

(2) Msc. EM 90 — *Van der haer* — *Buzelin* — Mss. *Gouselaire* — *Ignace Delfosse* — Hist. de l'abbaye de Loos.

(3) *Van der haer*, liv. 2 — F. *Strada* — *Buzelin*.

» vouloit le faire punir disant que si le gouverneur ne le fesoit,
» ils s'en chargeroient. Néantmoins on le laissa sortir par la
» porte de derrière, à cause des circonstances.

» En mémoire de cet évènement, on fait annuellement une
» procession où l'on porte le Saint Sacrement autour de la pa-
» roisse, rendant grâce à Dieu pour avoir préservé son église.
» Cette procession a retenu le nom de *Gervois*. »

Au milieu de ces désordres, le chapitre de Saint-Pierre avait
ordonné, pour se mettre à couvert autant que possible contre
les insurgés, « qu'un chascun auroit à soy faire tondre, afin
» d'estre plustot déconnu si la sédition arrivoit en ladite église ;
» car c'eut esté au gens de l'église qu'on eut commencé. Et le
» service divin achevé chascun portoit manteau et chapeau avec
» *rapière* (longue épée) au costé d'autant qu'ils estoient me-
» nacés des dits gueux retournant de la prêche. De leur côté
» Messieurs de la ville de Lille firent recueillir des carabins ou
» chevau-légers pour ruer sur les presches et furent enrollez
» en dessous, M. de la Motte, beau-fils de M. de Blangerval,
» capitaine du dit Lille (1).

» Messieurs de Saint Pierre avaient en même temps cent
» hommes de garde à leur dépends sur leur cimetière où ils
» avoient fait poser une *hobette* (caserne) (2). »

Non seulement les magistrats avaient ordonné aux gardes
bourgeoises de se mettre sur la défensive (3), mais encore ils

---

(1) EM 90, msc. bib. de Lille.
(2) EM 72. f°. imprimé à la fin du manuscrit.
(3) Voir *Buzelin* pour plus de détails.

divisèrent la population en six compagnies auxquelles ils donnèrent pour chef Gilbert, seigneur de Hocron, François de Gibrecy, François de Fresnoy, et d'autres personnages aussi distingués par leurs connaissances stratégiques que par leur naissance (1).

Le baron de Rassenghem, pour détruire radicalement les germes funestes de l'hérésie, obligea, en 1567, toutes les mères de famille, tant dans la ville que dans les environs, de présenter aux prêtres catholiques les enfans baptisés par les ministres protestans (2).

Les hérésies ne furent pas les seules calamités du pays. Le duc d'Albe, par la dureté de son gouvernement, souleva, en 1569, la Flandre, sous la conduite du prince d'Orange.

Pour réprimer la révolte, le duc mit aussitôt une armée sur pied. On dirait qu'il lui transmit en même temps sa cruauté. Partout ce n'étaient que de nouvelles plaintes. Lille ne fut pas épargnée, car « le 4 octobre entrèrent en cette dite ville deux » enseignes espagnoles qui y furent en garnison. Elles y restè- » rent jusqu'au 10° jour de juillet et y firent plusieurs meurtres » et mille insolences. De là ils allèrent à Valentiennes (3). »

Là ne s'arrêtèrent pas encore les malheurs qui affligèrent Lille : les hérétiques, dont les rangs avaient été grossis par des brigands et des malfaiteurs condamnés au bannissement, reparurent sur son territoire qu'ils ravagèrent avec le plus atroce acharnement. L'on fut forcé de créer un *Prévôt de campagne*

---

(1) *Famian Strada.*
(2) Idem — *Van der haer.*
(3) EM 90, msc. bib. de Lille.

pour s'opposer à leurs déprédations (1). On lui donna huit fantassins et trois cavaliers pour se mettre à la poursuite des routiers. On sentit bientôt l'insuffisance de sa trop petite escorte. On la renforça de douze fantassins et de cinq hommes de cavalerie. En peu de temps ils parvinrent à purger les routes et les forêts (2).

Lille rendit alors grâce au ciel d'être délivrée de ses ennemis et fit une procession générale « pour le pardon que le pape
» Pie V donna aux hérétiques, qui avec un cœur contrit
» et dolent confesseront leurs péchés à ceux qui seront dé-
» putés par les évesques et se garderont à l'avenir à cheoir
» en telles fausses erreurs. Le même jour entre 4 et 5 heures
» du soir, on publia à la bretesque un autre pardon de par le
» roi.

» Maximilien Vilain, chevalier, baron de Rassenghem, gou-
» verneur de Lille, accompagné de MM. de la justice » et de plusieurs grands personnages, assista à cette publication pour la solemnité de laquelle on avait tendu de rouge la maison de ville (3).

Puis on fit un feu de joie !.... Mais l'allégresse ne devait pas être de longue durée, car peu après arriva la journée de Lers, près Lille, où furent encore « déconfit un grand nombre de
» gueux par la bande d'ordonnance de M. de Montigny et les
» carabins de M. de la Motte en garnison dans cette ville (4). »

---

(1) EM 81, msc. bib. de Lille.
(2) *Buzelin*.
(3) Msc. EM 90.
(4) Idem. — C'est sans doute de cette affaire dont parle Buzelin lorsqu'il raconte que la cherté du blé ranima les bandes des hérétiques et des exilés qui furent taillés en pièces près Lille.

Les hérétiques rassemblèrent leurs bataillons dispersés et se jetèrent sur Valenciennes, dont ils s'emparèrent en 1572. Oudenarde tomba bientôt en leur possession. Le duc d'Albe accourut pour leur reprendre ces places.

Pendant ces entrefaites, Douai s'empressa de se mettre sur la défensive, leva trois compagnies de fantassins. Lille imita cet exemple et chargea les sires de Bachy et de Blangerval de les diriger (1).

Le duc d'Albe, fatigué d'une administration qui demandait une si grande activité, après la reprise de Valenciennes et d'Oudenarde, se retira (1573). Louis de Requesens, grand commandeur de Castille, fut chargé de lui succéder. Il chercha à ramener les esprits par la douceur ; mais la guerre civile, qui s'allume si promptement et qui s'éteint si difficilement, n'en continua pas moins.

Espérant de rétablir la bonne harmonie en Flandre, l'on publia, en 1576, une convocation générale à Bruxelles, afin d'aviser à la pacification du pays et au renvoi des troupes espagnoles réclamé si vivement.

François de Hénin, seigneur du Breucq, et Antoine de Muyssart, conseiller de Lille, furent délégués par les échevins, tandis que le clergé députa Pierre Carpentier, abbé de Loos ; et la noblesse, Jean de la Haye (2).

Cette grave assemblée ne put rétablir entièrement la paix, car, peu après, l'on continua à s'entredéchirer. Le brigandage (1577) profita de la mésintelligence de la contrée pour la dé-

---

(1) *Buzelin*.

(2) *Buzelin* — Hist. de l'abbaye de Loos, p. 104.

soler. Les forêts, les routes peu fréquentées, furent bientôt remplies de bandits. Lille se vit contrainte de diriger contre eux 400 hommes et divisa le reste de la population en seize compagnies (1).

Charles Théty, habile ingénieur, fut appelé afin de diriger les travaux de fortifications. Il fit démolir le couvent des frères prêcheurs, dans la crainte que les luthériens ne s'en rendissent maîtres et ne s'en servissent de retranchemens (2). Les religieux de cette communauté profitèrent de cette circonstance pour s'établir dans l'intérieur de la ville, où on leur donna l'*hôpital des Grimaretz* pour habitation.

Comme la plupart des villes des Pays-Bas étaient tombées au pouvoir des hérétiques, l'on craignait que Lille n'éprouvât le même sort. Les magistrats, afin d'enlever aux insurgés tout moyen de s'y retrancher, sollicitèrent la permission de faire ouvrir dans l'intérieur un des pans de muraille de la citadelle. Pour le même motif, le fossé qui partageait la ville fut comblé.

Le gouverneur, au nom de Philippe II, imposa, afin de suffire aux dépenses, le clergé et la noblesse; en un mot, tous les habitans (3).

On prit les soins les plus minutieux pour interdire l'entrée de la place à tout individu professant des opinions suspectes; tandis que l'on en chassa tous les luthériens (4).

---

(1) *Buzelin.*
(2) Chron. manusc. des frères prêcheurs, bibl. de Lille — *Strada* — *Buzelin.*
(3) *Buzelin.*
(4) Idem.

Les Gantois, opposés aux états généraux, accoururent à force armée; mais n'ayant pas réussi à s'en emparer, ils se jetèrent sur Ypres, qui céda à leurs efforts.

Cette tentative d'invasion engagea Lille à faire une nouvelle levée de 300 hommes. Cette mesure excita le mécontentement de quelques citoyens qui furent suspectés d'hérésie.

Le premier novembre, lors du renouvellement *du magistrat*, les troubles prirent plus de gravité. Chacun prétendait aux mêmes droits; enfin les catholiques parvinrent à obtenir la supériorité dans les élections (1). Les fonctionnaires élus ne négligèrent aucun moyen pour faire dominer l'ancienne religion; et leurs soins furent poussés si loin, que « le sieur des Oursins et » Jean Leveau, échevins de Lille, envoyèrent une députation » pour engager les filles de légère vie à aller au sermon le jour » où l'on devoit dire l'évangile de la Madelaine (2).

Le mécontentement continuait à fermenter dans certains esprits, quoique la grande majorité des Lillois demandait la paix avec les Espagnols.

Elle fut publiée le 20 septembre 1579. « On avait dressé à » cet effet, dit Tiroux, un théâtre tendu de rouge, parsemé de » fleurs de lys d'argent qui sont les armes de la ville. On jeta » du haut du beffroi des petits gâteaux en forme de (3) coquil- » les au peuple. Le lendemain on fit une procession générale à » laquelle assistèrent tous les corps de justice; le magistrat fit » distribuer une livre de gros à la rue la mieux ornée, quatre » florins à la seconde et trois à la troisième.

---

(1) *Buzelin.*
(2) Msc. EM 49, f 110.
(3) *Macolus.*

» Cette conduite des Lillois à l'égard de leur prince mit les
» confédérés dans une telle rage, qu'ils vinrent, à la fin de
» décembre, brûler les maisons de plaisance, les moulins, et
» tout gâter autour de la ville, emmenant prisonniers tous ceux
» qu'ils trouvèrent. »

Le célèbre Lanoue, qui s'était emparé de Commines et de Quesnoit-sur-Deûle (1), s'avança l'année suivante sur Lille dans l'espoir de la surprendre ; mais elle était sur le *qui-vive ?* Aussi, quand il voulut s'emparer de l'*abbaye de Marquette* (2), au moment où les échelles étaient appliquées contre les murailles du monastère, il apprit que le baron de Montigny accourait avec un corps d'armée. Ne jugeant pas prudent de l'attendre, il partit pour Tournai, afin de se joindre au gouverneur, qui tramait aussi contre Lille.

Les magistrats, instruits de leurs projets, firent armer tous les citoyens. Le gouverneur s'était mis en route, mais il fit rétrograder ses affidés, sans doute parce qu'il se sera aperçu que ses intentions n'étaient pas restées secrètes. Mais il ne changea pas de résolution. Les échevins apprirent encore qu'il méditait de nouvelles machinations, car une jeune Tournaisienne, nommée *Quintie Le Monnier,* le mit au courant de ce qui se passait. Elle avait remarqué que des soldats s'étaient revêtus d'habits de femme ; que l'on transportait, dans l'hôtel du prévôt, des bombardes, des échelles et autres instrumens propres à un siége.

---

(1) Les gueux, dit M. Deminuinck (Ann. stat.), se fortifièrent dans le château de Quesnoit. Le comte de Mansfeld fut obligé de les y assiéger, et les fit pendre sans quartier.

(2) *Waiembourg*, cité par Buzlin — *Panckoucke*.

Il vint également aux oreilles des magistrats qu'un chef ennemi, nommé Turquane, se rendait souvent à Lille, afin de s'entendre avec les traîtres que la ville renfermait.

Rassenghem, gouverneur de la Flandre française, s'occupa aussitôt, avec les échevins, à déjouer les tentatives d'invasion.

On fit incarcérer 50 à 60 individus suspects. Entr'autres personnages douteux, il en fut un qui, saisi et conduit devant les échevins, leur avoua toute la conjuration. Il indiqua les moindres circonstances, jusqu'au jour choisi pour l'exécution.

Le gouverneur de Tournai n'ignora pas qu'il était vendu. Il poursuivit néanmoins ses projets. Mais il trouva Lille sur la défensive ; et, désespérant de s'en emparer, il rebroussa chemin, laissant, près des fossés d'enceinte, des solives, des échelles et autres instrumens apportés pour l'invasion (1).

On s'occupa sans désemparer du supplice des traîtres : l'un passa par le fer et fut suspendu par les pieds, après sa mort, à une fourche ; sa tête, fixée à l'extrémité d'une pique, fut placée au-dessus de la *porte des Malades*. La tête d'un autre supplicié fut exposée à la *porte du Molinel*. Un troisième, pour avoir mesuré avec une ficelle la profondeur du fossé qui entoure la ville, dans l'endroit où l'ennemi devait entrer, subit un pareil châtiment.

La garnison de Menin (2) vint aussi ravager le territoire de Lille, mit le feu à l'église de Wambrechies, aux habitations voi-

---

(1) *Buzelin* — *Reg. aux titres S*, f° 81 et f° 4, arch. de Lille.
(2) *Buzelin*.

sines, ainsi qu'au château de Quesnoit. Lambersart, Lompré et Lomme furent également pillés (1).

C'est alors qu'une héroïne célèbre, JEANNE MAILLOTTE (2), hôtesse du Jardin de l'Arc, au faubourg de Courtrai, s'arme d'une vieille hallebarde, se met à la tête des confrères de Saint-Sébastien, et refoule cette garnison contre laquelle, justement irritée, Lille voulut user de représailles.

Elle sollicita Alexandre de Farnèse, duc de Parme, gouverneur des Pays-Bas, de faire le siège de Tournai et de Menin ; et, afin de l'y déterminer plus facilement, elle lui promit 50,000 livres de poudre à canon (3); et, lorsque l'une de ces deux places serait prise, de lui donner 100,000 florins ; mais, au grand regret des habitans, le duc dut se rendre devant Cambrai, afin de s'opposer au duc d'Alençon ; mais après cette expédition, il alla faire le siège de Tournai, qui bientôt capitula.

Alexandre Farnèse revint ensuite à Lille, où la population accourut au-devant de ce prince vainqueur, qu'elle porta en triomphe dans ses murs.

---

(1) *Buzelin — Strada — Ann. statist., Demeuninck* — Msc. EM 81.
Le seigneur de Lomme reprit le lendemain son château, dont les insurgés s'étaient emparés.

(2) On voit au musée de Lille un tableau ancien représentant cette action belliqueuse.

(3) On en fabriquait à Lille avant 1553, époque où « le feu se lança
» en une tour à la *porte de Fives*, en laquelle estoit quelqu'un qui fe-
» soit de la poudre à canon ; et en moins d'un clin d'œil la tour fut dé-
» molie et brisée jusqu'au fondement ; et y mourut plus de 50 person-
» nes et plus de 100 blessés par les pierres volant en l'air. Celui qui
» fabriquoit la poudre fut lancé au-delà des fossés de la ville. Malgré ses
» blessures, il guérit et vécut encore plusieurs années. (Msc. EM 90.»

Il félicita les magistrats de la fermeté qu'ils avaient développée pendant les troubles (1).

Le roi d'Espagne, de son côté, avait été informé du dévouement des Lillois et de leur conduite à l'égard de Tournai ; il les en complimenta par lettres datées du 16 janvier (2) 1582 ; mais cette ville n'était pas au terme de ses souffrances : la garnison de Menin renouvelait sans cesse les hostilités. Pour lui en imposer, on plaça des troupes espagnoles dans les trois faubourgs de Lille. Alors les fourrageurs cessèrent leurs excursions.

Depuis longtemps les communautés religieuses n'avaient pu s'accroître. Quand le pays eut reconquis sa tranquillité, Jean de Vendeville, évêque de Cambrai, engagea les magistrats à former à Lille une corporation de Jésuites ; mais ils regrettèrent d'en ajourner l'exécution, parce que le trésor communal était épuisé par les guerres ruineuses qui avaient désolé le territoire. Jérome Bavé, en attendant qu'elle pût se réaliser, reçut chez lui deux de ces religieux qui préparèrent la réputation de leurs confrères en prêchant à Saint-Pierre (3). Ils avaient des ennemis ; aussi les trouva-t-on un jour pendus à leur porte.

Malgré ce triste augure, deux ans après l'évêque de Tournai alla à Rome, vit le général des Jésuites qui lui donna quelques-uns de ses membres pour les fixer à Lille, où les magistrats leur firent préparer un local rue des Malades. Guillaume Hangouart fut mis à leur tête (4), et bientôt après condamné (1595) à « avoir tous ses livres brûlez sur un échaffaud devant la

---

(1) *Buzelin* — *Tiroux* donne la traduction des lettres du roi.
(2) Idem.
(3) *Manusc. des ancienneté*s, p. 78 — *Buzelin*.
(4) EM 81 — *Buzelin*.

» halle. Auquel estoient jusques au nombre de soixante deux
» livres ; et encore par dessus ce, condamné à 300 livres de
» gros d'amende pour avoir tous livres défendus dont fut donné
» 100 livres de gros à l'avancement du couvent des Capu-
» cins (1) ; 100 livres de gros au couvent des Cordeliers et
» autant au couvent des Jacobins et de rechef condempné d'ap-
» porter tous les demi-ans lettres de son pasteur comme il se
» gouverne en bon catholique et de tenir prison tant qu'il au-
» roit fourni les 300 livres de gros (2). »

Les Jésuites, comme partout ailleurs, avaient avancé rapidement leurs affaires ; car alors ils ouvrirent leur collége où la
jeunesse accourut se faire instruire « cessant dès ce moment les
» escholes latines de la ville et pour le commencement de gage
» le magistrat leur assigna 1000 florins par an (3). »

Ce collége, le corps enseignant le plus instruit, n'était
pas accessible à toutes les classes. Pour y remédier la dame
de Mastaing donna aux magistrats 400 florins pour fonder
« une eschole journalière d'enfans tans masle que femelles
» au dépend de l'eschole (4) dominicale érigée par feu Maxi-
» milien Vilain, son mari en 1584. On y établit trois maî-
« tres et trois maîtresses. »

---

(1) « Le 4 avril 1595, ils entrèrent, dit Tiroux, en procession dans
» la ville et prirent possession du couvent que le magistrat leur avait
» fait bâtir. »

(2) EM 72 — Buzelin, de la congrégation de Jésus, passe cette par-
ticularité sous silence.

(3) *Manuscrit des anciennetés*, p. 440 — *Guide des étrangers à
Lille.*

(4) Ainsi nommée parce qu'elle n'était ouverte que le dimanche, afin
de ne pas détourner les enfans pauvres des travaux qui les alimen-
taient.

On sentait alors que la violence n'aurait fait qu'irriter la *religiosité* du peuple, et que, pour le persuader, il fallait remédier à la société par la base, c'est-à-dire, par l'instruction donnée à la génération naissante. En effet, par ce moyen mieux que par le glaive et le feu, les hérésies s'évanouirent et la Flandre reprit son ancienne piété. Aussi, bientôt les magistrats publièrent sans danger une ordonnance contre ceux qui n'observeraient pas le carême (1) ; et comme l'ivrognerie est l'écueil des bonnes mœurs, ils décrétèrent que ceux qui se rendraient coupables de ce vice seraient condamnés à une amende, et que leurs vases à boire seraient brisés et fondus (2).

Enfin, dans la vue d'édifier les habitans, le 5 janvier 1590, ils donnèrent l'autorisation au sieur Jaspard Flamend, Claude Gambon et autres « tous jueurs de jeux et comédies de cette
» ville de Lille de montrer la passion de N. S. en prenant de
» chacune personne six deniers tournois à charge par chacun
» jeu qu'ils feront, de payer cent sols parisis, si comme la moi-
» tié au prouffit de la *bourse commune des pauvres* (3) et
» l'autre moitié de l'eschole dominicale de cette ville. »

---

(1) EM 81 — *Buzelin.*

(2) *Buzelin.*

(3) Elle fut fondée en 1531 par Charles V afin de bannir la mendicité. Elle était alimentée encore avant la révolution par les quêtes qui se fesaient dans la ville.

Le *Magasin universel*, 19 décembre 1833, en parle en ces termes :
« Lille a eu l'honneur de fonder le premier établissement de charité qui
» ait existé dans notre pays. Les magistrats de cette ville demandèrent
» à la Sorbonne, en 1530, si une cité pouvait contraindre les pauvres à
» ne recevoir l'aumône que d'une caisse publique exclusivement desti-
» née à cet usage. — La Sorbonne s'assembla solennellement pour dé-
» libérer sur cette grave question, et après plusieurs jours de contro-
» verse et de discussion, elle répondit affirmativement. L'établissement
» fut aussitôt fondé. »

Mais ces représentations, au lieu d'édifier, produisirent l'effet contraire. Les acteurs, par leur médiocre talent pour la scène, donnaient souvent à leur rôle une physionomie bouffonne qui ridiculisait les passages de l'Écriture sainte les plus dignes de respect. Aussi, en 1593 et en 1589, le gouvernement des Pays-Bas fit rappeler à plusieurs villes les dispositions du placard de 1559, qui proscrivaient la représentation des sujets empruntés aux saintes écritures.

Les quatre maîtres-comédiens de Lille substituèrent alors aux mystères trois pièces tirées des annales de Flandre, savoir : l'*histoire de Lydéric*, celle de *Jean, duc de Bourgogne*, et celle de *l'empereur Charles-Quint* (1).

D'autres représentations plus originales, et que l'on pourrait jusqu'à un certain point comparer aux pieuses folies des Saturnales, eurent lieu le 6 juin 1598, à l'occasion de la paix conclue entre la France et l'Espagne.

En effet, un manuscrit (2) de la bibliothèque publique de Lille raconte que « tous les rois, cardinaux, abbés, ducs,
» princes, amiraux et seigneurs de chacune place de la ville
» furent baiser le pied dextre du *pape des guingans* assis sur
» un théâtre dressé sur le marché près de la chapelle des
» joyeux et la main de l'*empereur de la Jeunesse* assis sur un
» autre théâtre devant celui du Pape, du côté de la fontaine
» au change.

» Le pape des Guingans était Jean Cardon ; l'empereur de la
» jeunesse, Jean le Miewre ; *le duc du Lac,* Mahieu Manteau ;

---

(1) REVUE DU NORD, suivant documens extraits des archives de la ville.
(2) EM 82. msc. bibl. de Lille.

» *le prince de Rucho*, Mathieu-Maurice Bourgeois ; *le roy de*
» *pauvreté*, Nicolas Lepers ; *le prince de Sahu*, Jacques Her-
» quennes ; *le clerc de Douay*, Pierre Payelle ; *le roi de Car-*
» *cho*, Jean Rouvroy ; etc., etc.

» POUR LE FAUBOURG SAINT-SAUVEUR :

» *Le Seigneur de fertilité*, Philippe Salembier.

» POUR LE FAUBOURG DES MALADES :

» *Le marquis des Enfunquey*, Marc Dillies.

» POUR LE FAUBOURG DE LA BARRE :

» *Le prince des Embrouillies*, Gaspard Stien.

» POUR LE FAUBOURG DE SAINT-PIERRE :

» *Le prince des mauvais profilans*, Jacques Fournier.

» POUR LE FAUBOURG DE COURTRAY :

» *Le prince de peu de sens*, Jean le Lièvre.

» POUR LE FAUBOURG DES REGNEAUX :

» *Le prince des amoureux*, Jean Dutoit.

» POUR LE FAUBOURG DE FIVES :

» *Le duc de Pillatrie*, Jean Baillet.
» *L'amiral des Galères*, Antoine Vraux.
» *Le prince d'Egypte*, Nicolas Brie.
» *Le comte d'Antoing*, Antoine Manger.
» *Le roi des amistans*, Jacques Goube.
» *Le prince des Coquarts*, Jacques Billet.
» *Le prince de St.-Martin*, Jean de le Caudele.
» *Le prince de la Sottrecque*, Jacques Dupont.
» *Le roi des Testus*, Jean Courouble.
» *Le roi des amatours*, Pierre Pouille.

» *Le prince des amoureux*, Josse Carlier.
- *Le prince de peu d'argent*, Barthélémy Grossier.
» *Le comte Lydéric*, Allard Galliot.
» *Le prince des Juifs*, Philippe Wiel.
» *Le roi des cœurs aventureux*, Philippe Dubois. »

La veille de cette charge grotesque, l'on avait fait à Lille une procession générale partant de Saint-Pierre et allant à Saint-Sauveur, où était exposé le Saint-Sacrement : là se trouvaient les ecclésiastiques de toutes les paroisses, ainsi que les magistrats en grande tenue et une multitude de personnes portant plus de 1760 torches ou flambeaux.

Tel était l'aspect de Lille, lorsque mourut, en 1598, Philippe II, ce comte dont l'histoire a terni justement la mémoire, puisqu'il a fait gémir son peuple en le persécutant inhumainement au nom d'une religion dont il connaissait si peu l'esprit.

CHAPITRE XXVI.

Isabelle-Claire-Eugénie,

XXXIIIe COMTE DE FLANDRE.

Philippe II avait donné la principauté des Pays-Bas à sa fille, Isabelle-Claire-Eugénie, en faveur de son mariage avec l'archiduc Albert. Mais ce ne fut que deux ans après que les époux firent leur entrée solennelle à Lille, qui célébra en cette occasion des fêtes singulières où elle étala toute son imagination (1). Ce n'était dans toutes les rues que joyeuses inscriptions, amphithéâtres, décors de toute espèce, peintures héraldiques, arcs-de-triomphe, devises, etc.

Dès que l'on fut averti de l'arrivée de leurs altesses, Dom Jean de Robles, comte d'Annappes, gouverneur de Lille, convoqua la noblesse de la ville ; et, ayant réuni 300 gentilshommes, il alla à leur rencontre accompagné des abbés de Loos et de Marchiennes, « du Sr Vanderhaer, député du clergé, » des baillys, des quatre seigneurs hauts justiciers députez des

---

(1) Voir la relation contemporaine de ces fêtes, mss. de la bibl. de Lille et de Cambrai. Nous allons la publier.

» nobles, montez à cheval suivis tous de leurs sergens revestus
» nouvellement; ceux du bailliage vestus d'habits de couleur
» violet, passementez de soye blanche et ceux de la prévoté de
» même couleur avec du passement d'argent. On alla jusqu'à
» Hallewin à trois lieues de la ville, auquel lieu le dit S^r gou-
» verneur avoit fait venir des bourgs et plus prochains villages
» des hommes munis de leurs armes jusqu'à cinq et six mille
» rangés en ordre de bataille......................

» Tout le magistrat monté à cheval, les rewart et mayeur
» vêtus de leurs longs manteaux de velours, les onze échevins
» vêtus de robes longues de satin, l'argentier, les huit hom-
» mes, ceux du conseil, le procureur, les deux greffiers et le
» clerc de la hanse vêtus de robbes de soye de Naples excepté
» le premier conseiller pensionnaire qui étoit vêtu d'une robbe
» de soye de damas doublé de soye satin et toutes à fentes de
» velours noir faites aux dépens de la ville marchèrent au de-
» vant des quatre confreries de Saint Georges, de Saint Sébas-
» tien, de Sainte Barbe et de Saint Michel et des quatre con-
» nétables vetus d'habits de velour noir galonnez d'or avec les
» six compagnies bourgeoises. Le tout précédé du héraut de
» l'espinette vêtu de robbe d'armoisin à fentes de satin avec la
» robbe d'héraut armoyée des armes de la ville aiant en main
» son caducée............... Tous s'étant mis à pieds, le
» rewart présenta dans un bassin d'argent les clefs de la ville
» liées d'une ceinture de velour cramoisy à clouans d'argent.
» Maitre Denis le Guilbert, licentié es-droit, premier pension-
» naire conseiller de la dite ville fit une petite harangue à leurs
» altesses............

» Quand elle fut achevée, chacun remonta à cheval dans le
» même ordre que dessus. Arrivés près la porte des Malades à
» la maison et cense de Philippe Salembier, leurs altesses des-

» cendirent du carosse, comme aussi plusieurs seigneurs, da-
» mes et damoiselles pour se chauffer à cause du grand froid
» et de la grande gelée qui foisoit alors (5 février).

» Leurs altesses, après avoir changé d'habits et pris quelques
» raffraichissemens...... montèrent à cheval, les seigneurs,
» princes, princesses et dames pareillement. Leurs altesses, sur
» deux chevaux blancs richement parez et harnaché, l'infante
» toujours à droite de l'archiduc. Le magistrat tenant son rang
» entre les seigneurs qui partie les précédoient, partie les sui-
» voient, entrèrent dedans la ville par la porte des Malades. »
Elles furent émerveillées de la magnificence qu'on avait déployée
pour leur réception...... On avait dressé rue grande chaussée, « un beau et grand théâtre d'ouvrage et ordre de Coryn-
» the, long de quatre vingt pieds, haut de soixante et profond
» de vingt cinq avec sept pyramides et bannières de soye au
» dessus tendu de draps rouge cramoisy, semé de fleurs de
» lys d'argent, ce qui estoit chose magnifique et belle à veoir.

» Le magistrat monta le premier sur le dit théâtre et messire
» Jacques Philippe Vilain, de Gand, comte d'Issenghien, du
» conseil d'état, premier des quatre maitres d'hotel de leurs
» altesses, leur assigna place à côté gauche, puis suivit dom Bal-
» thazar de Zaniga, ambassadeur d'Espagne, le duc d'Aumale,
» messire Philippe Guillaume de Nassau, prince d'Orange,
» baron de Bréda, chevalier de la Toison d'or, dom Francisco
» de Mendoza....... Puis suivirent leurs altesses qui se mi-
» rent sur leurs chaises préparées au milieu du théâtre sur un
» passé élevé de trois pas (1). L'infante à droite et l'ar-

---

(1) Passé élevé de trois pas. Espèce d'estrade élevée de trois marches.

« chiduc à gauche audevant desquels fut mis une table couverte
» de velours rouge avec deux coussins dessus, sur laquelle
» le dit abbé de Loos mit et ouvrit les SS. évangiles...... Le
« comte de Ligne étoit tête nue et tenoit l'épée nue près de
» son altesse.

» Le Sr Richardot, président, étant debout tête nue, eu
» ordre de leurs altesses de parler et fut imposé silence au
» peuple qui y assistoit en très grant nombre, occupoit toutes
» les fenêtres et autres places de toutes les maisons du *beau*
» *regard* et du marché. Après avoir fait une grande révérence
» à leurs altesses jusqu'à mettre le genouil en terre il fit une
» harangue.........

Puis « Wallerand Hangouard, écuyer, rewart de l'amitié se
» mettant sur un genouil, prononça à haute voix le serment
» suivant :

« *Très haultz et très puissans princes chi jurez que vous*
» *la ville de Lille, la loy et la Franchise de la ville, les*
» *usages et les coûtumes et les corps et les catheux des*
» *bourgeois de Lille garderez et menerez par loy et par*
» *eschevinaige et ainsi le jurez sur les Saints Évangiles et*
» *sur les saintes paroles quy cy sont écrites que vous le tien-*
» *drez bien et loyaument.* »

Alors « leurs altesses se levèrent et se mettant à genoux
» touchèrent de la main droite les saints évangiles et les baisè-
» rent; et étant remis dans leurs chaises le dit rewart, mayeur,
» conseil, huit-hommes, procureurs et greffiers allèrent suc-
» cessivement baiser les mains de leurs altesses après avoir fait
» trois grandes révérences, chacun étant retourné dans sa
» place, le dit rewart leva la main comme aussi le magistrat et
» tout le peuple prêtèrent le serment suivant :

« *Très haultz et très puissans princes, nous fianchons
» votre corps et votre héritage de la comté de Flandres à
» garder et ainsy nous le jurons à tenir bien et loyaument
» à noz sens et nos pooirs.* »

« Le peuple fut averty de crier aussitôt vivent les princes,
» vivent les altesses.......... (1) »

Après le départ de l'archiduc, les magistrats continuèrent à concentrer tous leurs soins dans l'administration intérieure de la ville. Ils firent construire (1600) « un mollin *(moulin)* à
» mieudre bled près du chasteau ; et c'estoit là pour ouvrer
» tous vagabonds et chaingnarts et hommes qui abandonnoient
» leurs femmes et enfans ; et s'appeloit ordinaire le MOLLIN
» DES CHAINGNARTS (2) » destiné à scier le bois de Brésil.
« Dans un quartier séparé de cette maison de correction, dite
» maison de salut, dit Tiroux, se trouvait un local où l'on
» fesait faire une pénitence forcée aux femmes qui, par leurs
» désordres, font le scandale de la ville. On les nourrit en
» partie de leur travail à quoy on les contraint. »

Les magistrats punissaient avec la dernière sévérité le crime de profanation : « Jean Dulaurier, natif de Chamicourt-lez-
» Douai, fut étranglé à Lille en une étaque et sa main coupée
» estant vif et puis bruslée ; elle fut clouée au pilori pour avoir
» prins une chibolle *(calice)* et son corps mis au lieu dù avec
» une chibolle de bois (3). »

---

(1) Mme Clément Hémery a donné quelques détails sur cette fête.
(2) Manuscrit EM 72, bibl. publique de Lille.
(3) Idem.

L'infanticide n'était pas épargné : en 1601, la gouvernance condamna à mort une femme nommée Antoinette de Flandre, qui fut convaincue d'avoir fait périr son enfant. L'on sonna la cloche blanche ; puis elle fut placée sur la roue (1).

L'on cherchait, autant que possible (2), à proportionner le supplice à la faute ; car la balance qui pesait les forfaits était souvent plus exacte que celle de nos tribunaux actuels : en effet, deux crimes bien différens par leur gravité subissent souvent aujourd'hui le même arrêt. On a voulu détruire l'arbitraire du juge. On l'a remplacé par un oracle aveugle, par une loi enfin qui ne peut toujours bien décider entre les nuances infinies qui se présentent entre les délits, malgré l'admission des *circonstances atténuantes*. Un assassin, d'après notre code, souvent est condamné à mort, et celui qui a commis plusieurs meurtres ne subit encore que le même supplice. Il n'en était pas de même alors à Lille : en 1606, un meurtrier, pour avoir arraché la vie à un grand nombre de vicitimes, au lieu de périr simplement sur un échafaud, ce qui ne l'aurait pas acquitté envers la société, fut condamné « à avoir les seins arrachés » avec des tenailles brûlantes ; et quand il eut entonné à » genoux le *salve regina*, on lui coupa le poingt, puis il fut » étranglé (3). »

---

(1) Idem.

(2) Cependant les attentats à la pudeur, résultat souvent d'une puissance si difficile à vaincre, y étaient punis trop sévèrement ; car « le » 18 août 1601, la veille de la dédicace de Saint-Estienne, fut décapité » un homme pour avoir violé une fille par force. Le bourreau lui donna » dix-sept coups d'épée avant que la tête fût séparée du corps. » *(Msc. EM* 53, *citant le manusc.* Boquet de la Barre.

(3) Msc. EM 72.

Cet horrible supplice, qui fait frémir l'humanité, n'était pourtant pas trop sévère pour un scélérat coupable de plusieurs assassinats. Il devait inspirer une crainte effroyable dans l'esprit des spectateurs ; crainte que la sensiblerie de quelques philantropes s'est efforcée de détruire avec si peu de raison. Les crimes n'en sont devenus que plus communs depuis que les peines ont perdu leur juste rigidité ; qu'on en juge par les récidives !! ....

Cependant le grand nombre de corporations religieuses de cette ville avaient peu à peu, par leurs vastes possessions territoriales, réduit infiniment l'espace renfermé dans les murs d'enceinte ; les guerres, qui, pendant si longtemps, avaient affligé les localités voisines, avaient attiré en outre un grand nombre d'étrangers à Lille, où ils s'étaient fixés. On les y avait accueillis d'autant mieux, que les magistrats étaient heureux d'assurer un asyle à tous ceux qui apportaient avec eux des talens industriels. Cette accroissance dans la population fit sentir plus que jamais le besoin de mettre à exécution l'autorisation d'agrandissement donnée par Charles V en 1549.

On s'étendit au midi et au couchant ; et, le 23 juin 1603, messire Valerand Hangouart posa la première pierre en sa qualité de rewart, Sébastien Prévot posa la seconde, et Jean Fac, inspecteur des travaux, la troisième (1).

Les Jésuites profitèrent de cette circonstance pour s'agrandir également (2). On leur donna, dans la rue qui prit leur

---

(1) *Buzelin* — *Tiroux* — Msc. EM 81.

(2) Les magistrats ne leur refusaient rien, en 1610, dit Buzelin (qui

nom (1), un nouvel emplacement où ils transportèrent (1611) leur collége transformé aujourd'hui en *hôpital militaire*.

Pendant les travaux, Barthélémy Mazurel fondait le *mont-de-piété*, où « les pauvres et nécessiteux devaient être admis et » aidés sans intérêts comme aux lombards. »

Le fondateur légua, pour ce pieux établissement, ses immeubles, évalués à plus de 5,000 livres de revenus, pour en jouir aussitôt après son décès.

Cette belle et philantropique institution est aujourd'hui métamorphosée en un lieu d'angoisses pour le malheureux qu'un fallacieux et coûteux secours a séduits.

Quelques années avant (1604), dit Tiroux, le prince de Robecq, avait élevé aux *Brigittines* un couvent dans cette ville. La crédulité de l'époque à la magie et à la sorcellerie les rendirent bientôt célèbres. L'on s'imagina que plusieurs d'entr'elles étaient possédées. De ce nombre se trouvèrent « sœur Marie de Sains, sœur Françoise Boulonnois, sœur Ca- » therine Fournière, sœur Péronne, Imbert et quelques autres » qui furent exorcisées par le R. P. François Domptius, doc-

---

termine ses annales à cette époque), ils célébrèrent la fête d'Ignace de Loyola, fondateur de cette corporation, par des feux de joie, par le bruit du canon et autres réjouissances.

(1) Aussi, dit Tiroux, le magistrat, en 1617, à la Saint-Luc, « fut » reconnu fondateur dans un discours que fit le père provincial. Ils » jouissaient en dernier lieu de 3000 florins que la ville leur payait pour » l'entretien du collége et des régens. Chaque année le recteur recon- » naissant offrait au rewart en forme d'hommage un cierge avec les » armes de Lille. »

» teur en la sainte théologie, religieux de l'ordre des frères
» Prescheurs de Saint Dominique, au mois de mai 1613 et par
» ordre de messire Nicolas de Montmorency, comte d'Estaires,
» premier chef des finances des archiducs, fondateur de ce
» couvent, et par le R. P. Sébastien Michaelis, premier réfor-
» mateur de l'ordre des frères prescheurs en France.

» Les maux que le diable fit souffrir à ces religieuses sont
» inconcevables. On a vu quelques-unes de ces filles possédées
» du diable, les autres troublées d'esprit, les autres avoir en
» horreur la confession ; les autres tentées de désespoir, les au-
» tres d'un esprit d'impatience, les autres languir, les autres
» mourir, les autres enfin affligées. Les pauvres filles étaient-
» elles entrées dans le monastère, qu'on remarquait en elles un
» notable et périlleux changement. A peine en étoient-elles de-
» hors qu'elles se trouvoient en pleine guarison et soulagées.

» C'est ainsi que le diable envieux de la gloire de Dieu et du
» salut des âmes, a persécuté ces pauvres religieuses pendant
» quelques années. Dieu permit que la prétendue Magicienne
» savoir Marie de Sains vint d'elle même confesser et déclarer
» le tout. Comme elle était la cause de tous les maux de son
» monastère, Dieu étant plus puissant que toute la simulation
» et fausse réputation de saincteté que par charmes elle s'estoit
» acquise parmi le monde, car à l'heure que les plus spirituelles
» se réputoient indignes de baiser la terre où elle passoit et
» que la communauté se trouvoit trop heureuse jusqu'à la nom-
» mer par des titres d'excellence et de sainteté, fut surnatu-
» rellement contrainte de se démasquer et de se confesser
» qu'elle estoit sorcière ; et en vertu de cette sienne confession
» fut par M. l'official de Tournay sequestrée de la communauté
» et condamnée à une prison où elle fut detenue presqu'un an

» et demi devant que ce présent exorcisme fut commencé quoi-
» que pendant tout ce temps on travailla à tirer d'elle une en-
» tière et parfaite confession, soit par belles paroles, soit par
» menaces jamais on n'y sçut parvenir, mais a demeuré toujours
» dans les mêmes dispositions jusqu'à ce qu'elle fut accusée par
» les démons qui tourmentoient les corps des jeunes filles char-
» mées, car dès lors elle commença à se déclarer et confesser
» le 17 de mai de cet an 1613 où il est déclaré au (1) dit livre
» où l'on peut voir les exorcismes et interrogations.

» Il y eut aussi au dit an une autre fille réputée magicienne
» qui s'appeloit Simone Dourlet, native de Lille, qui prit l'habit
» de religieuse au dit couvent de Sainte Birgitte à la persuasion
» du diable pour fortifier Marie de Sains dans ses mauvais pen-
» chans. Au même temps que sa compagne se découvrit elle se
» découvrit aussi. Comme Monseigneur l'official de Tournay ne
» put savoir d'elle qui l'avoit séduite, on lui ôta l'habit étante
» encore novice et fut mise en prison à Tournai dans l'évêché
» où elle fut près d'un an sans vouloir dire davantage qu'elle
» avoit dite. A la sollicitation de ses parens elle fut relâchée par
» Monseigneur l'évêque de Tournai ; et à leur persuasion s'en
» alla servir à Valenciennes fort secrètement. Un jeune homme

---

(1) *Histoire véritable et mémorable de ce qui s'est passé sous l'exorcisme de trois filles possédées du diable es-pays de Flandre.*

Le manuscrit EM 53 rapporte que l'évêque défendit la lecture de ce livre et reproduit le mandement qu'il fit publier en cette occasion. Tous les habitans de Lille reçurent l'ordre de remettre le livre en question entre les mains du doyen de la chrétienté, sous peine de punitions réservées aux possesseurs des livres défendus.

Le *Mercure français* (année 1623, f⁰ˢ 398, 399) a rapporté cette histoire qui scandalisa les personnes pieuses de l'époque

» de cette ville la reconnut et en devint amoureux, la demanda
» en mariage. Elle y consentit mais elle lui fit défense de ne
» dire à personne où elle se tenoit. Il ne sceut si bien cacher
» son mariage que par importunité il le déclara à une de ses
» tantes religieuse des dames de l'abiette à Lille sous aussi de
» rigoureuse défense de ne le dire à d'autre. La religieuse ne
» seut long-temps tenir le secret qu'elle le dit à une autre reli-
» gieuse, sa confidente qui découvrit le secret au P. François
» Domptius (1) dans le temps qu'il était en peine de savoir où
» elle étoit qui fit avertir aussitôt le comte d'Estaires qui incon-
» tinent envoya M⁰ Pierre du Fresne à Valenciennes afin de
» l'arrêter.

» Elle fut renfermée dans une prison perpétuelle. »

Cette affaire ne se termina pas là. Plusieurs personnes avaient été compromises : entr'autres un chanoine de Saint-Pierre qui faillit en être victime, lorsqu'enfin « le 7 janvier 1614 M. l'Ill^me et
» RR^me Guy de Bentivoglio, archevêque de Rhode, nonce apos-
» tolique auprès des archiducs déclara par sa sentence M. Jean
» le Duc Ecolâtre et Chanoine, innocent du prétendu crime de
» magie dont il était faussement accusé, car le 3 décembre, il

---

(1) François Domptius avait, en 1588, embrassé l'ordre de Saint-Dominique dans le couvent des Dominicains à Lille.

C'est là qu'il écrivit plusieurs ouvrages, entr'autres :

« *L'histoire admirable de la profession et de la conversion d'une*
» *personne séduite par un prince des magiciens, brûlée à Aix en*
» *Provence l'an 1611. Douai, imprimerie de Balthazar Bel-*
» *lere.* »

Et « *Histoire véritable et mémorable de ce qui s'est passé sous*
» *l'exorcisme de trois filles possédées au pays de Flandre ; Paris,*
» *1623, imprimerie de Nicolas Buon, publiée par M. J. Normand,*
» *seigneur d'Enrichemont.* »

» fut fait prisonnier de nuit étant couché dans la maison de M.
» Bernard le Duc, son frère à Cambray, par ordre du nonce
» apostolique et de leurs altesses comme s'il *aurait trempé*
» *dans les affaires des religieuses Birgittines*, mais mal-à-
» propos, car il fut relâché et remis dans son état comme on
» verra l'année suivante. Le 9 décembre 1613 le dit Sr Ecolâtre
» sortit de Cambrai et vint coucher à l'abbaye de Loos. Le 10
» décembre il fut mené à Lille et arrêté au couvent des Birgitti-
» nes. Le 11 ses meubles furent inventoriés et sa maison visitée ;
» et les deux religieuses enchanteresses confrontées. Le 23 dé-
» cembre à trois heures du matin le dit Sr Ecolâtre sortit de la
» ville par la porte de Fives avec les commissaires du Prévot de
» la maréchaussée et ses gens dans un carosse et les deux reli-
» gieuses avec le P. Domptius, dominicain dans un autre et
» partirent pour Bruxelles »

Le 7 de janvier, Gui de Bentivoglio écrivit au chapitre de Saint-Pierre la lettre suivante :

« *A nos bien amez en Christ les très R^{ds} Prévot, Doyen*
» *et chapitre de l'église collégiale de St.-Pierre de Lille,*

» *Mon intime affection et amiable volonté envers vous,*
» *avoient été cause qu'au même temps que j'avois commandé*
» *qu'on eut à détenir et saisir au corps notre bien aimé en*
» *Christ Jean le Ducq, chanoine et écolâtre de votre église,*
» *accusé du crime de magie et sorcellerie : au même temps*
» *je fus saisis et atteint d'une extrême tristesse, de laquelle*
» *à la vérité l'évènement et l'accomplissement de l'affaire m'a*
» *soulagé et délivré, car après avoir traité la cause, ainsi*
» *comme elle devoit et mise à fin selon l'ordre et termes de*

» *justice, avons trouvé et connu que tout ce qui avoit été dit*
» *et allégué contre lui, n'avoit aucun fondement et étoit en-*
» *tièrement contraire à la vérité. Pour cette cause nous,*
» *par décret et sentence honorable avons iceluy écolatre dé-*
» *claré innocent et nullement coupable du susdit crime de*
» *magie voulant qu'il soit notifié et manifesté à un chacun :*
» *étant induit de vous envoier la copie du dit décret et sen-*
» *tences inserés en ces présentes, nous persuadans qu'à vous*
» *spécialement et particulièrement apertenoit et importoit de*
» *conserver et défendre l'honneur et réputation de votre*
» *confrère qui n'ignorez la fin de cette cause auxquels de par*
» *notre seigneur je desire toute heure et félicité.* »

» *De Bruxelles le 7 janvier 1614.* »

Gui Bentivoglio aux magistrats de Lille :

« *Aux bien aimez Seigneurs en Christ les mayeurs et*
» *sénat de la ville de Lille.*

» *Il ne vous est pas inconnu que ces jours passez est ad-*
» *venu en la personne de notre très cher et bien aimé en*
» *Christ Jean le Duc, chanoine et écolatre de Saint Pierre*
» *en cette ville, lequel estant accusé de magie et de sorcelle-*
» *rie étoit par notre commandement détenu prisonnier.*
» *Ayant donc la cause été traitée avec l'ordre requis et con-*
» *venable et icelle conduite et parachevée selon les termes*
» *de justice, a été reconnu que les dépositions contre lui*
» *faites ne pouvoient subsister, n'aiant aucun fondement et*
» *au contraire éloigné de la vérité; cause pourquoi nous, par*
» *décret et sentence honorable avons déclaré le dit écolatre*

» innocent du crime susdit de magie et voulons qu'il soit mis
» en lumière et fait public ce qu'un chacun le sache : aiant
» été induit de vous envoier la copie dudit décret et sentence
» enclose dans ces présentes, nous persuadons être convena-
» ble et à vous apartenir de garder et défendre l'honneur et
» réputation d'un homme d'église ; n'ignorant point la fin de
» cette cause, désirant que soiez assurés de ma non vulgaire
» inclination envers vous, au surplus, je prie Dieu que tou-
» tes choses vous succèdent à souhait.

» De Bruxelles ce 7 janvier 1614.

De vos seigneuries,
le très ami et affectionné
G. Archevêque nonce.

Enfin ce prince de l'église porta la sentence que voici :

« Gui, etc., aiant deligemment examiné tout ce qu'en-
» tièrement a été dit et déclaré Marie de Sains, Simone
» Dourlez, quatre possédées, endiablées et autres : et tout
» ce que jusqu'à ce jourd'hui a été fait et besoigné contre
» notre bien aimé en notre Seigneur, Jean le Duc, chanoine
» et écolâtre de Saint Pierre en la ville de Lille, diocèse de
» Tournay, touchant le prétendu crime de magie et de sor-
» cellerie, disons, ordonnons et déclarons qu'en toutes les
» choses susdites n'y avoir rien du tout qui puisse blesser en
» façon quelconque ni noter, tâcher ou porter préjudice en
» aucune manière que ce soit audit écolâtre ni à sa bonne
» fame, renommée, honneur et réputation, tenant iceluy
» quitte et absous de tous dépens qui auroient été faits à

» raison des causes et accusations susdites jusqu'au jour-
» d'huy.

» Donné à Bruxelles le six janvier 1614.

» Vu par Adam de Gauley, pasteur de l'église de
» Sainte Catherine, censeur de livres a Lille (1).

» Le 12 de janvier on chanta un Te Deum pour la justifica-
» tion et l'innocence dudit S^r le Duc. »

Quelque temps avant cette affaire, qui retentit dans toute la Flandre, l'on avait publié (1609) à Lille la trève de douze ans conclue entre l'archiduc et les Hollandais, événement qui donna la plus grande extension au commerce, en souffrance pendant si longtemps. En conséquence, les communications par l'Océan furent ouvertes, et les relations rétablies avec la Norwége, la Pologne, l'Allemagne, l'Angleterre et autres nations ; mais la navigation apporta des germes de peste qui se développèrent en 1617. « La première barre fut mise le 4
» mars à la maison de Michel Becquart, en la *rue des Morts*.
» On fit le recensement des habitans montant à 32,604 âmes.
» On fit à chacun à son tour et à chacune des rues, une pro-
» cession à icelle fin d'émouvoir le cœur des bonnes gens de
» prier Dieu qu'il lui plaise d'appaiser son ire *(colère)* contre
» la maladie contagieuse, laquelle commençoit fort.

» Une femme pestiférée fut au riez de Canteleu fustigée de

---

(1) Msc. EM 53.

» verges pour avoir été en plusieurs maisons non infec-
» tées (1). »

Cette femme, en compromettant ainsi la santé des personnes qu'elle fréquenta, s'était rendue d'autant plus coupable, que « le 28 juin 1617, il y avoit eu une ordonnance de la part du
» magistrat qui avoit décidé que les maisons où il y auroit eu
» quelques décès de la maladie contagieuse (dont il y avoit
» bien cinq cents habitans dans la maison de santé au riez)
» seroient incontinent fermées et barrées avec défense de ne les
» effacer à péril de ban ou autre punition arbitraire. »

Le 29 juillet on fouetta encore de verges « sur un échaffaud
» audit riéz deux hommes infectez de la peste, dont l'un fut
» banni à toujours sur peine de la corde et l'autre banni pour
» dix ans pour leur volerie et grande blasphêmation du nom de
» Dieu; encore bien qu'ils n'eussent achevé leurs six semaines
» on les chassa aussitôt. »

Quand l'épidémie eut cessé de répandre la mortalité, on fit une procession générale en action de grâce.

La piété sembla prendre dès lors une nouvelle vigueur : un

---

(1) EM 72 et EM 53. Mss. bibl. de Lille.
Ce dernier manuscrit rapporte qu'en moins de neuf semaines il mourut dans cette ville « 8,300 personnes, ce qui est apparu par trois soleils
» de diverses couleurs. Le 29 juin au soir fut ordonné par le magistrat
» aux bourgeois de faire des feux dans chaque rue contre la maladie
» contagieuse pour dissiper le mauvais air. Il donna quelques récom-
» penses aux bourgeois qui avoient le plus de feux, ceux de la Croix
» Sainte Catherine eurent 32 florins; ceux de la porte Nostre-Dame 24
» florins et ainsi des autres. »

blasphémateur fut condamné à avoir la langue percée d'un fer rouge et à être pendu (1).

« Demoiselle Françoise Fruict fonda à la même époque cinq » prébendes pour cinq pauvres hommes chartriers, incapables » de gagner leur vie. » Ils devaient être natifs de Lille ou de Douai (2).

Peu après (1624), Marguerite du Hot, veuve de Jean Mahieu, laissa une grande partie de ses biens aux ministres généraux de la bourse commune des pauvres, afin de bâtir une maison forte pour y incarcérer les jeunes gens débauchés.

Ce projet n'eut pas lieu ; mais on employa ces fonds à la construction d'un hôpital pour y loger les *pauvres anciens hommes* qui ne peuvent gagner leur vie (3).

Profitant de la disposition des esprits, les *Carmélites*, de leur côté, vinrent, en 1628, au nombre de dix, augmenter les communautés de Lille (4). Elles avaient, pendant de longs voyages, essuyé beaucoup de persécutions sans pouvoir trouver un asyle. Le R. P. Hilaire de Saint-Augustin, provincial de Flandre, les avait d'abord conduites à l'abbaye de Flines, entre Lille et Douai, où l'abbesse, Catherine de Coupigny, les logea

---

(1) EM 72 et EM 53. Mss. bib. de Lille.

(2) *Manuscrit des anciennetés*, bibl. de Lille.

(3) EM 72 — EM 53 — GUIDE DES ÉTRANGERS A LILLE. Cet hôpital était situé vers la porte Saint-Maurice ; Adrien le Prévot de Basserode, rewart, en posa la première pierre.

(4) *Msc. des ancienn.*, citant un autre manuscrit ayant pour titre : SAINTE THÉRÈSE, par Charles Félix de Sainte-Marie, dit Bruneau, carme déchaussé.

près d'un mois ; lorsque les magistrats, à la sollicitation de l'infante, leur accordèrent une maison rue des Malades.

Pendant que les fondations se succédaient avec une rapidité incroyable, on édifiait, indépendamment de l'établissement de Barthélémy Mazurel, le *mont-de-piété* dit *Lombard* (1).

A dater de ce moment, Lille vit s'établir dans son sein des religieuses dites *pénitentes*, venues de Saint-Omer et accueillies par l'évêque de Tournai et le comte d'Issenghien, gouverneur de la Flandre française (2) ; les *Annonciades* ou *Célestines* arrivèrent également et furent établies par mère Anselme, Jeanne de Gand dit Vilain, sœur de l'évêque. On les logea d'abord dans la rue des Jardins.

Leurs parens au premier degré ne pouvaient les voir que trois fois l'an ; elles renonçaient au reste du monde. Elles portaient toutes le nom de *Marie*. Leur robe était blanche, le scapulaire bleu, ainsi que le manteau et les pantoufles (3).

Les *sœurs Urbanistes*, qui plus tard allèrent fonder un couvent à Valenciennes, vinrent également se fixer à Lille au moment où François Heddebault, marchand de cette ville, et Léonide Hircé, fondaient (1651) *l'hôpital de la Charité* pour de vieilles femmes paralytiques dirigées par trois religieuses de l'hôpital Gantois (4).

---

(1) *Manusc. des ancienn.* — Msc. EM 53.

(2) Hist. des pénitentes, par le frère Mathias de Saint-Omer.

(3) *Manusc. des ancienn.* — *Tiroux*, qui leur donne aussi le titre de Filles de Sainte Marie-Victoire.

(4) *Manusc. des ancienn.* — *Tiroux*.

Telle était la fécondité de cette cité en pieux établissemens, lorsque l'archiduchesse Isabelle-Claire-Eugénie alla rejoindre au tombeau son illustre époux.

CHAPITRE XXVII.

Philippe IV, roi d'Espagne,

XXXIV° COMTE DE FLANDRE.

A la mort d'Isabelle, Philippe IV hérita des Pays-Bas et de la souveraineté de la Flandre, qui avaient été donnés à cette princesse, à charge de retour si elle ne laissait pas d'enfant mâle.

Le roi d'Espagne établit aussitôt Ferdinand, son frère, connu sous le nom de prince Cardinal, en qualité de gouverneur-général des Pays-Bas.

Bientôt recommencèrent les hostilités ; car le cardinal de Richelieu (1635) avait projeté de partager ce comté entre la France et la Hollande, avec laquelle il s'entendait. Mais les Hollandais, par leur méfiance, firent échouer ce projet. Toutefois, les Pays-Bas et la France ne se brouillèrent pas moins. En effet, en 1639, Louis XIII s'empara d'Hesdin où il entra par la brèche.

L'année suivante, Arras se rendit après trente jours de siège. Vint ensuite la bataille de Rocroy, où le duc d'Enghien défit les Espagnols et les Flamands. Tant de guerres firent sentir aux magistrats le besoin d'un nouvel hôpital qui fut ouvert en peu de temps, pour y recueillir les enfans pauvres des deux sexes qui, après la prise d'Arras, d'Hesdin, de La Bassée et d'Aire, vinrent se réfugier en grand nombre à Lille, où ils étalèrent le tableau affligeant de leur misère.

Les Espagnols disputaient vigoureusement le terrain aux Français. Bientôt (1642) ils reprirent Lens, La Bassée, refoulèrent le maréchal de Guiche à Honnecourt, qui sauva avec peine les débris de son armée.

Profitant de ces succès, Dom Francisco de Mélo tombe sur Rocroy, mais le maréchal de Gassion lui fait essuyer un échec désastreux. Peu après (1645), le vainqueur, secondé de Rantzau, prend Bourbourg, Cassel, Béthune, Armentières, Warneton et Comines. Il marche ensuite vers Lille, où l'artillerie l'obligea à rebrousser.

La paix enfin fut conclue par le projet de mariage de Louis XIV, alors âgé de huit ans, avec l'infante Marie-Thérèse d'Autriche, qui devait lui apporter en dot les Pays-Bas espagnols ; mais la bonne harmonie entre les puissances ne fut pas de longue durée : les Français se jetèrent en 1646 sur Bergues, Courtay, Furnes et Dunkerque, obligés bientôt à céder. Gassion fut blessé à mort ; et trois mois après, les aggresssseurs perdirent Bomines, Armentières, Dixmude, Ypres et Saint-Venant, que Condé enleva aux Espagnols ; car alors les lauriers de ce prince n'avaient pas encore été couverts du sang national.

Pendant les hostilités, Lille paraissait insoucieuse de son avenir et semblait avoir pris pour devise le :

>....... *Quid refert meâ*
> *Cui serviam, clitellas dùm portem meas?*

Aussi, en attendant les effets de sa destinée, elle continuait à se livrer à son vieux penchant pour la fondation des édifices religieux. Elle élevait, rue Saint-Sauveur, l'*hôpital des Bleuettes*, pour y placer les Ursulines, qui, après le siége de Saint-Omer, étaient venues se réfugier dans ses murs. « Elles ache-
» tèrent, bientôt après, un terrain sur la place des Bleuets
» pour y bastir leur cloistre où elles enseignoient les fillettes en
» toutes bonnes mœurs et honnesteté (1). »

Ces religieuses portaient une robe bleue, un sarrau blanc, et fesaient vœu de pauvreté et de rester cloîtrées.

Jérôme Ségon, sieur de Wionval, entraîné dans cet élan de construction, édifia, en 1630, l'*hôpital du Saint-Esprit*, et donna pour cet objet 100,000 florins (2).

Vers le même temps (1631) s'organisèrent les *Sœurs récollectines*, de l'ordre de Saint-François. Elles s'étaient réfugiées, elles aussi, dans cette ville, au nombre de dix-neuf, à la suite du pillage de leur communauté, lors du sac du vieil Hesdin par les soldats de Louis XIII.

---

(1) *Manuscrit des ancienn.* Un hôpital du même genre avait été fondé vers 1531 par Josse Fouquier pour les *Orphelins* dits *bleuets*. Tiroux dit qu'en 1499 Jacques de Landas et Gérard Thieulaine achetèrent une maison pour les enfans orphelins dits *bleuets* ou *de la Grange*, où on leur donne le nécessaire jusqu'à ce qu'ils sachent un métier.

(2) *Manusc. des ancienn.*

Elles étaient arrivées dans le plus complet dénuement ; mais, touché de leur position, Michel Hangouart leur donna une maison près l'hôpital Saint-Sauveur (1).

La marquise de Trasignies, en 1653, présenta aux doyens de Lille des lettres-patentes de Philippe IV, pour établir dans cette ville des religieuses de l'ordre de Sainte-Dominique (2).

Enfin ces fondations et autres semblables trop longues à énumérer, avaient transformé cette cité en un vaste monastère composé d'un nombre prodigieux d'ordres différens.

Il y avait en un mot dans cette ville quantité de pensions et de demeures gratuites pour les pauvres. Les paroisses avaient des maisons où l'on distribuait du bouillon aux malades, toutes fondations faites par des particuliers et qui ont disparu au détriment des consommateurs replongés dans la souffrance et ensevelis vivants sous leurs haillons infects.

Au milieu de tant d'édifices, Lille vit (1653) s'élever dans son sein le monument qui devait être l'expression complète de son penchant, l'âme de sa population, l'objet capable d'affecter désormais toutes ses facultés, la bourse enfin, LA BOURSE (3), sur le frontispice de laquelle on aurait pu graver en lettres d'or ce vers qui lui fut consacré dans la Philippéide :

INSULA, VILLA PLACENS, GENS CALLIDA LUCRA SEQUENDO.

---

(1) Idem.
(2) Idem.
(3) DÉLICES DES PAYS-BAS, t. 2, p. 185. On y voit la figure de ce local formant un carré régulier entouré d'une galerie soutenue de colonnes de pierre calcaire.

C'est là le temple où depuis le milieu du XVII° siècle des hommes de toutes les religions et de tous les partis viennent sacrifier à la même idole, où les affections de famille et du cœur se taisent à l'aspect du carnet révélateur de l'agent de change, confident patenté de la gêne des uns et de la surabondance financière des autres.

Cependant les hostilités continuaient au dehors : Turenne enlevait aux Espagnols Landrecies, Le Quesnoy et Condé.

Les Français ensuite (1656) se portèrent sur Valenciennes, mais les Espagnols et le prince de Condé, ce célèbre transfuge, obligèrent Turenne à battre en retraite.

Les ennemis reparurent bientôt : Louis XIV, qui, par son contrat de mariage, avait renoncé aux Pays-Bas espagnols, en révoquait (1663) la renonciation par de fort mauvaises raisons, mauvaises, mais non, car

La raison du plus fort est toujours la meilleure.

Enfin, après la mort de Philippe IV, son beau père (1665), prétendant qu'un acte civil ne peut détruire les droits de la nature, c'est-à-dire, qu'on ne peut faire une renonciation d'héritage, revendiqua les états échus par succession à la reine ; trouvant qu'on ne se pressait pas de les lui rendre, il vint appuyer ses prétentions les armes à la main ; et, le 8 août 1667, il forma le siége de Lille passée au pouvoir de Charles II, fils du monarque défunt (1).

---

(1) *Voltaire*, Hist. des conquêtes de Louis XIV — Relation de ce siége insérée dans un annuaire de Lille, ayant pour titre : Renouvellement de la loy, année 1782 à 1783. Nous y renvoyons pour plus de détails — Voir aussi Histoire de Lcos.

CHAPITRE XXVIII.

Charles II, roi d'Espagne,

XXXVe COMTE DE FLANDRE.

Charles II, âgé de quatre ans, avait été proclamé comte de Flandre, à Lille ; aussitôt après la mort de Philippe IV.

Louis XIV, qui l'avait laissé en repos par égard pour Anne d'Autriche, tutrice et mère de ce jeune souverain, se mit en campagne dès la mort de cette princesse.

Accompagné de la reine, son épouse, d'une cour brillante et de 35,000 hommes, il arriva devant Lille comme nous venons de le dire.

La guerre de Portugal, qui occupait toutes les forces espagnoles, mettait la Flandre dans l'impuissance de résister. Aussi les joyeux assiégeans, qui déjà avaient pris Furnes, Armentières, Courtray et plusieurs autres places, trouvèrent cette ville défendue par une garnison de 2,800 hommes, secondée par la bourgeoisie. Ce fut là toute la ressource du magistrat, qui, « à
» l'imitation des autres localités importantes de Flandre, avait
» fait une levée du 1,000 élus qui furent distribués en seize
» compagnies. »

Tel était le faible subside mis à la disposition du comte de Brouay, fils du célèbre Spinola, chargé de la défense de la place (1).

Il n'y eut qu'une seule action de cavalerie pendant laquelle Marsin et le prince de Ligne essayèrent de ravitailler Lille, mais ils furent battus. Alors les assiégeans enveloppèrent la place pour interrompre tout transport de provisions; et, au milieu de quelques bombardes lancées dans l'intérieur, ils attendirent que cette ville se trouvât épuisée.

Le 27 août, le magistrat fit représenter au gouverneur qu'on ne pouvait différer plus longtemps de remettre la place, parce

---

(1) *Tiroux* raconte en ces termes l'arrivée de Louis XIV :

« Le pays était dans une négligeance extrême; les villes sans garni-
» son et sans magasins se rendoient sans se défendre. Lille seule soutint
» un siége de huit jours d'attaque, n'opposant que ses bourgeois soute-
» nus de peu de troupes espagnoles très négligées qui étoient de temps
» immémorial dans la ville qui les entretenoit pour les empêcher de
» voler. La plupart étoient sans habits; et de paie il n'en étoit point
» question. De plus il y avoit une compagnie de cavalerie commandée
» par le capitaine Massiette dont les deux tiers étoient à pieds man-
» quant d'armes et de choses nécessaires. Ce capitaine, qui avoit quel-
» que réputation dans le pays, s'avisa de sortir de la ville et d'amener
» du camp quelques chevaux qu'il avoit pris furtivement au piquet. Ce
» coup de valeur le fit recevoir comme un héros. Il courut même le
» bruit qu'il avoit manqué de prendre le roi qui sachant cette ardeur à
» se défendre et que le nombre des habitans qui avoient pris les armes
» égaloit presque son armée, pour rallentir cette ardeur fit attaquer par
» un détachement de ses meilleurs soldats un ouvrage de terre qu'on
» avoit fait à la hâte à la porte de Fives où les bourgeois s'étoient jetés,
» dont la plus grande partie fut égorgée, excepté ceux qui se jetèrent
» dans le fossé à la première décharge et passèrent dans la ville qui fut
» dans une consternation terrible à la vue du grand nombre de blessés
» et de corps morts que Sa Majesté permit qu'on retirât de cet ouvrage
» pendant une cessation d'armes qui fut accordée à ce sujet. »

que « les dehors étoient entièrement occupés par les ennemis ;
» que d'ailleurs les remparts étoient en mauvais état ; que la
» porte de Fives étoit en dessous totalement creusée de case-
» mates. » Enfin plusieurs circonstances semblaient rendre inutile toute résistance.

Le gouverneur assembla donc son conseil, qui fut d'avis de pourparler.

On envoya alors au roi le marquis de Richebourg avec un capitaine espagnol, afin de demander quatre jours de répit pour pouvoir avertir la cour de Bruxelles de l'état de la ville.

Il n'y consentit pas, mais accorda trois heures pour que la place eût le temps de délibérer. — Le marquis de Richebourg se rendit aussitôt devant le conseil, qui le chargea de conclure avec le roi, dont il obtint une composition avantageuse et honorable. Il lui fut accordé de sortir avec armes et bagages, tambour battant, et d'emmener quatre pièces de canon avec un mortier.

On accorda enfin aux assiégés « la continuation de leurs pri-
» viléges, usages, immunités, droits, libertés, franchises, ju-
» ridictions et administration de la ville. »

Les Espagnols, mécontens, reprochèrent à Lille de s'être fort médiocrement défendue.

« Le comte de Brouai sortit de la place avec sa garnison
» consistant en 800 chevaux et 1,100 fantassins de diverses
» nations.

» Après le *Te Deum*, Sa Majesté prêta le serment que les
» souverains ont accoutumé de prêter à cette ville et le magis-
» trat lui jura ensuite fidélité. »

Le monarque plaça une garnison dans Lille, puis alla continuer ses faciles conquêtes. En 1668, l'Espagne obtint la paix suivant traité signé à Aix-la-Chapelle et par lequel elle confirmait à Louis XIV la possession de cette métropole (1).

Ce prince, qui en apprécia toute l'importance, s'occupa aussitôt à la faire aggrandir sur les projets du célèbre Vauban (2). Le traité en fut passé le 28 avril 1670 avec les magistrats, moyennant 200,000 florins qu'ils votèrent pour les travaux.

L'on enferma dans l'enceinte toute la paroisse *Saint-André*, une partie de celle de *Sainte-Catherine*. Les rues nouvelles furent tirées au cordeau.

C'est à cette époque encore que l'on construisit la *citadelle* près la porte de La Barre (3).

Trois ans après, le monarque vint en visiter les ouvrages. Il en fut si content, qu'il en donna le gouvernement au maréchal.

Ce prince s'occupa avec le plus grand soin à ce que ses fonctionnaires ne donnassent aucun sujet de plainte aux habitans.

---

(1) Ce fut à cette époque que Sa Majesté reçut en présent de la république de Venise une belle armure fabriquée à Brescia par Garbagnani et sur laquelle on avait représenté au burin la prise de Lille.
(On peut la voir au *musée d'artillerie*, où elle est conservée sous le n° 81. M. Achille Jubinal la reproduira certainement dans la belle collection qu'il nous annonce sous ce titre.)

(2) *Voltaire*.

(3) EM 72. Ce chef-d'œuvre de Vauban présente un pantagone régulier. Il est entouré de larges fossés et de cinq bastions avec des cavaliers sur lesquels on a construit des casemates pour abriter la garnison en cas de siège.

Il astreignit à la discipline la plus sévère ses soldats. Il voulut que l'on pendît tous ceux que l'on rencontrerait dans les rues sans lumière après la retraite. Il confia ces ordres au marquis d'Humières, successeur de Vauban (1) auquel il écrivit bientôt après une lettre dans laquelle on lisait ces mots :

« *Je veux que vous ordonniez aux officiers de mes trou-*
» *pes estant en garnison audit Lille de veiller de ma-*
» *nière sur les cavaillers et soldats qu'ils ne commettent au-*
» *cuns vols, leur déclarant de ma part que s'il s'en fait*
» *aucun dans la dite ville, j'entends que le premier qui*
» *l'aura souffert en soit desdomagé sur les appointemens de*
» *tous les officiers de la garnison en général.* »

Enfin ce monarque mit tant de soins à faire aimer son gouvernement, qu'il récompensa ceux de ses officiers qui, insultés par les habitans, n'avaient point usé de représailles.

Tiroux (2) reproduit à cet égard l'anecdote suivante :

« Comme les gardes françoises estoient en haye attendant le
» roy qui estoit sorti de la ville, un officier qui estoit sous les
» armes, s'avisa d'entrer chez un boulanger à qui il demanda
» honnestement une plume et de l'encre. — Ce brutal lui
» donna un soufflet l'appelant *crapaud*, nom qu'on donnoit
» dans le pays par mespris aux François. Les soldats qui estoient
» présens s'estant mis en devoir de jeter cet impudent sur le
» carreau, l'officier les en empêcha ; ce qui estant venu à la

---

(1) *Registre aux titres de Lille*, BB f° 293 — Revue du Nord.
(2) D'après l'Hist. de Louis XIV par de la Ray.

» connoissance du roi, il fut si charmé de la modération de
» l'officier qu'il lui donna la première compagnie qui vint à
» vaquer quoique M. le mareschal de Turenne, à qui Sa Ma-
» jesté ne refusoit rien, en eut recommandé un autre. »

Malgré la protection accordée au commerce de Lille sous Louis XIV, beaucoup de *Sayetteurs* et de *Bourgetteurs* (1) se retirèrent à Gand, à Bruges ou en Allemagne ; événement qui fit un tort immense aux produits industriels de cette ville, dont ils formaient une des branches les plus importantes, car l'on y tissait alors plus de 300,000 pièces de différentes étoffes.

Le prix élevé des vivres, qui s'était accru d'une manière affligeante, les impôts énormes qui pesaient sur les boissons, et surtout « la difficulté de se procurer des laines d'Espagne et d'Al-
» lemagne, furent les premières causes de cette fâcheuse émi-
» gration (2). »

Ces laborieux artisans furent remplacés par une multitude d'estaminets qui les firent regretter encore plus par les amis de l'ordre et des bonnes mœurs.

---

(1) Fabricans d'étoffes de laine, fil et soie.

(2) *Mémoire sur l'intendance de Flandre* — Msc. EM 62, bibl. de Lille, dans lequel on lit que « la jalousie qui existoit entre les
» sayetteurs et les bourgetteurs avoit autrefois causé entr'eux une ému-
» lation qui a beaucoup contribué à perfectionner leurs ouvrages et à
» rendre leurs manufactures recommandables dans tous les endroits
» du monde.
» On fabriquoit alors à Lille de très-bons draps, des serges, des da-
» mas, des velours, des camelots, des coutils, des dentelles blanches
» et noires, des tapisseries de cuir doré. »

Quoiqu'à dater de Louis XIV, qui imposa les abbayes pour l'entretien de ses armées, les établissemens religieux cessèrent de jouir d'aussi vastes priviléges que précédemment, une congrégation de *Carmes déchaussés* n'en vint pas moins, en 1676, se fixer à Lille. On leur permit de s'établir entre l'église Saint-André et la citadelle, sur un terrain fesant partie « du fief de » la Heute, appartenant à messire Georges-Hyacinthe le Pré- » vot de Basserode, chevalier, sieur de Willecome et d'In- » ghien (1). »

Ils furent admis, à charge de ne point faire de quêtes dans la ville, mais le marquis de Louvois les en fit dispenser.

Dans le même temps, Lille vit s'élever dans ses murs *l'église de la Madeleine*, sous les soins de M. du Lauzy, prévot de Saint-Pierre, qui en avait obtenu l'autorisation de l'évêque de Tournai (2).

Pendant que l'on construisait cette église surmontée d'une coupole assez élégante et couronnée d'un belvédère, une communauté de *filles de Saint-François* de Salle s'engageait (1677) pour condition de son admission dans la ville, à participer à toute imposition comme les autres habitans (3).

Quelques années après (1683), Marie-Anne de Sepmeries, veuve de Charles de Bacquehem, fonda, rue de la Barre, un établissement sous le nom de *noble et sainte famille*, afin d'y faire instruire les filles de gentilshommes sans fortune. Une de-

---

(1) *Manusc. des ancienn.*, p. 107.

(2) *Panckoucke.*

(3) *Msc. des ancienn.*, p. 256.

moiselle de noble extraction était chargée de la direction de cette maison, formée sur le modèle de Saint-Cyr (1).

Cependant Louis XIV, indépendamment des travaux de fortifications et d'agrandissement que Lille devait à sa munificence, avait ordonné, en 1681, la canalisation de la Deûle, afin d'opérer la jonction de cette rivière avec la Scarpe. Huit ans après, il autorisa le magistrat de coopérer à cette vaste entreprise, en lui accordant de faire un emprunt de 60,000 florins.

Ce fut alors qu'habituée à la domination de ce jeune monarque, cette ville vit se terminer dans ses murs un arc-de-triomphe pour rappeler à la postérité l'époque où elle passa en ses mains victorieuses. Cette entrée, dite porte des Malades et depuis *porte de Paris*, remarquable par son architecture dorique et par son grandiose, est décorée sur sa façade extérieure de deux belles statues colossales représentant, l'une, le Dieu de la Guerre, et l'autre, Hercule armé de sa massue.

Les mœurs et la galanterie françaises, qui depuis quinze ans s'introduisaient dans cette cité, n'avaient pu encore donner une grande urbanité au peuple lillois; aussi, quand, en 1682, des ambassadeurs de Siam s'arrêtèrent dans ses murs, la foule, se précipitant sur leur passage, ne sut leur cacher sa curiosité moqueuse; et l'impolitesse alla si loin, que les magistrats, dit la France pittoresque, se virent obligés de publier une défense « *de rire au nez des dits ambassadeurs sous peine de pri-* » *son.* »

Malgré cette sauvageté, la garnison française opérait une

---

(1) *Msc. des anciens*, p. 382.

grande révolution dans les habitudes lilloises : Louis XIV, de son côté, cherchait assidûment à effacer la ligne de démarcation particulière à la localité, afin de l'unir davantage avec le reste de son royaume. Tout concourait à ce but.

Les Espagnols avaient laissé dans le pays une grande quantité de *reaux* et autres pièces de monnaie ; afin de les convertir en monnaies françaises dites *Bourguignones*, le monarque fit élever en 1685 l'hôtel de la Monnaie, qui adopta la lettre W pour son poinçon.

Pendant ces entrefaites, la guerre continuait avec l'Espagne : le marquis d'Humières enlevait à Charles II Dixmude et autres places ; et Mons capitula, après onze jours de tranchée.

En 1693, Furnes, défendue par 4,000 Anglais, grossit encore le nombre des pertes de ce monarque.

Enfin, après bien des hostilités et des pourparlers, un traité fut signé à Lille le 5 décembre 1699, en exécution de celui qui, en 1697, s'était conclu à Riswick, par lequel la France épuisée, dit le marquis de Torcy, rendait à l'Espagne diverses places, entr'autres Mons, Ath et Courtray.

On s'occupait à déterminer les limites des deux puissances, lorsqu'arriva (1700) la mort de Charles II, trente-sixième et dernier comte de Flandre, et l'embrâsement du théâtre annexé à l'hôtel-de-ville, qui prit feu dans le moment où l'on représentait l'opéra de Médée (1).

---

(1) REVUE DU NORD, suivant renseignemens puisés aux archives de la ville. La rue qui longeait cet édifice a reçu le nom de *rue de la vieille comédie*.

CHAPITRE XXIX.

SUITE DU RÈGNE DE

Louis XIV, roi de France.

A la mort de Charles II, qui ne laissa point d'enfans, les états de ce prince excitèrent l'avidité de l'Angleterre, de la Hollande et de l'Allemagne, qui contestèrent son testament sous prétexte qu'il avait été extorqué en faveur de Philippe d'Anjou, fils du dauphin. Malborough et le prince Eugène, à la tête des puissances ennemies, déclarèrent (1701) à la France une guerre qui lui fut des plus funeste : trois ans après, Louis XIV fut battu à Hochstet. Dès lors la fortune ne cessa de lui tourner le dos.

Le prince Eugène, en 1706, remporta encore sur lui la bataille de Ramillies. Villeroy, espérant réparer cet échec, arriva en Flandre, mais 20,000 hommes y périrent ; et toute la Flandre espagnole fut enlevée aux Français. En 1708, ces derniers, quoique supérieurs en nombre, furent encore défaits à Oudenarde.

Profitant de leurs succès, et surtout de la mésintelligence des chefs de l'armée française, Eugène et Malborough, accompagnés du roi de Pologne, du Landgrave de Hesse-Cassel, du prince d'Orange et d'une multitude d'autres princes, viennent investir Lille, dont la tranchée fut ouverte dans la nuit du 22 au 23 août.

Le duc de Boufflers se jeta dans la place pour la défendre. Il trouva, pour seconder ses efforts, une garnison de 16 bataillons, de 9 escadrons de dragons et de 800 invalides. Le duc de Bourgogne accourut lui porter d'autres secours, mais la prudence voulut qu'au moment où le soleil de la France venait de s'éclipser, il rebroussât chemin, afin de concentrer ses forces pour la défense du royaume.

Livrée à de si faibles ressources, Lille, sous les ordres de Boufflers, tint cependant bon pendant plus de deux mois après que la tranchée eut été ouverte. « Enfin, dit l'auteur des *Dé-
» lices des Pays-Bas*, les alliez la prirent par capitulation le
» 25 d'octobre. Le maréchal se retira d'abord avec les autres
» généraux dans la citadelle avec 5,000 hommes et toute l'ar-
» tillerie de la ville. On recommença les hostilités de part et
» d'autre le 29 du même mois, jusqu'auquel jour il y avait eu
» une suspension d'armes ; mais le maréchal de Boufflers y
» aiant été enfermé près de cinq semaines et se voyant hors
» d'espoir d'être secouru, fit battre la chamade le 8 décem-
» bre ; et deux jours après il en sortit avec sa garnison, six
» pièces de canon, deux mortiers et tous les honneurs de la
» guerre.

» Le duc de Bourgogne et le duc de Vendôme, comman-
» dans l'armée de France, s'étoient donnés de grands mouve-
» mens pour faire lever ce siège : mais trouvant l'armée des
» alliez trop avantageusement postée, ils s'avisèrent de se mettre
» derrière l'Escaut pour lui ôter la communication avec le Bra-

» bant, et couper les vivres aux troupes. En effet les alliés y
» souffrirent beaucoup ; mais ils continuèrent le siége avec plus
» de vigueur par le grand convoi qui lui arriva d'Ostende le
» 20 septembre après qu'un de leurs détachemens commandé
» par le général major anglais Webb, de 12 bataillons et de
» 16 escadrons, avait repoussé et battu le lieutenant général
» comte de la Motte qui l'avait attaqué au village de Winen-
» duel près de Thourout avec un corps considérablement su-
» périeur de 30 bataillons et de 40 escadrons.

» Les Français se tenant toujours derrière l'Escaut tentèrent
» de faire une autre diversion en envoyant l'électeur de Bavière
» avec quelques troupes pour assiéger Bruxelles, mais le duc
» de Marlborough passa l'Escaut le 27 novembre avec un gros
» corps de l'armée des alliés pour la secourir, sans que les
» Français le purent empêcher. Ce passage délivra Bruxelles du
» siége, obligea l'électeur de Bavière à se retirer et sa retraite
» facilita la prise de Lille. »

Elle se rendit au prince Eugène, qui perdit plus de trois mille hommes. Il nomma pour la gouverner le prince de Holstein Back, lieutenant-général des Hollandais (1). Cinq ans après,

---

(1) CAMPAGNE DE LILLE. La Haye, 1709.

Les principales conditions de la capitulation furent celles-ci :

« M. le maréchal, tous les généraux, officiers et soldats, dragons et
» autres de toutes les troupes tant françaises qu'étrangères, et les com-
» pagnies d'invalides, tous les officiers d'artillerie et ingénieurs sans au-
» cune exception de personnes nommées ou non, en sortiront le 11
» août présent mois à 9 heures du matin par la porte Dauphine, avec
» armes, bagages et chevaux; tambours battant; balles en bouche;
» mèche allumée par les deux bouts et des munitions de guerre pour
» tirer chacun deux coups; les enseignes déployées, six pièces de canon

elle fut restituée au roi de France, en vertu du traité d'Utrecht daté du 11 août, jour anniversaire de l'évacuation de la place par Boufflers. En revoyant les Français, dit Tiroux, les habitans manifestèrent leur joie par de brillans feux d'artifice.

Les magistrats, en mémoire de cet événement, firent frapper une médaille représentant le génie de Lille portant une couronne muraillée, et prosterné aux pieds du roi qui le relève.

Sur l'exergue on lit cette inscription votive :

LUDOVICO MAGNO LIBERATORI.

Et sur le revers :

SENATUS POPULUSQUE INSULENSIS (1).

Indépendamment de cette médaille, l'on érigea sur la grand' Place une pyramide qui portait cette inscription :

LUDOVICO MAGNO *libertatis et religionis vindici, regum dignitatis assertori, sancita pace cum Anglis, Lusitanis, Sabaudis et Batavis, receptæ Insulæ novo fidæi et amoris monumento gratulantur* (2).

» avec leurs affuts et armes, et des munitions pour tirer douze coups » de chaque pièce, pour se rendre tous ensemble à Douai. »

Tiroux rapporte que pendant le siége, le chevalier de Luxembourg pénétra dans Lille à la tête d'un détachement de cavalerie, dont on tua les chevaux pour alimenter la garnison.

(1) *Hist. numismatique de Louis XIV* — *Van Loon, hist. métall.*

(2) EM 82.

Un des premiers actes du monarque en rentrant en possession de cette cité importante, fut l'établissement d'une *Chambre de Commerce*, afin de décider promptement et sans frais les contestations qui s'élevaient pour fait de marchandises.

Cette juridiction consulaire fut composée d'un juge, de quatre conseillers auxquels on joignit vingt négocians de cette ville (1).

Enfin Louis XIV, après avoir passé en guerre vingt-neuf des soixante-douze ans de son règne, mourut le 1er septembre 1715, regretté des Lillois qui s'étaient habitués à la douceur de son gouvernement, dont ils avaient ressenti la magnificence.

CHAPITRE XXX.

Louis XV, roi de France.

Louis XV n'avait que cinq ans lorsqu'il parvint au trône, encore ébranlé par les désastres de Louis XIV. Le duc d'Orléans, nommé régent du royaume, délégua le duc de Boufflers pour

---

(1) EM 94 et EM 72 — Voir, pour détails plus circonstanciés, EM 62, manusc. bibl. de Lille, provenant de celle de l'abbaye de Loos.

gouverner Lille. Ce choix était des plus convenables, car ce maréchal s'était, comme nous l'avons vu, couvert de gloire en défendant la place contre les alliés, et la population lui était dévouée. Il se l'attacha encore plus par sa bonne administration, et notamment en la déchargeant du droit d'entrée sur les huiles, impôt considérable, vu la multitude de moulins ou tordoirs dont le territoire était déjà le centre depuis longtemps (1).

Lille changeait chaque jour de forme, en remplaçant ses maisons en bois dites *espagnoles* par des constructions en briques et en pierres blanches. L'architecture semblait, en prenant un caractère particulier, n'avoir pas retrouvé le sentiment des beaux-arts et du goût. En effet, elle ne traçait que des plans mesquins d'édifices dépourvus de grâce et d'élégance (2), lorsqu'en 1730 elle fit un effort d'imagination pour créer, rue Royale, le grand *magazin au blé*, lourd de construction, mais remarquable par 400 fenêtres percées sur ses faces latérales.

Huit ans après s'éleva l'hôpital-général, monument également dépourvu de génie.

Tandis que ces bâtimens s'élevaient, Louis XV, fesant sa première campagne, descendit en Flandre à la tête d'une armée considérable pour s'opposer aux Hollandais, aux troupes de la reine de Hongrie et aux Anglais, qui menaçaient de tout envahir.

---

(1) Manuscrits cités.
La prodigieuse quantité de moulins qui avoisinent cette ville, a fait donner le nom de *commune des Moulins* à une section de Wazemmes.

(2) Telle est la construction du *corps-de-garde* de la Grand' Place, élevée en 1717.

Il prit Courtray le 18 mai 1744, et Menin le 5 juin suivant (1), en présence des députés que les ennemis lui envoyèrent.

Ypres, investi par le prince de Clermont, abbé de Saint-Germain-des-Prés, se rangea bientôt aussi sous ses lois. Tant de succès ne laissèrent pas d'être excessivement onéreux à la France. La victoire de Fontenoy, près Tournai, lui coûta bien des larmes.

En effet, Louis XV, qui avait été attaqué d'une fièvre plus sérieuse, à peine convalescent, s'était rendu sur le champ de bataille pour rejoindre le maréchal de Saxe, qui, à la tête de 106 bataillons complets et de 172 escadrons, était venu investir Tournai, que Vauban avait fortifiée et qui était retombée au pouvoir de l'ennemi. Les alliés, en apprenant le danger qu'elle courait, s'étaient mis en marche, en 1745, pour la défendre. Ils arrivèrent avec des forces immenses sur le territoire de Fontenoy, où commença un combat des plus meurtriers qui se soient vus.

Les Français allaient être mis en déroute, lorsque le duc de Richelieu, lieutenant-général de l'armée, accourt; et, dans le pressant danger qui la menaçait, « ouvre l'avis salutaire de » faire attaquer avec quatre pièces d'artillerie les Anglais sur » les deux flancs. » Ce conseil réussit et fit passer au pouvoir de Louis XV presque toute la Flandre autrichienne et le consolida dans la possession de Lille.

Les Français, qui enlevèrent 9,000 hommes aux ennemis, eurent un nombre considérable de blessés.

On pourvut à tout. Des hôpitaux avaient été placés dans

---

(1) *Voltaire*.

les villes voisines et principalement dans celle-ci ; et, quoiqu'elle eût préparé de vastes locaux, ils ne purent suffire. Aussi des églises furent remplies de malades.

L'empressement et les soins affectueux des Lillois furent tels qu'à la demande « des chefs des hôpitaux les magistrats du-
» rent porter une ordonnance pour modérer leur zèle et pres-
» crire les espèces de secours auxquels ils devaient se bor-
» ner.

» Toute la ville s'y est employée et chaque maison avait l'air
» d'un atelier disposé à les préparer. On a dû établir des gar-
» des à la porte des hôpitaux pour empêcher la confusion des
» personnes qui y portaient tout ce dont les blessés pouvaient
» avoir besoin et empêcher l'entrée du bouillon, des viandes
» préparées et autres mets délicats qu'un zèle trop ardent en-
» gageait à porter aux convalescens (1). »

Louis XV, le 12 mai, après la bataille funeste qu'il gagna cependant, vint à Lille et logea à l'hôtel de Rihour (2), qui avait été évacué par le magistrat.

« L'occasion parut favorable pour demander à ce monarque
» la prestation des sermens réciproques prescrits par la coû-
» tume de la ville. On s'adressa à ce sujet au ministre d'Argen-
» ton qui accompagnait le roi. Le ministre trouva singulière la
» prétention du magistrat qui ne voulait rien céder de ses
» droits. On trouvait que ce serment blessait toutes les bien-

---

(1) *Voltaire* — et principalement Annuaire ou CONTINUATION DE LA LOI DE LA VILLE DE LILLE, du premier novembre 1777.

(2) Transformée aujourd'hui en corps de différentes administrations: là sont placés la mairie, les octrois, le bureau de police, les archives communales, la prison, dite *petit hotel*, etc.

» séances et le respect qui est dû au roi, parce que le serment
» du magistrat étant postérieur, il semblerait n'être qu'une
» suite de la promesse de Sa Majesté et former un engagement
» conditionnel de ses sujets, au lieu que cet inconvénient ne
» se rencontre pas en le fesant précéder. Enfin il n'y eut aucun
» serment de prêté de part et d'autre (1). »

A la suite des guerres dont nous venons de parler, la multitude de mendians et de vagabonds avait augmenté d'une manière alarmante. Pour rassurer la société effrayée, les magistrats établirent, en 1769, un dépôt de mendicité sur l'emplacement qui servait autrefois d'hôpital militaire (2).

Telle était la position de Lille, dont les mœurs anciennes s'étaient totalement altérées, lorsqu'arriva, en 1774, la mort de Louis XV, qui ne remporta contre ses ennemis que des victoires bien calamiteuses.

---

(1) M. Brun-Lavainne, REVUE DU NORD.

(2) *Dieudonné*, STATIST. DU DÉPARTEMENT.

CHAPITRE XXXI.

Louis XVI, roi de France.

Avant l'avènement de Louis XVI au trône, le royaume était déjà occupé d'une réforme totale. Aussi arriva-t-il au pouvoir dans un moment difficile. Bon et vertueux, il manquait de capacité et de fermeté. Aussi ne put-il résister à la fermentation des esprits, qui devait renverser avec lui sa vieille et vénérable dynastie. Lille partageait l'inquiétude universelle ; inquiétude qui augmenta encore à l'époque de la prise de la Bastille (1).

Comme beaucoup d'autres, cette cité renfermait des turbulens que l'enthousiasme populaire rendait plus dangereux encore. La tourbe des habitans, électrisée par de séditieuses harangues prononcées dans les carrefours, se jeta avec fureur au domicile de quelques-uns des principaux habitans ; et, comme d'ordinaire à cette honteuse époque, tout fut mis au pillage.

---

(1) Beaucoup trop jeune pour avoir connu cette désastreuse époque, nous avons consulté la mémoire de plusieurs vieillards qui nous ont donné les renseignemens qui forment le fond de ce chapitre.

M. des Oursins, l'un des membres du barreau, fut une des premières victimes de l'invasion républicaine. L'on jeta dans la rivière l'argent et les meubles qu'on trouva chez lui. M. Martel, négociant armateur, ne fut pas plus heureux ; et les boulangers furent indignement pillés.

L'on se précipita enfin sur l'*intendance* (1) ; l'architecte Lequeux, qui avait dirigé les travaux de ce beau local, fut frappé à mort par un nommé Godfernaud, parce que, pour la construction de cet hôtel, il avait fait abattre plusieurs petites maisons du voisinage, ce qui fit croire au meurtrier que les ouvriers ne trouveraient plus à se loger, vu le prix élevé des locations foncières de cette ville.

Les magistrats avaient heureusement conservé leur énergie ; l'un des perturbateurs fut arrêté et pendu, le 23 juillet 1789, à la potence de la place de Rihourt, en présence des juges et au milieu des vociférations ignobles de la populace.

Plusieurs autres turbulens furent également punis de cet affreux supplice, dont la consommation réclamait souvent l'assistance du bourreau, qui, pour hâter une trop tardive strangulation, montait sur les épaules du patient.

Cette inquiétude générale avait fait sentir aux départemens du nord de la France le besoin de s'entendre : le Nord, le Pas-de-Calais et la Somme formèrent, le 14 juillet 1790, une *confédération* dont le souvenir nous a été retracé par le naïf burin de Watteau. Les gardes nationaux et les troupes de ligne envoyés à Lille en députation se jurèrent une inviolable alliance. Les autorités civiles et militaires se rendirent à l'antique collégiale de

---

(1) Devenue l'hôtel actuel de la Préfecture.

Saint-Pierre pour adresser des vœux pour le pays. Puis elles suivirent le Saint-Sacrement, qui fut exposé sur un autel dressé au champ de Mars, où les confédérés, au nombre de 25,000 hommes, étaient rassemblés.

C'est sur cette vaste plaine qu'ils mangèrent tous ensemble : la ville, ne pouvant fournir des vivres suffisamment, en fit venir par la *barque de Douai*.

Mais cette confraternité et la bonne harmonie des départemens voisins ne pouvaient écarter les malheurs suspendus sur la France et notamment sur Lille : le vieux tronc de l'état avait été sapé à sa base.

Profitant des désordres de la nation, l'ennemi se présenta à nos portes : en effet, les Pays-Bas autrichiens répandirent, en 1792, l'effroi sur le territoire de cette ville. Le général (1) Dillon, chargé de la défense de la place avec Berthois, colonel du génie, s'étaient dirigés vers Baisieux. Ils se trouvèrent bientôt dans une position avantageuse pour combattre l'ennemi. Mais le général avait des ordres qui lui prescrivaient de se retirer en cas d'attaque. Il commanda donc « à l'infanterie de se retirer
» en colonnes et à la cavalerie de se porter en avant pour cou-
» vrir la retraite; mais bientôt après elle tourna bride, passa
» sur le corps de l'infanterie et s'enfuit à toute bride vers
» Lille. Ce ne fut que lorsque la déroute fut décidée que l'en-
» nemi tira quelques coups de canon. Des cavaliers criaient :
» *Sauve qui peut, nous sommes trahis !*.....

» Alors l'infanterie se débanda et suivit l'exemple de la cava-

---

(1) Extrait de la Revue du Nord et renseignemens qui nous ont été transmis.

» lerie. Les cris de trahison se répandirent à Lille à l'arrivée
» des fuyards (1). M. Berthois en fut la première victime :
» comme il retournait aux portes pour pourvoir à la défense de
» la place, il reçut la mort sur le pont de la porte de Fives.
» M. Dillon, peu après, fut mis en pièces par les mêmes bour-
» reaux. » Le colonel fut atteint d'un coup de pistolet, et on
le suspendit par les pieds à un réverbère et quoique ce malheureux officier eut la tête séparée du corps, quelques furieux
acharnés tirèrent encore des coups de fusils sur son cadavre
comme s'ils eussent craint qu'il eut conservé un reste d'existence. Le cadavre du général fut disséqué et brûlé sur la Grand'
Place !.... (2)

Pendant les horreurs populaires qui suivirent cette affaire
connue sous le nom de *Pas-de-Baisieux*, l'ex-curé de la
Madelaine fut tué à coups de fusil par une patrouille de garde
nationale qui reçut de son chef de file cet ordre barbare (3).

---

(1) Les Autrichiens, pensant que cette retraite précipitée n'était qu'une feinte, n'osèrent poursuivre les Français et rentrèrent à la hâte dans Tournai ; ce qui sauva Lille, qui aurait été prise au dépourvu.

(2) Après ce moment d'aveugle frénésie, l'autorité, qui avait repris son ascendant sur le peuple, fit conduire à l'échafaud le nommé Vasseur, qui s'était vanté d'avoir arraché la décoration du malheureux Dillon. La guillotine nouvellement introduite fit son premier service en cette circonstance.

(3) A la même époque, le curé de St.-Maurice, pour se soustraire aux Jacobins s'était caché chez lui. On l'y cherche. Un des hommes de la bande qui conservait des sentimens d'humanité, le découvrit et le dérobant aussitôt aux regards de ses compagnons, il s'écria : partons car ce b..... de calotin s'est évadé, nous perdons notre tems ici.

On s'éloigna en effet ; et le curé se sauva dans une chaise de poste qu'on lui avait préparée.

Cet officier s'était imaginé « qu'il avait été se réjouir avec
» les religieuses Ursulines, de la nouvelle qui attristait les ha-
» bitans. Ce fut en vain que les religieuses, qui s'étaient aper-
» çues du guet-à-pens qu'on lui dressait, avaient cherché à le
« faire esquiver sous des habits de femme », il refusait de se
sauver malgré le danger dont il était menacé ; ce ne fut qu'à
force de sollicitations qu'il consentit à se travestir. Il prit alors
les vêtemens de Charlotte Duhamel, sa cuisinière. Mais un enfant de l'hospice le reconnut, près la place St-Martin, à ses sou-
liers à boucles qu'il n'avait pas songé à quitter, et le trahit en
s'écriant : *V'là un aristocrate !*....

Lille en était à ce point de terreur, lorsque le 29 septembre
de la même année, le duc Albert, à la tête de 30,000 Autrichiens, s'avança sous ses murs. Regnault Warin, témoin du
siége désastreux que la place eut à soutenir, le raconte en ces
termes :

« Le 29 à onze heures, on annonça au conseil de guerre
» qu'un officier supérieur autrichien (le major d'Aspces), ac-
» compagné d'un trompette, se présentait à la porte Saint-
» Maurice. Il fut introduit après qu'il eut traversé la ville en
» voiture et les yeux bandés. Alors il remit au général Ruault,
» devenu commandant en chef par l'absence du général Du-
» houx, une dépêche de S. A. le capitaine-général Albert de
» Saxe. Elle sommait la ville et la citadelle de se rendre à l'em-
» pereur et roi. Il y en avait une pour la municipalité. Le peu-
» ple, instruit des motifs qui avaient amené l'envoyé dans ses
» murs, le reconduisit aux cris bruyans de *vive la liberté !*
» *vive la nation !*

» Ce fut alors que le maréchal-de-camp Ruault répondit :
» *Monsieur le commandant-général, la garnison que j'ai*

» l'honneur de commander et moi, sommes résolus de nous
» ensevelir sous les ruines de cette place, plutôt que de la
» rendre à nos ennemis; et les citoyens fidèles comme nous
» à leur serment de vivre libres ou de mourir, partagent nos
» sentimens et nous seconderont de tous leurs efforts.

» Lille, le 29 septembre 1792, l'an I de la République
» française. »

« La municipalité de Lille à Albert de Saxe :

» Nous venons de renouveler notre serment, d'être fidèles
» à la nation, de maintenir la liberté et l'égalité ou de
» mourir à notre poste. Nous ne sommes pas des parjures.

» Signés André, maire, et Rohart, secrétaire-greffier.

» L'envoyé eut à peine atteint les postes de l'armée ennemie,
» que son artillerie, par la détonation subite de douze mor-
» tiers et vingt-quatre pièces de canon tirant à boulets rouges,
» jeta l'alarme dans divers quartiers de la ville. Notre artillerie
» opposa vainement à cette formidable attaque toute l'énergie
» dont elle était capable; l'église Saint-Etienne (1) et les mai-

---

(1) Un contemporain présent à ce siége nous a assuré que 60.000 bombes, boulets ou obus tombèrent dans la ville; que l'église Saint-Etienne, ayant été surmontée d'un bonnet rouge, fut le point où se dirigea principalement l'attaque; que l'une des cloches de cette église fut fondue dans l'embrâsement; qu'elle était en argent; qu'on la désignait sous le nom de *cloche du Winron* ou cloche de retraite des bourgeois; et qu'elle se fesait entendre de trois à quatre lieues à la ronde.

» sons voisines furent bientôt la proie des flammes, qui ren-
» daient plus effrayante l'obscurité de la nuit. Le lendemain,
» non seulement le feu continua à Saint-Etienne, mais il fut
» lancé avec encore plus d'intensité sur la tour de la paroisse
» Saint-Sauveur. L'ennemi, en criblant de boulets rouges et
» de bombes ce quartier peuplé d'ouvriers, avait l'espérance de
» les exaspérer et peut-être d'exciter parmi eux une sorte de
» rébellion qui forçât les autorités à se soumettre, mais il fut
» déçu dans son attente.

» Du 1er octobre au 8, le feu de l'ennemi dura presque con-
» tinuellement avec plus ou moins d'ardeur et causa plusieurs
» incendies partiels qui donnèrent à la police l'occasion de ma-
» nifester sa prudence et son activité. Un grand nombre d'ha-
» bitations, principalement dans le quartier Saint-Sauveur,
» tombèrent écrasées sous l'effort des bombes et des boulets.
» La flèche de cette église, morceau d'architecture en pierres
» d'Avesnes, remarquable par son élévation, s'écroula aussi
» bien que celle de Saint-Etienne. Malgré tant de désastres, on
« ne parla pas de se rendre.

» Enfin, dès le 6, les batteries autrichiennes, considérable-
» ment diminuées, n'avaient plus tiré avec autant d'opiniâtreté.
» Elles se ralentirent encore plus le lendemain (1).

---

(1) M. *Mullié*, Fastes de la France, dit que « les boulets et les
» bombes, manquant à la rage d'Albert, furent remplacés par des
» barres de fer, des chaînes et des pierres; qu'un faubourg et 700 mai-
» sons étaient devenus la proie des flammes, et que les Lillois résistaient
» encore; qu'une porte étant demeurée libre, Lamorlière en profita
» pour alimenter la garnison, dont le courage fut ranimé par les pro-
» messes et par la présence des commissaires de la Convention nationa-
» le; qu'enfin, Albert de Saxe, désespérant de la victoire, leva, le 8
» octobre, le siége de cette ville, qu'il avait remplie de malheureux et
» de décombres. »

» Le 8, l'ennemi débusqué fit sa retraite sur Tournai, et
» nous allâmes raser ses retranchemens. Il perdit plus de 2,000
» hommes.

» Plus de 450 maisons ou édifices publics furent réduits en
» cendres, et 7 à 800 criblées par les boulets. L'ennemi avait
» 24 à 25,000 hommes d'infanterie et 6 à 7,000 de cavalerie.
» Notre garnison, composée d'abord de 6,000 fantassins et de
» 600 chevaux, s'était recrutée depuis de 8,000 hommes. »

Ce siége, qui tourna à la honte de l'ennemi, laisse encore à déplorer, des particuliers et des amis de l'histoire, des pertes immenses occasionnées par les bombes qui éclatèrent sur l'ancienne chambre des comptes.....

Par surcroît de malheurs, une loi du 24 juin ordonnait de brûler tous les papiers qui fesaient mention des titres de noblesse. Des ordres furent en conséquence donnés à Roprat, gardien des archives; mais il eut le courage de se permettre des représentations qu'il adressa à Garat ministre de l'intérieur, par intérim (1).

Celui-ci lui répondit « qu'il ne voyait dans les papiers de
» l'ancienne chambre des comptes à Lille rien à conserver que
» ce qui peut établir des créances de la nation envers des
» comptables; que tous les papiers anciens et d'écriture gothi-
» que ne doivent là, comme ailleurs, être que des titres de
» féodalité, d'assujetissement du faible au fort, et des réglemens
» politiques heurtant presque toujours la raison, l'humanité et
» la justice. »

Enfin il concluait à engager Roprat à se conformer à ses ordres.

---

(1) Revue du Nord.

Alors ce conservateur des archives lui répliqua que n'ayant aucun moyen d'empêcher cette résolution meurtrière, il remettra les clefs aux charticides ou personnes désignées par le ministre, et qu'il espère qu'on voudra bien lui permettre de ne prendre aucune part à cette opération.

Garat ne s'offensa pas de ce trait d'héroïsme (1793!...), et les archives furent sauvées.

Bientôt après, on apprit à Lille que l'illustre captif de la tour du Temple venait de monter à l'échafaud......

CHAPITRE XXXIII.

Convention nationale. — Directoire. Consulat. — Empire. — Restauration. Journées de Juillet 1830.

A dater de la mort de l'infortuné Louis XVI, la révolution prit un caractère plus féroce.

Lebon, ce représentant du peuple, dont le nom semblait insulter à ses victimes, avait annoncé qu'il viendrait à Lille faire tomber 2,000 têtes!...... Il s'y rendit en effet dans cette intention, alla au spectacle, visita le maire dans sa loge; mais ce magistrat, informé de ses projets, l'engagea à fuir, s'il ne voulait être écharpé par les habitants, qui s'y étaient disposés.

Intimidé, Lebon repartit pour Arras.........

Quand ce règne de la terreur fut passé, les Lillois, comme sortant des étreintes d'un affreux cauchemar, s'énivrèrent de la gloire nationale que le jeune Bonaparte avait ramenée sous les drapeaux : aussi, lorsqu'en 1803 il vint dans cette ville comme premier consul, les habitants se pressèrent avec enthousiasme sur son passage.

A l'époque de son élévation au trône impérial, la joie populaire redoubla; et quand, en exécution d'un décret du sénat, daté du 28 floréal an XII, on ouvrit à Lille des registres pour accorder ou refuser l'hérédité de la couronne à la descendance de ce grand homme, il obtint 3,114 votes contre deux voix seulement......

Il avait ranimé l'ardeur du combat dans tous les cœurs; aussi, en 1809, les Lillois s'arrachèrent à leurs familles pour voler au secours de Flessingue menacée par les Anglais; mais les deux tiers de la garde mobile périrent par l'insalubrité du pays sans avoir pu se mesurer avec les ennemis que la mer séparait. Ceux qui échappèrent à cette affligeante mortalité, revinrent de Hollande avec des symptômes plus ou moins graves de maladie.

Les désastres de 1812 et 1813 augmentèrent encore la population des hôpitaux, tellement qu'ils furent loin de suffire. L'église des Jésuites et celle de Saint-André furent transformées en infirmeries.

Ce spectacle des débris de la vieille garde affligeait Lille lorsque la Hollande se souleva contre le gouvernement français. Elle se préparait même à envahir la Belgique à l'aide des Prussiens, des Hanovriens et autres coalisés sous les ordres du prince d'Orange.

Dans ce moment critique, Bonaparte avait confié le commandement de l'armée du nord au général comte Maison, qui fut bientôt aux prises avec l'ennemi qu'il rencontra près d'Austrate le 7 janvier 1814. Il le poursuivit jusqu'aux portes de Bréda, qu'il canonna vivement. Une députation lui fut alors envoyée pour le supplier d'arrêter le feu ; lorsque, malgré les succès de l'armée, des ordres supérieurs lui avaient été donnés afin qu'elle se repliât jusqu'aux anciennes frontières. Le quartier-général s'établit alors à Lille, qui s'était préparée à résister aux ennemis. Les eaux répandues autour de la place, un faubourg rasé (1), les canonniers placés à leurs pièces sur les remparts, tout annonçait que cette ville se disposait à soutenir courageusement le siége. Le 20 mars, les confédérés parurent sur le territoire. Le centre de l'armée française fut repoussé à une lieue de sa position, sur la route de Tournai, où s'engagea une affaire générale à laquelle prit part la garde nationale lilloise. Les alliés ayant eu le dessous, se virent forcés de battre en retraite (2).

Le comte Maison, encouragé par ce succès, s'empara de Gand qui était en leur pouvoir, tandis que les troupes françaises bloquées à Anvers avec le gouverneur Carnot profitèrent de la marche de l'armée du nord pour en sortir.

---

(1) C'est alors que le génie militaire fit abattre les habitations qui avoisinaient en dehors les remparts. On les reconstruisit en planches par la suite, mais on ne les toléra que sur roulettes, afin d'être enlevées à la première réquisition.

(2) Beaucoup trop jeune pour avoir pu apprécier les événemens, nous avons dû les recueillir parmi des contemporains plus âgés.

Aussitôt que le prince d'Orange eut connaissance de ce mouvement, il fit avancer les alliés sur Courtray, dans le dessein d'intercepter la route de Gand à Lille. Maison, prévenu à temps, fit aussitôt faire volte-face et alla au-devant des confédérés. Les deux armées se rencontrèrent à Courtrai, où une affaire très-meurtrière s'engagea à neuf heures du matin. A midi, l'ennemi était en pleine déroute. Il parvint à se jeter dans Tournai, d'où il fit un feu très-vif sur l'infanterie française qui perdit beaucoup de monde. L'artillerie, qui se trouvait plus éloignée, quoiqu'en rase campagne, souffrit beaucoup moins.

A minuit, comme l'on se disposait à monter à l'assaut, le général Maison reçut des ordres contraires. Il se dirigea sur Valenciennes, où il apprit que les alliés étaient entrés à Paris. Pendant ces entrefaites, le prince d'Orange, avec tout son corps d'armée, était sous les murs de Lille; mais il n'y eut point d'attaque, la paix venait d'être conclue.

Cette ville avait beaucoup souffert des désastres de l'Empire, aussi vit-elle sans trop de regret se briser la couronne de Napoléon. Il n'en fut pas ainsi de l'armée qui y était en garnison : elle se mutina. Heureusement Maison eut la prudence d'arrêter les suites de la sédition. Néanmoins deux compagnies de canonniers de la garde impériale, en cantonnement à Fives, refusèrent de quitter la cocarde tricolore qu'ils n'avaient point abandonnée pendant la gloire ni pendant les revers de Bonaparte (1).

Au retour de Louis XVIII à Lille, on les lui désigna comme

---

(1) L'esprit de parti aurait tort de nous assigner une couleur politique; nous écrivons sans passion.

suspectes, mais ce prince, applaudissant au contraire à leur fidélité, voulut en être accompagné à Paris, où il les incorpora dans sa garde ; conduite noble et politique qui lui attacha le cœur de ces braves militaires.

L'étoile de Napoléon reparut pourtant sur l'horison : il revint d'exil. Les Lillois s'empressèrent d'organiser des compagnies de volontaires en faveur de Louis XVIII. Elles se mirent en route pour la capitale, mais elles furent obligées de rétrograder : ce prince avait quitté Paris et s'était retiré à Lille afin d'y préparer une résistance et connaître les intentions des Français à son égard. Ce fut en vain. Bonaparte, fugitif de l'île d'Elbe, avait entraîné à sa suite presque toute l'armée. Le vieux monarque impotent et usé par ses malheurs sentit en conséquence l'inutilité de la résistance : il fit atteler ses chevaux, malgré les larmes des Lillois, et se dirigea sur Gand (1).

Il ne restait plus en France de son auguste maison que le duc et la duchesse d'Angoulême, qui ne purent résister longtemps malgré le courage de *Madame*, dont l'empereur admira, dit-on, la bravoure, en s'écriant : « Il n'y a qu'un homme dans la » famille des Bourbons, c'est la duchesse d'Angoulême ! »

Enfin, en 1815, à la Restauration, entraîné par sa délirante extase, le peuple lillois (2) alla briser la statue de Bonaparte, qui s'élevait comme une auréole rayonnante sur la place du

---

(1) Voir l'excellent travail de M. A. Voisin : Guide du voyageur a Gand.

(2) Toute la ville manifesta sa joie. Partout dans les rues l'on avait dressé des tables où la pauvreté fut conviée et servie par les dames et les jeunes personnes.

Concert. Elle fut remplacée par celle du duc de Berry, qui, à la révolution de Juillet, éprouva le même sort.

Ce fut alors que les mêmes forcenés auxquels les révolutions suscitent des haines subites, se transportèrent à Saint-Maurice, où, quelques années auparavant, l'on avait déposé les entrailles de ce prince. Ils venaient alors pour fouler aux pieds les cendres de ce prince, mais le pasteur avait eu soin de les faire disparaître. L'on brisa le mausolée, mais, en l'ouvrant, les iconoclastes déconcertés s'aperçurent qu'ils n'avaient attaqué qu'un cénotaphe inoffensif !....

C'est ainsi que les passions politiques égarent la raison de l'homme, et mettent la désunion dans le sein des cités même les plus éloignées du point central où s'opèrent les révolutions.

En effet, nous a-t-on raconté, dans la nuit du 26 au 27, ont commencé dans cette ville les désordres. Dès le point du jour, le comte de Saint-Belain, commandant le 3° régiment de cuirassiers, ardent (1) royaliste, fit monter cent hommes à cheval et enleva la presse d'un journaliste afin de lui ôter les moyens de propager à Lille la propagande parisienne.

Cet acte de violence irrita davantage la bourgeoisie contre le royal auteur des ordonnances. Il y eut au *Café de Foi* un rassemblement de mécontens qui s'y ralliaient aux cris répétés de VIVE LA CHARTE !.... Ces démonstrations irritèrent le colonel, qui eut l'imprudence de s'écrier qu'avec son régiment il passerait sur le ventre de 100,000 canailles comme eux.

---

(1) Son fils avait été tenu sur les fonds baptismaux par un prince du sang.

— C'est alors que, pour arrêter les suites funestes que cette exclamation provoquait, M. Montigny, commandant de la garde nationale, se jeta, dit-on, à la bride du cheval de cet officier et lui dit en se découvrant la poitrine : *Frappes, si tu l'oses!* et lui reprocha énergiquement son imprévoyante ardeur, qui ne pouvait qu'ensanglanter la ville.

M. de Saint-Belin n'en ordonna pas moins de sabrer le peuple qui regardait ses droits comme compromis ; mais la troupe s'est contentée d'intimider les masses. Dès lors commencèrent les projectiles. Du *Café de Foi*, des pierres et des bouteilles volèrent en éclats sur les cuirassiers. Le colonel envoya des pelotons dans les rues principales. La rue Esquermoise fut l'une des plus ensanglantées. Un cheval y fut tué d'un coup de brique. La queue fut arrachée au cadavre et suspendue en forme de trophée à l'extrémité d'une pique. On la promena aux cris mille fois répétés de *vive la Charte! à bas les cuirassiers!* Déjà plusieurs d'entr'eux avaient été blessés. Le colonel, avec une intrépidité fanatique, parcourait toutes les rues le sabre en main. Un coup de pistolet parti du *Café de la Comédie* vint frapper sa cuirasse Il s'élança sur la porte d'où partit la balle meurtrière, mais la foule déjà s'était portée ailleurs. A quelque distance, un bourgeois armé d'un bâton noueux avait adroitement détourné le sabre de M. de Saint-Belin qui se dirigeait sur sa tête, et, d'une pierre qu'il tenait dans l'autre main, il le frappa rudement au visage. Il fut blessé malgré son casque. Cet accident ne ralentit pas ses efforts. Il rassembla son régiment sur la Grand'Place et le fit rentrer au quartier, la musique en tête, jouant l'air de *Vive Henri IV!*....

Avant que la compagnie eût mis pied à terre, il lui proposa de marcher au secours de Charles X. Personne n'a répondu à son invitation ; et, dans son dépit, il s'écria : « Hé bien ! pour moi, je n'abandonnerai jamais mon roi ! » (1) En rentrant chez lui, rue Saint-André, un second coup de pistolet vint rebondir encore sur sa cuirasse.....

Le soir, la bourgeoisie courut assiéger le quartier. Quelques pierres seulement furent lancées. Des ordres avaient été prudemment donnés afin que la troupe restât paisible. On fut même obligé, pour l'alimenter, de faire descendre des remparts des vivres dans l'intérieur du quartier.

Le lendemain 28, seul et sans escorte, le colonel, avec son brigadier de planton, osa affronter la multitude, se rendit au *Café de Foi*, et, s'adressant à ses adversaires, il les provoqua en duel. Cinq d'entr'eux se rendirent avec lui hors de la porte d'Ypres, où il mit habit bas. Mais on lui représenta qu'étant père de famille, il pouvait être tué, et qu'il ne devait pas se battre. On le contraignit pourtant à prendre la cocarde tricolore........

Sur ces entrefaites, le lieutenant Sabattier, le sabre au côté, le pistolet au poing, s'était lancé dans la foule, provoquant ses ennemis. On l'eût massacré sans la prudence du général Dejean, commandant de place, qui l'arracha des mains du peuple (2).

Le soir, comme de coûtume, les trompettes des cuirassiers allèrent sonner la retraite ; mais la bourgeoisie n'était pas cal-

---

(1) Nous tenons ces renseignemens d'un cuirassier.

(2) Toutefois, entraîné par sa fougueuse ardeur, Sabattier demanda du service pour Alger, y fut décoré rapidement, et périt dans une mêlée.

mée. Elle fondit sur ces intrépides cavaliers, qui eussent été écharpés sans l'intervention de l'infanterie, qui les reconduisit au quartier ; tandis que la populace vociférait les cris mille fois répétés de *à bas les cuirassiers !*...

Le régiment n'avait pu aller au fourrage qu'à main armée. Tout paraissait effrayant à Lille. Cependant, par la prudence, la fermeté et la tolérance des autorités civiles et militaires, qui ne portèrent atteinte à aucune existence, qui ne prononcèrent qu'à regret quelques rares destitutions, l'ordre se rétablit promptement dans cette populeuse cité.

FIN.

NOTES CHRONOLOGIQUES,

ANECDOTES, PARTICULARITÉS ET DOCUMENS DIVERS,

SUR

L'HISTOIRE DE LILLE,

rassemblés et classés par l'auteur.

CHARTE DE FONDATION
DE LA COLLÉGIALE DE SAINT-PIERRE (1).

Ludovicus comes Flandriœ, dux Brabantiœ, comes univernensis registetensis ac dominus Machlunœ, universis et singulis prœsentes litteras inspecturis salutem in domino sempiternam.

Humanœ fraudis inconstantia, quœ incessanter pullulare cernitur, his diebus necessitatem inducit, ut eaquœ ecclesiis largitione fidelium conferuntur autenticorum patrociniis firmiter muniantur; sanè pro parte dilectorum nobis in Christo prepositi decani et capituli ac totius collegii ecclesiœ sancti Petri insulensis nobis fuit obtensum privilegium clarœ memariœ Balduini Flandriœ comitis et Marchionis ac illustris consortis suœ fundatorum prœdecessorum nostrorum ejusdem ecclesiœ Sancti Petri cujus quidem privilegii tenor de verbo ad verbum sequitur et est talis:

---

(1) Extrait du LIVRE DES CHARTES, bibl. de Lille msc.

In nomine sanctæ et individuæ Trinitatis unius veri Dei ,

Quoniam ego Balduinus Flandrensium comes, Marchio et Philippi Francorum regis ejusdem regni procurator et baculus secundum divinorum librorum testimonia sciebam, quod supernæ vocationis maneat hæreditas, quos in exercitium divini operis bona excitat voluntas, cæpi mecum singulari mentis consideratione speculari quia cum dominorum mandatorum observatione nihil alicui Dei cultori magis valeat esse ad salutem animæ et corporis salubre quàm ecclesias ad honorem Dei ejusque sanctorum ubi rationabiliter ac legaliter fieri potest ædificare quà propter sæpius oculis cordis illud respiciens quod scriptum est : *cui multum committitur, multum ab eo exigitur*, et illud : *qui domum Dei ædificat in terris, domum suam præparat in cœlis*; præterea conjugis meæ Adelæ et filii mei Balduini fideli et salubri acquiescens consilio basilicam in honore Sancti Petri apostolorum principis à fundamento construens congregationem canonicorum in eadem Dei clementia pro anima mea et antecessorum meorum uxorisque meæ et filiorum meorum et omnium Dei fidelium diu noctuq' exorare instituit. eisq' ad usus necessarios de rebus possessionis meæ tradidi quæ inferius continentur, libera videlicet omnimodo et ab omni dominatione seu potestate cujusquam absolutà excepta ejus quidem prepositus et canonici ejusdem ecclesiæ *in loco à progenitoribus Illa nominato* fundatæ communi elegerint voluntate, qui et ipse quoq' tam diu et noc ulterius eorum rebus præsit quam diù eis placuerit : in territorio *illensi* in villa quæ dicitur ULMA viij mansos terræ, in villa *Frebenchehe* iij mansos, et sex bonarios in *Mascemin*, tres mansos in *Lichin*, iij mansos et quatuor bonarios in *Schelmes*, duos mansos et septem bonarios in *Anetieres*, juxta *Pietre* I mansos, in *Marqua* xvj bonarios et tres partes unius bonarii, justà *fluvium Marcam* septem mansos et octo bonarios, et tres partes unius bonarii. In *Fermestrans* xiiij bonarios, in *Doulesmont* xv mansos, in loco qui dicitur *Fims* ij mansos et decem bonarios, in *Marlera* i mansus, in *Hallam* quatuor mansos et sex bonarios, apud *Flers* ij mansos, apud *Fims* in honore Sancti Mauritii altare ea tamen ab episcopo Balduino conditione concessum ut ubi duabus personis canonicorum electione positis cum secunda abita decesserit non ampliùs decem ipsi episcopo vel successoribus ejus solidis persolventur pro restitutione similiter duarum personarum, et sic inter eos omni tempore procedat apud *Ruazennas* : Lodui, apud *Asnapiam* bodaum ecclæ, apud *Bacedam* decimam unum in suburbio ejusdem castri id est Conflensis, unicuique canonico cortile unum infrà castrum autem, totam terram quæ adjacet ecclæ officinis et domibus clericorum aptam, cujus terminus est via veniens à septentrionali porta usqu' ad metam atrii versus meridiem, ab orientali verò parte murus aquæ contiguus pertingens per circuitum usque ad profatam portam in territorio *Cortracensi* apud Morheron v mansos, apud *Godelinghehem* bodui ecclesiæ; et j mansus terræ, apud *Penghehem* sex mansos et sex bonarios in territorio Sancti *Audomari*, apud *Flenecam* decimam unam, in territorio Furnensi in villa *Elnerzenghes* decimam unam, *Flambertenghes* decimam et similiter unam in territorio Yprensi, in villa Cambles v mansos terræ, apud villam *Marcam* ij mansos et tres partes bonarii in territorio Brugensi in ville *Rolliers* medietatem bodii ecclesiæ et duas partes decimæ culturarum mearum, in parochia villæ quæ dicitur *Esnes* in loca oviuui Bercla nomine iij bercarias et quartæ tertiam partem, et insuper xx oues cum terra competenti, in moneta illensi hebdomariis missam pro defunctorum salute omni die celebrantibus xiiij denâ viij ptro iij diacono, et subdiacono cantori quoque de eadem moneta xx sol. medietatem horum in dedicatione ipsius ecclesiæ, reliquum vero in purificatione Mariæ in præfato loco, id est *Bircla* ij partes unius bercariæ bodui de Unerlinghehem pòst obitum Ramery; præterea ejusdem loci præposito inferius nomin anda constitui apud *Hunest* iiij mansos, apud *Incesbeke* ij mansos, apud *Bazerel* et *Sars* et *Cruis* iij mansos, in territorio Yprensi apud *Widegaz* v mansos, in *Lothari* regno juxtâ *Aquasgranum* in loco qui vocatur *Vals* (1) vij mansos, in præfata villa scilicet *Mocheron* ij mansos ecclesio in dotalichio In parochia *al frenchehein* i bercariam in foro istud altare Sancti Stephani cum bodio in suburbio ejus curtile unum et molendinum unum cum curtili, quin etiam uxor mea eleemosynarum et remunerationum à domino necnon particeps esse cupiens et illius divini verbi reminiscens: *Hospes fui et suscepistis me, esurivi et dedistis mihi manducare*, contulit supradictæ ecclesiæ villam in Attrebatensi pago sitam nomine *Ellues* ad hospitium refectionem pauperum, eâ tamen ratione ut canonici exindè singulis annis XL solidos habeant in ipsius dedicatione. Dedit quoque præterea bodium ecclesiæ de Doulesmont thesorio, ut ex eo anno quoque canonici XII solidos recipiant, in die solum apostolorum Petri et Pauli quia eodem die celebrabunt aniversarium diem patris ejus Roberti Francorum quidem regis et pauperes panem unius modi variæ annonæ et duas caseorum pensas sedet altare Sancti Petri inscripta ex eo omni tempore sæculi per noctuum tempora indeficiens luminare habeat. Si quis autem his in aliquo contraire aut contradicere voluerit, centum libras auri persolvat et bamû regis et quod tentavit irritum fiat.

Actum apud Islam in Sancti Petri Basilica, coram Philippi Francorum regis præsentia, anno septimo imperii ejus anno ab incarnatione

---

(1) C'est de ce bien dont nous parlerons sous Doudouin Hapkin.

Domini millesimo LXVj in dictione iiij astantibus quam plurimis nobilibus et idoneis testibus clericis atque laïcis. Et autem hæc traditio firma atque in omne tempus indissoluta permaneat, prædictus rex eam rogato meo suâ manu signavit atq' sigilli sui impensione firmavit Balduini junioris comitis, Isaac de Valentiennes, Balduini homom in episcopi Guidonis Ambianem. Episcopi Drogonis Tarnaunen. Episcopi Fulcardi homomên, Archid. Warneri Tarnennem Archidiaconus Warmundi, cameracens Archidux Clarboldi pincernæ Theodori, dapiferi Rengoti de Gandavo, Anselmi calvi Roberti advocati, Joannis advocati Walteri, Duacens Hugonis fratris ejus Radulphi Tornacensis, Wederici Tornacensis, ego Balduinus cancellarius subscripsi.

Cùm itaque privilegium suprascriptum ex ipsius vetustate summa fuerit et sit in diversis locis taliter corruptum aut consumptum quod de cœtero integrum conservari nec moveri poterit, nobis humiliter supplicaverunt, ut sequendo sancta et devota nostrorum predecessorum opera indemnitati ipsius ecclesiæ providere et hujus modi privilegium fundationis et institutionis ejusdem sub modis formis et conditionibus in eodem comprehensis renovare dignaremur, nos itaq' piam et sanctam eorumdem fundatorum devotionem in domino commendantes et participes orationum et aliorum bonorum operum quæ die nocteque fiunt solemniter et devotæ in præfata ecclesia effici cupientes, indemnitate quoq' præfatæ ecslesiæ et personarum ejusdem providere volentes, ne propter defunctum hujus modi privilegii sic vetustate corruptioni expositi eadem ecclesia in suis libertatibus rebus et possessionibus detrimentum patiatur seu læsionem eorum justæ supplicationi favorabiliter annuentes prædictum privilegium prout suprà scribitur iis presentibus inseri fecimus et tum scribi et ipsum juxta continentiam et formam in eo comprehensas in quantum sit necesse renovamus et tenore præsentium confirmamus decernentes humani litteris nostris prædictum privilegium sit continentibus tantam fidem adhibendam fore et adhiberi debere perpetuis temporibus in judiciis et extra sicut originali privilegio prædicto si existeret in sana ejus integritate nolentes ipsos ad exhibitionem seu ostensionem prædicti originalis aliqualiter de cœtero compelli. Quod ut firmum et stabile perseveret putes litteras nostras sigillo nostro magno muneri fecimus astantibus a præmissa et præsentibus de consilio nostro magistro Sigero de Hika præposito Brugén. castellano, Dixmudén. dnô Guillelmo de Ringherstukente, magistro Guillelmo Vernaeliten. decani Sancti Donationi Brugen. castellano Yprensi castellano, Furnen. magistro testario de Wastina hospitalario et canonico Tornacen. Domino Sossuino le Wilde milite superiore, Baillivo nostro Flandriæ Thoma Crempé ei nonnullis aliis.

Datum et actum in villa nostra Insulen. anno Dominico incarnationis millesimo trecentesimo octagesimo die undecima mensis julii.

Ainsi soubscript sur le ploy au destre costé *par Dominum comitem ore proprio præsentibus de consilio suo superiùs nominatis* et signé H. Hecre, lesquelles estoient scellées de lacs de soye verte et de cire verte.

ANNÉES

1170. A la fin du XII⁰ siècle, le poète *Gaultier* florissait à Lille. Il composa un poème latin sur les conquêtes d'ALEXANDRE-LE-GRAND, ROI DE MACÉDOINE. Cette charmante production, remplie d'imagination, est digne de figurer près des œuvres d'Ovide. Le *Palais de la Victoire*, qu'il décrit de la manière la plus brillante, est assurément digne du *Palais du Soleil* de l'auteur des *Métamorphoses.*

1220. Selon transaction passée entre le châtelain de Lille et les moines de St.-Waast, d'Arras, il fut stipulé que le premier recevrait pour son *avouerie* (1) de Mons-en-Pévèle « 60 *souls douisiens* et qu'il aurait
» le droit de lever des hommes et des chevaux lorsqu'il serait obligé de
» se trouver en armes à Lille. » (*Demeuninck, Ann. stat.*)

1233. On fait des fontaines à Lille. (*Roisin — Msc. des ancienn.*)

« Au dict an, *feria sexta ante festum beati Dionysii*, Laurent
» d'Espaigne, chevalier, vendit en la ville de Lille à l'evesque de Cam-
» bray la ville de Dunkerke, à condition qu'après le trépas du dict
» evesque, icelle viendroit à la contesse Jehenne et ses hoirs, sans que
» les successeurs d'iceluy evesque y pourroyent jamais rien quereller
» ny demander. » (*Oudegherst.*)

1259. Walterus, évêque de Tournai, fait quelques réglemens relatifs à la *léproserie* de Pont-à-Marcq, près Lille. Il établit que « les frères et
» sœurs de ladite maison auroient à demeurer séparez l'un de l'autre ;
» savoir que les frères auroient soing des hommes malades et les sœurs
» des femmes et filles. Et cette ordonnance scellée dudit evesque et de

---

(1) Pour la protection qu'il portait à ce village.

» la comtesse Jehenne par laquelle on peut remarquer qu'il y avoit au-
» dit temps grand nombre de malades de la lèpre...... » (Msc. Fondat. pieuses de Lille et des environs, bib. de Lille.)

1281. Jeanne acquit la châtellenie de Cassel « et tout le droit que souloit
» appartenir à Michel de Harnes. » L'acte en fut passé à Lille en présence de plusieurs seigneurs du pays. (*Oudegherst.*)

1287 ou environ Le comte de Flandre porte un jugement entre les habitans de Lille
et de Douai au sujet des forfaits commis pendant la foire de cette dernière
ville. Il astreint à diverses amendes les coupables, entr'autres « *Jake-*
» *mes li Monnoier* paiera trente livres d'amendes à *Jehan de le Fosse*
» qui a été blessé quand il portoit les lettres du comte et il donnera à
» *Jakemon Bouce* et à sa sœur cent sols. *Arnoul Mayres, Jehan de*
» *Warenghien, Thomas Goumers* paieront ensemble 200 livres pari-
» sis à *Vincent Clincart* qui a eu le poing et une bonne partie du bras
» coupé. *Pierron le Quarlier*, poissonnier, ayant été tué, les esche-
» vins de Douay paieront pour *Collard d'Avelin, Rogier Hugete*,
» *Colart de Valentienne, Jacques dessous le Tour*, le fils *Wille-*
» *met de Marchienne* et pour d'autres qui seront trouvés de ce meur-
» tre, vingt livres au fils du dit Piéron, dix livres à sa femmes et dix
» livres à son frère et ceux qui ne pourront pas paier seront bannis jus-
» qu'à rappel......... » (*Inventaire des Chartes*, t. IV, p. 119.)

1288. Epoque où vivait à Lille Jacquemars Giélée, auteur du roman du
Renart le nouvel (1), satyre contre les rois, les princes et les grands.

---

(1) Ce roman est imprimé dans le IVe vol. publié par Méon, en 1826; il contient 8044
vers, et a été traduit ou plutôt imité en prose par Jean Tenessay, et imprimé en caractères
gothiques, à Paris, en 1437, sous le titre de : *Le Livre de Maistre Regnard et de Dame
Hersant sa femme*. En 1739, il en a été fait une autre traduction intitulée : « Le Renard
» ou le Procez des bestes » enrichie de fig. en taille-douce. Brux. Jacques Panneels, in-8.
La date de la composition de Jacquemars Giélée et rapportée par lui-même à la fin de
son roman :

En l'an de l'incarnation
Mil et deus cens et quatre vins
Et huit fu chi faite li fins
De ceste branche en une ville
Qu'on apiele en Flandres Lille,
Et parfaite au jour Saint Denis.

1293. Alain de Lille, surnommé le docteur universel à cause de sa vaste érudition dans diverses sciences, se fesait une grande réputation. Il écrivit en vers et en prose une infinité d'ouvrages de genres différents.

1294. Mort d'Alain de Lille.

1296. Philippe-le-Bel crée un gouverneur de la Flandre française pour gouverner Lille en son nom. De là l'origine de cette dignité.
(*Gallo Fland.*, p. 480.)

1302. « En ce temps estoit capitaine de la part des Flamens en la ville de
» Lisle, un vaillant chevalier nommé Courtoisiens. Celuy avec ceux de
» Lisle fit maintes courses devant Tournay, tellement qu'il n'y pouvoit
» entrer vivres sans grand méchef. Mais messire Foucard de Merle, ma-
» reschal de France, vint à Tournay au desceu de ceux de Lille avec
» 1400 hommes d'armes et avec ses gens estant en embusche entre les
» arbres donnèrent au milieu et firent fuir les Flamens vers Lisle avec
» perte de 54 des plus grands des leurs qui furent tués ou fait prison-
» niers. » (*Msc. bibl. royale*, n. 8308.)

1307. Gilles Hakius gouverne Lille. (*Gallo Fland.*, p. 481.)

1310. Quelques religieuses de l'ordre de Saint-Dominique quittent leur couvent et vont s'établir à Valenciennes, dans le prieuré de Beaumont.
(*Buzelin.*)

1314. Philippe-le-Bel « establit la gouvernance du souverain bailliage de
» Lille. Il a esté aussy nommé parce que le gouverneur de la ville en
» est le chef. Sa juridiction s'estend sur tous les villages de la chastel-
» lenie de Lille et dans la ville il a la cognoissance des cas royaux. Le
» roy a érigé les offices de ce tribunal et charges héréditaires par édit de
» 1693. Il est composé d'un lieutenant général civil et criminel dont
» la charge vaut 45,000 livres ; d'un lieutenant particulier, de 6 cou-
» seillers, d'un avocat du roy, d'un procureur du roy, d'un dépositaire
» ou receveur des consignations. »
(*Msc. EM 62, bibl. de Lille.*)

1321. Phane Denis, femme de Jean Toilier, fonda *l'hôpital Saint-Julien* pour y recevoir les pauvres passagers.

(*EM* 81, p. 180 — *Msc. des ancienn.*, p. 305.)

1324. SERMENT DE CHASTILLON,
PRÊTÉ AU NOM DU ROI A LA VILLE DE LILLE,
APRÈS LA BATAILLE DE MONS-EN-PÉVÈLE.

Philippe, par la grâce de Dieu, roi de France, à tous ceux qui ces lettres verront ou orront, salut.

Savoir fesons que nous nostre amé et féal Gaulthier de Casteillon, comte de Porcien, connestable de France, députons et establissons à requerre et recevoir pour nous et en nostre nom le sierment des eschevins et du commun de le ville de Lille, si côme accoustumé est en tel cas et aultrefois nous a esté faict et à promettre pour nous et en nostre nom ce que promettre leur devons et que aultrefois leur avons promis et à faire tout ce que nous ferions quant à ce se nous estions présens; et arons ferme et estable ce que par le dit Gaulthier pour nous et en nostre nom sera fait reçeu et promis sur ces choses.

Donné es tentes près Lille 26 jour en septembre, l'an de grâce 1324. (Msc. Chartes de Lille, bibl. publ.)

1327. Renard de Choiseul gouverne Lille. (*Gallo Fland.*, p. 481.)

1340. Lettres du gouverneur de Lille à Landas, son lieutenant, par lesquelles il lui permet de fourrager dans le village de Sainghin !......
(*Montlinot.*)

Lottard Cavart et Marie Deleponwart s'étaient mariés malgré leur proche parenté. Ils furent excommuniés. Cependant le pape reconnut leur union moyennant l'érection de *l'hôpital des Grimaretz*, situé rue Basse. Il était destiné à donner l'hospitalité aux pssans et contenait 13 lits.

(De Lille EM p 131, 132, 133 — EM 81 — *Msc. d s ancienn.*, p. 315, bibl. de Lille — *Roisin* — *Buzelin*.)

Jean de Tourcoing, bourgeois de Lille, et Marie Dubois, sa femme, fondent *l'hôpital des Marthes* « pour huict pauvres femmes honteu-

» ses et impotentes. » Elles devaient être vêtues de robes grises et avoir 5o ans au moins.

Cette maison fut érigée « en l'honneur et révérence de la glorieuse » Vierge Madame Saincte Marthe qui fut ostesse de no Sauveur Jesu. »
(*De la fondat. de Lille* EM p. 136, msc. EM 85 — *Msc. des ancienn.*)

1366. « Messire Simon de Gand, pour avoir tenu le simple propos que si » les eschevins lui commandoient quelque chose, il ne leur obeiroit » pas, perdit sa qualité de bourgeois et ses biens confisqués, » ce qui n'avait ordinairement pas lieu, puisque la confiscation était contraire aux priviléges de Lille.
(*De la ville de Lille* EM p. 103, *msc. bibl. publ.*)

1372. Mort de *Jean Hangouart* dit *le Riche*, bienfaiteur de l'église Saint-Etienne dont il fit bâtir une grande partie de la nef.
(EM 81 — *Buzelin.*)

— « L'on décida que les femmes ayant le pain des hospitaux de » Lille vivront en honeste simplicité sans porter chaperon fourré. »
(*De Lille* EM p. 171.)

1380. « Ceux de Gand avoient banny de Flandres un viefuuár (*marchand* » *de vieilles nippes*) de Gand, nommé Jehan Prevél ou Pruniaux et » avoit esté capitaine de ceux de Gand et pour aucun soupçon ils le » bannirent : et celuy se partit du pays et alla à Ast en Brabant ; et là » fut prins et envoyé au comte de Flandre à l'Isle, et là le feit le comte » de Flandre mourir. »
(*Chronique de Flandre publiée par Denis Sauvage.*)

Lettres adressées à Lille par le duc de Bourgogne sur l'administration des *Guardorphènes* (gardes des orphelins) pour obvier à la déprédation des biens des mineurs. Il ordonne de n'admettre à cette fonction que des hommes de la plus haute intégrité.
(*De Lille,* msc. EM p. 115 — *Buzelin.*)

1393. Lille envoie acheter du poisson à Douai et en fait présent à la comtesse Marguerite.
(*Idem,* p. 70.)

Les échevins donnèrent six tasses d'argent à l'évêque d'Arras à l'occasion de sa nomination. (*Msc. de Lille EM.*)

1397. La ville donne « au sieur de Baruf, nepveu du roi de Castille, pré-
» sent aux joustes du Béhourt, des vins de la ville. »
(*De Lille, msc. EM.*)

1406. Lois sur les vins, les cervoises, les brasseurs. (*Id.*, p. 230.)

1408. L'on donna une couronne d'or de 41 sous à l'*évêque des fous* (1), dit Montlinot, pour les réjouissances qu'il fit faire à Saint-Pierre :

DATUM EPISCOPO FATUORUM IN SOLEMNITATE UNIONIS ECCLESIÆ UNAM CORONAM AURI. (*Compte de la Redime.*)

1411. Combat à outrance à Lille entre Antoine de Craon et le sire de Courtran, seigneur anglais.

« On institua des gens pour garder les portes, dit Montlinot ; on leur
» donna des conseillers, un connétable pour recevoir leurs sermens et
» des seigneurs pour les reprendre au camp. »

— Les magistrats ordonnent aux prébendes des hôpitaux de la Trinité, de Saint-Nicolas et de Saint-Nicaise de porter sur leurs habits en public et sur la poitrine « une croche (crosse) blanche longue d'un pied
» et large de deux doigts. »
(*De Lille EM* p. 33 — Voir ce qu'en dit *Buzelin*.)

1416. Un chanoine de Saint-Pierre se fait peindre sur les mains et sur les pieds des marques de clous, afin de représenter le mystère de l'Ascension. On trouve, dit Montlinot, dans le Compte de la Rédime, deux sols employés à cet usage : *pro pinguendo cicatrices in manibus D. Johannis Rosnel facientis mysterium in die Ascensionis.*

1419. Le chap'tre de Saint-Pierre poursuit les brasseurs des paroisses Saint-Etienne, Sainte-Catherine et de Saint-Pierre « pour les obliger à lui
» payer le droit de *chenelle* qui consistait en 3 lots de bière sur chaque

---

(1) On a publié une monographie de leurs monnaies ou jetons.

» brassin qu'on devait payer en argent. Les brasseurs refusèrent. Le
» chapître s'adressa au pape Martin V, qui chargea, en 1428, de cette
» affaire un abbé de Saint-Aubert et de Saint-Martin. Le droit du cha-
» pître fut confirmé par acte authentique. Les échevins apposèrent le
» sceau de la ville et les brasseurs furent condamnés à payer de chaque
» brassin de bière ou d'hydromel ou de telle autre boisson 4 lots. Les
» prévots de la collégiale étaient obligés, de leur côté, de faire présent
» à chaque brasseur, le jour de la Candeleur, d'un cierge pesant une
» livre et demie. »   (*Montlinot.*)

Le comte de Flandre, en 1372, avait déjà imposé les cervoises.

1422. Lorsque Philippe de Valois fit son entrée à Lille en qualité de châtelain, les magistrats lui offrirent des vases d'argent du poids de cinq livres et un vase de vin rouge.   (EM 81 — *Roisin.*)

1424. Edit proclamé à Lille contre ceux qui dévoileraient les conférences secrètes des magistrats. Si l'un d'entr'eux était convaincu d'indiscrétion, on l'éliminait pour toujours de ses fonctions.   (*Roisin.*)

1436. Le duc de Bourgogne sollicite inutilement les pères du concile de Bâle de canoniser Pierre de Luxembourg, châtelain de Lille.
   (*François Piétin.*)

1445. Les magistrats firent une ordonnance par laquelle ils défendaient de couvrir les maisons en paille dans l'intérieur de la ville. Plusieurs particuliers obtinrent cependant du duc de Bourgogne des autorisations spéciales pour y contrevenir. « Les échevins firent abattre les toitures
» prohibées. Le duc retira ses autorisations contraires et loua le corps
» municipal de sa fermeté. » (*M. Brun-Lavainne, Revue du Nord.*)
   (Arch. de la ville, reg. F, f. 212.)

Philippe-le-Bon autorise l'établissement d'une loterie.
   (*France pittoresque.*)

1447. La collégiale de Saint-Pierre veut éliminer de son sein *Jean Pochon*, à cause de sa naissance illégitime. Le chapitre s'appuya sur un bref que lui avait adressé le pape. Simon de Lalaing, seigneur de Montigny, pris pour arbitre dans cette affaire, prononça en faveur des chanoines.   (EM 81 — *Buzelin.*)

1453. Célèbre *Repas du fesan*. Lacurne de Sainte-Palaye et M de Barante en ont fait une description.

— « On défend de ne donner habits de livrée qu'à certaines person-
» nes. »   (EM 81.)

— Philippe de Bourgogne établit à Lille un *inspecteur des ouvrages* aux dépens de la ville.   (*Tiroux*.)

1455. Les archers de Lille, sous la bannière d'Antoine de Bourgogne, bâtard du duc, se rendent avec magnificence à la fête des arbalêtriers à Tournai et remportent comme vainqueurs une coupe d'argent.
(*Jacques Meyer*, liv. 16.)

1457. Le père Martial Auribelli réforme le couvent des frères prêcheurs à une vie plus austère.   (*Leur chron. manusc. bibl. de Lille.*)

1458. Lille vit trancher la tête du nommé Baudéchon de Mallet, coupable de viol. Malgré les services de son père, maître des comptes dans cette ville, et les prières de quelques autres personnages, il ne put obtenir sa grâce.   (*Jacq. Meyer.*)

1460. *Jean Chevrot*, évêque de Tournai, meurt à Lille dans un magnifique hôtel qu'il avait fait bâtir.   (*Meyer.*)

1464. Louis XI passe à Seclin, près Lille. On lui présente, selon un ancien usage, un boisseau d'avoine, douze chapons et deux paons.
(*Msc. EM* 72.)

1466. Le duc de Bourgogne, par lettres du 27 janvier, défend aux magistrats de « faire désormais *présent de vins* à la charge de la ville, sinon
» aux princes, aux gens notables et privilégiés et aussi aux arbales-
» triers, archers et prince du puits quand ils tiennent leur feste sans y
» faire excessiveté. »   (*Msc. EM*, p. 72.)

1483. Création du *corps des canoniers sédentaires*. Leur hôtel porte encore le millésime de leur institution.

1500. Réforme des *Sœurs grises*. Elles prennent la règle de Sainte-Claire. Sept d'entr'elles n'ayant point consenti à la réforme, furent obligées de quitter la communauté. Elles se retirèrent dans un local que leur donna Isabeau de Roubaix. (*Msc. des ancienn.*)

« Quiconque tenoit un bourgeois en prison pour dettes lui debvoit
» livrer un pain de denier le jour et fontaine à boire; plus kiute (*lit*)
» de plume et draps tous les 15 jours et kiute pointe ou couvretoir ou
» tapis pour qu'il n'eut froid ; feu, lumière, table, nappe et toile pour
» essuyer ses mains et kaiere (*chaise*) et coussin pour sus seoir ; et le
» tenir en prison sur la terre du comte où il put aler de jour aux fenê-
» tres sur rue ou chemin. »   (*Roisin.*)

Si vous voulez comparer aujourd'hui le sort des pauvres dettiers dans la bonne ville de Lille, ayez le courage d'entrer dans ces deux bouges infects qu'on nomme le *petit hôtel* (dépendance du palais de Rihoult) et la *tour Saint-Pierre* : là vous verrez comment, au prix de 25 francs par mois et sous la tutelle d'un geôlier, les malheureux débiteurs gisent pêle-mêle dans une petite chambre aux parois humides et dégoûtans de miasmes impurs; n'ayant pour litterie que quelques débris de mauvais matelas de laine et de crin jetés sur une espèce de coffre en bois vermoulu, qu'on décore du nom de bois de lit. Au lieu d'une chaise à coussin de plumes, qu'un banc de bois blanc ; des barreaux de fer semblent leur disputer le peu de lumière qui pénètre dans leur obscur réduit. S'ils veulent se récréer, on leur permet parfois d'entrer dans une cour étroite et malsaine, mais à condition de s'y trouver confondus avec une troupe de bandits que la justice y détient, soit avant, soit après les avoir stygmatisés. *Il y a progrès !*

1509. Mort de Philippe de Commines, auteur de mémoires excellens des règnes de Louis XI et de Charles VIII, dont la meilleure édition est celle avec les portraits d'Odieuvre. Ces mémoires ont été commantés par le célèbre Dénis Godefroy.

1510. L'on présenta « à l'empereur qui estoit à Lille un gros homme qui » mangeoit en un repas un veau et un mouton sans être rassasié. »
(*Msc. EM 82.*)

1513. « Le 7e jour de novembre Jehan du Fay, Mahieu de Warlain, Rogier
» de le Cambe, dit Gauthois, Phlès Machou dit de le Sauch et Guillem
» l'etit dit Denis furent eschassez de leur bourgeoisie à la bretesque et

» déclairez non plus estre bourgeois ne jamais le povoir estre pour ce
» qu'ils s'estoient advoucz clercqs contre eschevins et la justice de la
» ville de Lille. » (*Chartes de Lille.*)

— « Le 21 d'octobre Jehan Desquennes, tavernier, pour avoir vendu
» son vin 12 s. le lot contre les ordonnances, eut congié de la ville et
» taille à partir en dedens demain le soir et non y rentrer tant qu'il
» aura fait un voyage à Nre Dame de Bos-le-Duc et condamné à donner
» dix seaux de cuir pour subvenir aux affaires de la ville et de faire un
» escondit (*excuse*) en jugement, ce qu'il fit un genoul fleschy. »
(*Idem*, p. 334.)

1514. « Jacob du Flocq, prisonnier, pour avoir injurié son cinquantinier
» au ghet et l'avoir menachié de luy bouter (1) son gouge (2) à travers
» du corps, eut congié de la ville et taille. » (*Chartes de Lille.*)

— « Le 21e jour d'aoust, Georges du Thilloy, pour avoir widdié (3)
» sa maison qui est hostellerie publicque sans avoir en sa main verge
» blanche, en contrevenant directement aux ordonnances et statuts na-
» guaires faicts par eschevins, fut banny de la ville et chastellenye de
» Lille jusques au jour de Noël prochain Le dit bannissement fait à la
» Bretesque (4). » (*Chartes de Lille*, p. 336.)

1518. « Jehan de le Flye, pour soy avoir parti de son ghet en scel avant
» l'heure, fut condamné payer au prouffit de la ville une hacque-
» butte (5) à crochets vaillable non moins de deux Phlês d'or et ce en
» dedans le candelier prochain venant. » (*Idem.*)

1520. Edit sévère contre ceux qui abusent de l'exemption des impôts sur les
cervoises. (*Buzelin.*)

---

(1) Enfoncer.

(2) Instrument tranchant en forme de serpe.

(3) Quitté.

(4) Château, lieu où l'on publiait les ordonnances et décrets, lorsque le condamné était absent.

(5) Arquebuse.

1522. « Quelques personnaiges furent pugnis à Lille parce qu'ils avoient
» mis en terre sainte le corps d'un hôme qui s'estoit crevé de boire, at-
» tendu que ce corps n'estoit digne d'estre ailleurs qu'au gibet. »
(*De Lille, msc. EM.*)

1524. Lettres du 20 octobre adressées par Charles, empereur des Romains,
portant défense aux maîtres-cabaretiers de donner à boire les dimanches et grandes fêtes pendant les offices divins, sous peine de soixante
sols parisis, monnaie de Flandre « et ce pour obvier aux blasphêmes
» de ceux qui s'emboivent et enyvren tcontre Dieu, nostre créateur, la
» benoiste Vierge Marie et la cour céleste. » Ces lettres furent publiées
à Lille à la Bretesque. (*Coustumes de la ville de Lille*, 1723.)

1526. « Fut établie une lotterie à Lille au proffit de l'église Saint-Etienne
» pour l'avancement du nouveau clocher. » (*EM* 82.)

1527. Naissance à Lille de Jean Vandeuil, du conseil privé de Philippe II,
mort évêque de Tournai en 1592.

« Sur ce que les Rewart et Eschevins de Lille avoient remontré à l'em-
» pereur qu'ils avoient seulement une robe par an de 4 livres de gros
» qui estoit petit salaire, madame Marguerite envoya lettres closes au
» gouverneur de Lille et à ceux des comptes afin d'en ordonner, en sui-
» vant quoy les dessus dits le 8 d'apvril ordonnèrent que les dits esche-
» vins auroient chacun an pour robes et bandes chacun sept livres de
» gros, à condition que les dits rewart et eschevins seroient tenus de,
» incontinent la clochette sonnée oyr la messe qui se célèbre en la mai-
» son eschevinale et après entrer en siège et non en sortir sans le congié
» du mayeur jusques aux heures limitées et ordonnées et aussi de faire
» chascun an, icelles robes honnestes l'une en dedens la Saint Martin
» ensuivant leur création et l'autre au Béhourt, de l'une desquelles
» robes ils seront tenus estre vestus chacun jour de halle, ladite ordon-
» nance à tenir tant que par ledit Sr Empereur ou les dessus dits en
» seroit autrement ordonnés. »

(*Livre des Chartes de Lille, ou Sommaire du contenu ès registres de la ville.*)

1533. « Messire Jehan Ruffaut, chevalier, seigneur de Mouveaux, Lamber-

» sart, trésorier des finances de Charles Quint, élève la *chapelle Nos-*
» *tre-Dame de Lorette* pour un prestre et quatre clercqs vestus de
» rouges robbes à perpétuité. »

(*Msc. fond. pieuses de Lille et des environs*, p. 406, bibl. de la ville.)

1554. « Le XII° jour de juin les eschevins ont accordé à la vefve de feu mes-
» sire Gilles Ghislin en son temps chevalier, seigneur de Bouzebecques,
» de pooir par grâces boire vin et cervoise sans payer assis. »

(*Chartes de Lille.*)

1555. Lille, dit la *France pittoresque*, pendant une cruelle famine, vit des bourgeois se nourrir de chair humaine.

1550. On publia à la Bretesque, « le jour de la décolation de Saint-Jean,
» défense de plus porter habits de soye ni de velours sauf aux nobles. »

(*Msc. bibl. de Lille, Généalogie de quelques rois de France.*)

— François de la Rue, fameux docteur en médecine, écrit à Lille son traité sur les pierres précieuses. Il s'attache principalement à celles dont il est question dans l'*Apocalypse*.

1551. « Furent défendues par Charles-Quint toute communication entre ses
» sujets et les Français ; et le 26 septembre fut publiée la guerre entre
» le dit empereur et le roi Henry de France à la Bretesque à Lille. »

(*EM* 82.)

1553. Naissance à Lille de Jean Vermeulen dit *Molanus*, auteur d'un abrégé estimé des Saints des Pays-Bas.

1554. « *Hubert Déliot* et Pierre, son frère, fils de feu Guillaume, bour-
» geois et manant de Lille, donnent une choque de maisons situées rue
» du Dragon, pour y establir une école désignée sous la dénomination
» d'Hubert Deliot. » Ils la dotèrent de 6400 florins. On y donnait aux enfans des leçons de lecture, de calcul, et on leur fournissait « chaque

»·dimanche un pain de 3 livres, une pièce de fromage de Hollande, des
» vêtemens, des plumes, de l'encre et du papier. »
(Msc. des ancienn. de Lille, p. 45o.)

1556. Mort de *François Piétin*, religieux de Phalempin, auteur d'une chronique de son abbaye et d'une *histoire des châtelains de Lille* qui servit beaucoup à celle de Floris Vanderhaer.

— Impression de l'ouvrage intitulé : *Francisci Henii Insulani, sacrorum hymnorum, libri duo, ejusdem variorum carminum Sylva una. Insula*, 1556, apud Guilielmum Hamelin.

1559. « Le lendemain de Saint Thomas fut fait devant les grandes boucheries à Lille un gibet par le prévôt de la maréchaussée de Vilvort et le prévôt de la maréchaussée de Lille, auquel on pendit dix gendarmes pour ce qu'ils avoient pillé le laboureur contre la défense du roi d'Espagne. Ils étoient douze, mais le prévôt de Vilvort a fait grâce à deux pour argent. » (*Msc. EM* 82.)

1561. Naissance à Lille de *Dominique Baude*, poète, historiographe des états-généraux et professeur d'histoire à Leyde. Il est célèbre surtout par son recueil de vers latins intitulé : *Amores*.

« Ses cours, dit feu M. Lebon, furent les plus réputés de l'époque. »

1564. « L'on courut pour la dernière fois à *Innocens* en la ville de Lille, comme on estoit accoutumé de faire dès longtemps pour le réjouissement des manans dudit Lille. Lequel étoit un grand triomphe auquel on marchoit tant à cheval comme à pieds; estant les dits innocens accoustrez en accoustrement de masques mieux esquippez que pouvoient estre et jetoient aux jeunes filles à marier des plomez en manière de pièces d'argent gravez; semblablement jetoient aux filles et servantes de bourgeois petits coiffrets renfermant aucunes bagues d'or et d'argent. » (*EM* 82.)

— « L'on cessa de courir *aux innocens*. « Le jour que l'église en célébroit la fête, les jeunes garçons courroient à cheval par la ville jetant aux jeunes filles du sucre et des dragées, des lettres et des morceaux de plomb avec des devises et autres galanteries. »
(*Tiroux*.)

— Mort de *Guy Laurinus*, lillois, auteur d'un ouvrage intitulé : *Dialogus Platonis et telluris in thesaurum antiquorum numismatum sub Vespasiano depositum et anno 1561 in Aubro cicourtiano Flandriæ pago repertum.*

1563. Wallerand Hangouart, chanoine de Saint-Pierre, aumônier de Charles V, fonda « prébendes pour 18 pauvres de 18 patars chacun, lesquels » pauvres doivent estre anciens manans de Lille, de bonne vie et re- » nommée, nullement suspects d'hérésie. »

(*Msc. des ancienn.*, p. 475.)

1571. Le célèbre Plantin, typographe d'Anvers, publie l'*Histoire de Flandre* par *Pierre d'Oudegherst*, natif de Lille.

1572. « On commence à Lille à faire du sel parce que la Zélande n'en pou- » voit plus fournir. » (*EM* 82.)

1573. « Fut baptisé à Saint Etienne un Juif, et fut son parrain le gouver- » neur de Lille, M. Vilain de Rassenghem, et la marraine madame de » Templeuve. » (*EM* 72.)

1574. « Le 9 février fut faite en la ville de Lille une cruelle justice de par » le prévôt des Mareschaux de deux hommes dont l'un étoit nommé le » Bon Piat et son beau-frère nommé Barbin, lesquels furent rôtis à pe- » tit feu étant chacun attaché à une étaque avec une chaine de cinq ou » six pieds et ne pouvoient approcher le dit feu que de quatre pieds et » ce pour plusieurs voleries. » (*Msc. b bl. de Lille.*)

1576. « La veille de Saint Thomas fut fait un grand meurtre en la ville de » Lille par une femme qui tua son mary à l'aide de son serviteur et fut » tué d'un péticl (1) de fer. Et étoit le dit hôme nommé Pierre le Bacq, » épicier et fut jeté par ledit serviteur et un hôme de Marcq en Barœul » dedens la rivière au pont de Nieppe, près la chambre des comptes » estant dans un sac. » (*EM* 82.)

---

(1) Sorte de massue faite comme le pilon d'un mortier.

— « Fut un quidam condamné en la ville de Lille pour avoir esté
» trouvé en adultère avec la femme d'un sien voisin de la ville de Tour-
» nay et trouvée par son mary qui en avertit la loy; puis furent ap-
» préhendez et fut mis dessus un échaffaud devant la maison de ville
» depuis 3 heures après midy jusqu'à 4; ayant un billet sur la poitrine
» contenant son méfait et l'heure expirée fut dépouillé et fustigé de
» verges sur ledit échaffaud et banni 6 ans de la chatellenie. »

(*Msc. EM* 90.)

1584. Mort de *Jean Lautens*, maître des requêtes à la chambre des comptes de Lille, auteur du JARDIN DES ARMOIRIES.

1595. On publie à Lille un placard du roi d'Espagne au sujet de la guerre déclarée le 25 février à Henri IV. Il ordonne aux habitans des Pays-Bas de déclarer les biens qu'ils connaissent aux Francais.

(*Ann. stat. du département du Nord.*)

1596. « Furent condamnés deux soldats à estre pendus devant la halle de
» Lille et ce par le grand prévot du camp, lequel fesoit justice dont il y
» eut un de pendu. Le 2ᵉ estant sur le dernier escaillon de l'esquielle
» avec deux licols aux battereau (1), lequel le bourreau fit tous ses de-
» voirs pour le ruer jus de l'esquielle. Lors fut crié tout d'une voix de
» par le peuple qu'il le mit sus sans le faire mourir ce que le bourreau
» ne voulut faire, mais en la fin fut contraint de le délier et de le faire
» descendre de la dite eschielle; et fut ledit soldat reçu de tout le peuple
» tant de la ville que du village et fut de frapper sur le bourreau qui fut
» laissé pour mort, tant le peuple estoit animé et même l'on ne savoit
» mettre remède. Il fut ordonné de clore les portes de la ville et ledit
» jour publié à la Bretesque que celui qui racusera le dit soldat qu'on
» devoit pendre aura 100 florins pour son accusation et fut sauvé le dit
» soldat à Saint Etienne jusqu'au samedy en suivant et fut alimenté de
» boire et de manger par le pasteur, mais il fut repris et pendu. »

(*ÉM* 72.)

1597. Mort d'*Adrien Roulers*, pasteur de Saint-Pierre, auteur de poésies

---

(1) Cou.

— 264 —

latines et de plusieurs tragédies parmi lesquelles on remarque celle de Marie Stuart, imprimée à Douai chez la veuve Boscart en 1593. Il fut atteint de la peste. (*EM* 54.)

1598. Ægidius Froidurius meurt à Lille. Il était religieux de Phalempin, excellent mathématicien. Il écrivit des vers fort élégans qu'il ne voulut jamais publier.

1599. « Pendant la mi-carême fut mené CARÊME (1) au bois par la per-
» mission du magistrat accompagné de la plus grande partie de la
» compagnie du *prince des amoureux* de la place des Freunaux, les-
» quels estoient tous à cheval et aucuns de pieds tellement qu'ils pou-
» voient estre un cent avec plusieurs hérauts des autres places vestus
» de leurs casaques d'armes et envoyèrent *Carême* en grande *Magni-*
» *ficence*; et y avoit un nombre infini de peuple qui suivoit. »
(*EM* 72.)

— « La même année le jour de la bonne Pasque ne fut pas fait à
» Saint Pierre la RÉSURRECTION laquelle se faisoit de long temps;
» et fut ce jour mis sus pour les insolences (2) qu'on y fesoit.

» Le jour de l'ASSOMPTION fut aussi mis sus à ce jour savoir que
» deux montoient au ciel et c'estoit une chose d'antiquité. » (*Idem*)

— « Fut fait justice à Lille d'un homme du pays de Lyonnais nom-
» mé Gilles Garnier pour avoir été en forme de loup-garou devant plu-
» sieurs personnes. » (*Idem.*)

1600. L'archiduc Albert donne des lettres de noblesse au magistrat de Lille. « Depuis lors, dit Tiroux, nul ne peut parvenir à cette dignité » s'il n'est noble. »

---

(1) C'était un mannequin ordinairement en paille, qu'on promenait au milieu d'une joyeuse population. J'ai vu encore, pendant mon enfance, des divertissemens de ce genre à Valenciennes. Ce personnage avait le nom de *panche à brouette*, à cause de l'énormité de son ventre. La cérémonie avait lieu le mercredi des Cendres.

(2) Epoque des hérétiques.

1605. « Le 17 octobre, on arrêta à Lille Denis Lesclair, dit l'Hermite, qui
» avoit servi d'espion à son altesse pour la prise de Graveline et n'ayant
» pas été récompensé se rendit aux ennemis, se mit à contrefaire des
» signatures et plusieurs lettres de change.........

» Son serviteur étant en prison, fut interrogé par la justice de Lille.
» On lui demanda où estoit son maître; il dit qu'il estoit à Lannoy.
» Aussitôt on envoya le prévot de la maréchaussée et l'amena et aiant
» avoué son faict fut condamné d'estre étranglé à un poteau. Le gar-
» çon aiant appris qu'on le debvoit jugier demanda à la justice s'il avoit
» mérité la mort lui quy venoit par ordre de son altesse : il fut jugé en
» chambre close et on l'étrangla dans les prisons secrètement et on
» l'enterra aux frères mineurs. »   (*EM* 72, p. 141.)

1607. « Fut publié à la Bretesque à Lille que tous soldats mutinez au nom-
» bre de 3600 qui avoient reçu leur paie les jours devant eussent à se
» retirer en dedans 24 heures du pays du roi sus peine de la corde. »
(*Msc. EM* 82)

— « Le 16 juin fut mis au pilory de la justice de l'évêque de Tour-
» nay un home avec deux quenouilles aux deux côtez pour avoir épousé
» deux femmes. Le 21 juillet suivant fut mise au même pilory une
» femme qui avoit épousé deux hommes à la fois, et l'effrontée qu'elle
» estoit, montroit à son air se soucier d'une telle punition. »
(*Msc. de Le Barbier, msc. bibl. de Lille.*)

1608. « Le 23 janvier fut vu à Lille trois soleils en une fois. » Ce phéno-
mène est aujourd'hui bien connu des physiciens.   (*EM* 72.)

1610. Réforme des frères mineurs. Jéhu, choisi pour provincial, envoya des
récollets pour prendre possession de leur couvent et en éliminer peu à peu
les frères appelés *Observantins*.   (*Montlinot.*)

— *Fauquemberg*, habitant de cette ville, part avec six de ses amis
pour visiter la Judée, dont il fit une relation curieuse qu'il orna de détails sur les pélerinages de son temps.
(*M. Lebon, Notice des hist. de la Flandre franç.*)

1613. Albert et Isabelle, par lettres du 23 janvier datées de Bruxelles, renouvellent l'exemption de confiscation à Lille.

(*Coûtumes et usages de la ville de Lille*, 1723.)

1614. Le 2 décembre « furent étranglés et brûlés trois jeunes hommes de-
» vant l'hôtel-de-ville, savoir : Guillaume le Jeune (de Tournay), agé
» de 22 ans, François Dumarez (d'Emmerin) et Hugues Dupont, dit
» Moufflin (de Lille) qui estourdissoient les personnes du soir dedens
» cette ville avec des courts bâtons plombés et prenoient leurs man-
» teaux. Leurs corps furent exposés sur des roues avec clairs bâtons. »
(*Chron. msc. commencée en* 1600, *bibl. de Lille.*)

— « Les HERMITES DE SAINT-AUGUSTIN s'établissent à Lille à l'aide
» des aumônes des fidèles. Ils n'ont que la besace pour récompense de
» l'instruction qu'ils donnent à la jeunesse. » (*Tiroux.*)

— Pierre Le Monnier, notaire de cette ville, publie un ouvrage intitulé : *Antiquités, mémoires et observations remarquables d'épita-
phes, tombeaux, colosses, obélisques, histoires, arcs-de-triomphe,
tant antiques que modernes veues et annotées en plusieurs villes
et endroits tant du royaume de France, duché et comté de Bourgogne, savoir, Piedmont que d'Italie et d'Allemagne. Imprimerie de
Christophe Boy.*

1615. Le XII d'octobre « une fille d'Hallewin fut étranglée et brûlée de-
» vant l'hôtel-de-ville pour avoir meurtrie son enfant. »
(*Chr. man. comm. à* 1600, *bibl. de Lille.*)

— « Une femme qui avoit empoisonné son mari après trois jours de
» mariage et qui avoit également fait périr deux de ses enfans fut étran-
» glée et brûlée. » (*EM* 72.)

— Mort de Mathias Delobel, savant botaniste, auteur de plusieurs
ouvrages estimés sur cette science.

1616. « Le 22 janvier, la femme de Jean Gourdin, demeurant sur le mar-
» ché, dans une cave, accoucha de quatre garçons baptisez et nommez

» Adrien, Jaspard, Nicolas et Chrétiens qui moururent tous le lende-
» main. »   (*Chron. msc. commencée en* 1600.)

— « Le 30 juin tomba dans Lille et villages voisins des pierres aussi
» grosses qu'un œuf de pouille, ce qui causa un grand dommage aux
» biens de la terre. »   (*Idem.*)

Naissance d'*Antoinette Bourignon*, qui, à l'âge de 18 ans, se tra-
vestit en ermite et se sauva dans un désert. On la reconnut dans le diocèse de Cambrai où elle fut arrêtée. L'archevêque lui accorda une soli-
tude. Elle a laissé trois volumes intitulés : *De la lumière du monde*. Ce
sont des réflexions sur la corruption de la discipline.

(*Avril* 1685, *répull. des lettres et msc. EM* 54.)

Tiroux raconte que cette femme, sur le point d'être excommuniée à
cause de ses erreurs, s'enfuit en Hollande où elle fit un grand nombre
de sectateurs qui prirent le nom de *Bourignonistes*; qu'elle se concilia
l'estime des Hollandais, et que sa virginité, qu'elle sut rendre intacte
malgré les passions qu'elle inspira, la fit nommer la *vierge lilloise*.

1618.   Admission à Lille des Minimes ou enfans de Saint-François de Paule.
                    (*Tiroux.*)

1619.   Réception des carmes de la réforme de Sainte-Thérèse ou Carmes déchaussés.   (*Idem.*)

1622.   On commence, hors de la porte de la Barre, à vendre de la houille
pour brûler au lieu de bois « estant faites les dites houilles en forme de
» briques. »   (*EM* 72.)

1623.   Naissance de Vaillant, peintre estimé en portraits. Cet artiste lillois
fut le premier qui grava en manière noire.   (*Dieudonné.*)

1624.   Des réverbères commencent à éclairer Lille, afin de déconcerter une
bande de voleurs qui dépouillaient les passans de leurs manteaux.

(*EM* 72 — *Guide des étrangers à Lille* — Voir ci-dessus année
1614.)

1630. *Antoine de Balenghen* meurt à Lille. Ce jésuite, natif de Saint-Omer, traduisit les LETTRES DU JAPON ET DE LA CHINE. Il est auteur d'une VIE DE SAINT-LOUIS DE GONZAGUE et d'un livre intitulé : La TOUTE-PUISSANTE GUERRIÈRE, *représentée en la personne de la sacrée Vierge Marie et présentée aux catholiques en temps de guerre et de nécessité de l'église.* Le seul ouvrage de lui encore un peu recherché, est intitulé : LES APRÈS-DINÉES ET PROPOS DE TABLE CONTRE LES EXCÈS AU BOIRE ET AU MANGER, *etc. Lille, Pierre de Rache,* 1615, in-8°. Celui-ci a eu une seconde édition.

1632. « Fut bouilly dans l'eau bouillante à Lille devant la maison échevi-
» nale un faux monnoyeur nommé Dierisq Copnart.

(*E M* 72 et *Mémoire msc. de Le Barbier, officier de la gouvernance de Lille.*)

1644. Georges Wion, né à Douai, botaniste à Lille, publie un ouvrage intitulé : *Botanotrophium vel hortus medicus Petri Ricarti pharmacopœi Lillensis celeberrimi.*

1646. Guillaume Delau, orfèvre, fut étranglé à Lille et ensuite jeté dans une chaudière d'eau bouillante pour avoir forgé de fausses pistoles.

(*Msc. des ancienn.* — *Le Barbier.*)

1651. Jean Serrurier, imprimeur à Douai, fait paraître un ouvrage intitulé : *Théâtre tragique de l'aimable Jésus, par Clément Prus, religieux de la corporation des frères mineurs à Lille.*

« Le 30 juillet, la chapelle de *Nostre-Dame des Ardens*, qui estoit
» vis-à-vis la fontaine au change, fut démolie et l'image de nostre dame
» transportée dans la chapelle de Lorette. La même chapelle ayant été
» environ 800 ans dans cet endroit. »   (*E M* 72.)

1655. Le 30 août, entrée à Lille de Philippe-Hypolite-Charles Spinola, comte de Brouai, en qualité de gouverneur et capitaine-général des villes de Lille, Douai, Orchies.

1658. « Martin Descamps fut excommunié publiquement pour hérésie à
» Saint-Etienne à l'heure de la grand'messe. »   (*E M* 82.)

1662. L'évêque de Tournai met l'église de *Saint-Maurice en interdit*, parce que le magistrat avait fait déterrer le corps de Paul Diedeman, qui avait été, contre l'usage, inhumé au milieu de l'église, place réservée seulement aux familles d'un rang considérable.
(*Interd. de Saint-Maurice.*)

1664. « Le 2 juillet, Marie Le Roux, femme de François de Roubaix, dit
» Tatu, pour avoir vécu plusieurs années en adultère avec un homme
» marié nommé Michel Hespel, a été battue de verge devant la vieille
» halle de Lille et a été envoyée pour deux ans à la maison forte. »
(*Manusc. Le Barbier.*)

1665. Une femme coupable d'adultère fut fouettée au milieu du cloître Saint-Pierre. (*L'M 82.*)

1667. On lit sur la façade de la porte d'une ferme à Fives, où s'arrêta Louis XIV, cette inscription relative au siége de Lille :

Obsessa urbs Insularum ancipiti de sorte dubia hærebat, sed fœdere novo Ludovicus XIV hic in ipso conclavi ejus quietis pactum propria manu conscripsit.
VI Kalendas Augusti
Anno MDCLXVII
Ut memoriæ traderetur
Hæc apposita fuit inscriptio.

— « C'est la coûtume, dit Tiroux, que le lundi après la fête des
» rois que l'on nomme dans le pays *lundi-parjuré*, que les boulangers
» cornent les pains chauds qu'on mange fourez avec du beure, les Fran-
» çais qui ne savoient ce que vouloit dire ce tintamare (1) de cornets
» qu'on entendoit à chaque coin de rue, crurent que c'étoit un signal
» pour assembler les bourgeois ; c'est pourquoi le commandant fit mon-
» ter les troupes à cheval pour occuper les avenues des rues et envoia
» demander au magistrat ce que vouloient dire ces bruits. Ayant appris

---
(1) Usage encore existant à Douai et autres villes de ce pays.
On trompe avec de grands cornets en fer blanc ou avec le coquillage dit *Strombus* dont on a cassé la spire pour en faire une embouchure.

» qu'on cornoit des pains chauds dont les bourgeois font leur déjeuner,
» ce qui devoit durer tout le temps du carnaval, il fit retirer ses trou-
» pes dans leur quartier sans qu'il se passât aucun désordre. »

1674. Mort d'*Arnould de Bondifflaert*, né à Lille, religieux de Loos, auteur d'un *Traité sur les fleurs odoriférantes pour toute l'année, à l'usage des religieuses cisterciennes.*

1675. Mathieu Bedard (de Lille), conseiller du bailly de cette ville, publie la tragédie d'*Hypolite*, imprimée par Balthazar Le Franc, typographe lillois.

1681. Mort d'Ignace Bayard, célèbre médecin de Lille, auteur d'un traité sur *l'usage de l'antimoine.*

— On imprime à Tournai un opuscule intitulé l'*Hymen royal, ou le mariage de Charles II, roi d'Espagne, et de Marie-Louise de France*, par Gaspard Godin.

Cet ecclésiastique lillois est en outre auteur d'un ouvrage ayant pour titre *le Miroir du pécheur*. Il composa en 2434 vers une tragédie du *Martyre de Saint-Piat*, représentée trois fois à Tournai. (*EM* 54.)

1686. Jean-Chrysostôme Marte publie un *panégyrique* de Louis-le-Grand et de la cour de France, composé en vers français par Louis Obert, fils du seigneur de Noyelle. Louis Obert composa aussi un *poème à la louange de quelques saints*. Il fut imprimé dans cette ville par Balthazar Le Franc.

1691. Ferdinand de Hennin, de l'ordre des frères mineurs, né à Lille et auteur d'un ouvrage intitulé : *Accord amoureux entre l'amant de Jésus et de Marie* (1), meurt à Valenciennes.

Etablissement d'un *bureau des finances* remplacé depuis par l'ad-

---

(1) Imprimé à Douai en 1675.

ministration des domaines. Il était composé de deux prébendes, de 13 trésoriers, d'un procureur du roi, d'un substitut, d'un greffier.

(*Dieudonné.*)

1692. Mort de Guilbert de la Haye (de Lille), de l'ordre des frères prêcheurs; auteur de la *Vie des Saints martyrs et frères Lugles*, archevêque *d'Hibernie* et *Lughian*, roi *d'Hybernie*. Imprimée à Lille chez Ignace de Rache, 1673. (*EM* 54.)

1695. Mort de Gaspard de la Tenre, né à Lille. Il est l'auteur du *Tableau réduit à 19 traits de pinceaux représentant le combat et le triomphe de 19 martyrs de Gorcum, la plupart frères mineurs, mis à mort à Brile, pour la foi catholique, déclarés BB. par N. S. P. le pape Clément X.* (*EM* 54.)

— Mort de Pierre Henri, né à Lille, auteur de la *Flandre gémissante*; des *Satyres flamandes*; du *Solum musarum Insulis*, etc.

1699. Mort de *Gilles Tesson*, savant antiquaire qui a écrit sur la localité.

1700. Naissance d'*André Panckoucke*, auteur de l'Abrégé chronologique de Flandre (1).

---

(1) Nous eussions assurément pu mentionner beaucoup d'autres personnages de mérite dont cette ville s'honore à juste titre, tels que Marie ou Marotte Dregnau* dont on cite ce joli couplet :

    Mout m'abelist quant je vois revenir
    Yver, gresill et gelée aparoir;
    Car en toz tans se doit bien resjoir
    Bele pucele, et joli cuer avoir
    Si chanterai d'amors por mieux valoir
    Car mes fins cuers plains d'amourous desir
    Ne mi fait pas ma grant joie faillir.

Nous eussions pu également citer Froissart de Valenciennes, chanoine de Lille, auteur d'une histoire estimée de son temps; Michel Francisci, Eustache Gomer et beaucoup d'autres; mais nous en laissons le soin aux écrivains qui s'occupent spécialement de notices biographiques **. — Nota : *Froissart était chanoine et trésorier de Chimay.*

---

* Mss. bibl. du roi, t. 2, p. 185 — De la Borde, Essai sur la musique.
** On peut du reste consulter avec fruit *Foppens* et *Buzelin*.

1700. « Au mois de novembre entre onze et douze heures de la nuit la mai-
» son de ville de Lille a été presque brûlée du côté du conclave. Cette
» perte a été regardée comme fort considérable tant parce que cet édi-
» fice était l'ancien séjour des ducs de Bourgogne et des empereurs qui
» les ont suivis que pour l'horloge qui était au haut du frontispice que
» l'on estimoit la chose la plus rare qu'il y eut à Lille. » (*EM* 82.)

1701. Le *Pont neuf* ou royal est construit sous la direction de Deswerquies.
(*Dieudonné*.)

« Le jour de la Conception de Notre-Dame, l'électeur de Cologne,
» dit Tiroux, témoin oculaire, reçoit à Lille le diaconat des mains de
» M. de Coetlogon, évêque de Tournai, ayant été fait sous-diacre, peu
» de temps auparavant, par M. de Fénélon.

» Le jour de Quasimodo, autrement dit la Pâque close, qui tomboit
» alors le premier jour de mai, il fut sacré archevêque par Fénélon (1).
» Il y avoit des députés des chapitres de Cologne et de Liége ; quantité
» d'abbés. L'église de Saint-Pierre étoit ornée à éblouir : la marche,
» qui commençoit par une partie des carabiniers de l'électeur de Ba-
» vière, étoit des plus superbes. On voyoit les chapelains et seigneurs
» de la cour en habits de cérémonie, portant des présens et ce qui étoit
» nécessaire pour le sacre. Le canon ronfloit de tous les côtés et le ma-
» gistrat et les bourgeois marquèrent par des réjouissances le plaisir
» qu'ils avoient d'estre les témoins d'une si charmante feste à l'égard
» d'un aussi grand prince. »

1702. « MM. de Saint-Pierre ont commencé pour la première fois à porter
» des hermines, ce qu'ont fait pareillement les pasteurs de Lille. »
(*EM* 82.)

1708. Pendant le siége l'on frappa une monnaie, à laquelle on donna une

---

(1) Il était assisté, dans cette cérémonie, des évêques d'Ypres et de Namur.

Ce jour mémorable fut consacré par une médaille qu'on jeta au peuple. Elle portait ces mots pour légende :

Consecratio Clementis Archiepiscopi Coloniensis.

valeur de crédit. D'un côté elle représente les armes du maréchal de Boufflers, et de l'autre on lit ces mots : (2)

PRO DEFENSIONE URBIS ET PATRIÆ.

1713. « Le 15 aoust un soldat communia dans l'église des pères capucins
» de Lille, au sortir de l'église, mit l'hostie dans son mouchoir pour
» toujours gagner aux cartes. Il fut découvert et le 19 août suivant il
» fut exécuté avec trois complices. On lui arracha la langue et coupa les
» poignets; et fut ensuite brûlé vif avec deux de ses complices et un
» arquebuse. On fit le lendemain 20 du dit, une procession solennelle
» où tout le clergé assista avec plus de 4,000 flambeaux depuis la pa-
» roisse Saint-André jusqu'aux Capucins en réparation d'honneur. »

(*GA p.* 229 *bibl. de Lille.*)

1725. Beau feu d'artifice sur la Grand'Place à l'occasion du mariage de Louis XV.

1726. Etablissement de l'académie de musique.

— Madame Elisabeth de Lorraine, princesse d'Espinoy, élève aux frères prêcheurs un superbe mausolée à Louis de Melun, son fils. Ce travail est dû au ciseau de François, sculpteur ordinaire du roi. On le voit maintenant chez M. Rouvroy de Fourne, dans une île dite de Coupigny.

1727. « Grande fête à Lille à l'occasion de la canonisation de Saint *Jean*
» *de la Croix*, carme déchaussé. On représenta une multitude de su-
» jets pieux, entr'autres Saint-Louis qui conduit en France les pères
» Carmes du mont Carmel. On le voyait représenté sur un vaisseau
» tiré par deux chevaux marins entourés de dauphins.

» On vit aussi un cortège d'anges qui représentaient en anagrammes
» les Litanies de la Sainte-Vierge. »

(*Voir, pour détails, la* REVUE DU NORD.)

---

(2) On la trouve dans Van Loon, qui décrit ce siége avec beaucoup de détails.

1767. Le 12 août année centenaire de la conquête de Lille par Louis XIV ...... son des cloches...... *Te Deum*...... bruit du canon....... obélisque de 90 pieds de hauteur sur le marché...... le soir, beau feu d'artifice.

(*Mme. Clément-Hémery*, Fêtes civiles et religieuses, d'après la description imprimée à Lille, B. Henry, 1767, in-4°.

1769. Dewarlet (de Lille), élève de dessin de la même ville, acheva la grille du chœur de l'église Sainte-Catherine. C'est, dit Montlinot, l'un des meilleurs ouvrages en fer qu'il y ait en Flandre.

1776. Cuvelier établit à Lille une fabrique de soierie. « On y fabriquait
» lampas pour tapisserie, batavias, étoffes de tout genre. Il en sortait de
» très-beaux tissus d'or et d'argent pour ornemens d'église. Les soies se
» tiraient d'Italie. »   (*Dieudonné.*)

1785. Construction de la salle actuelle de spectacle, sur les dessins de l'architecte Lequeux. Cet établissement lui fait fort peu d'honneur.

— Établissement d'une manufacture de porcelaine.

1792. Pendant le siége de Lille « un canonier bourgeois servait une pièce
» sur les remparts. On accourt l'avertir qu'un boulet rouge a incendié
» sa maison ; il se retourne, voit les flammes qui la dévoraient, et
» continue sa charge en disant : *Je suis ici à mon poste, rendons-leur*
» *feu pour feu.*

» Quand une maison ne pouvait plus être habitée, on s'empressait
» d'offrir un asile aux malheureux qui en avaient été possesseurs ; et
» dès lors tout leur était commun. *Buvez, mangez*, leur disait-on,
» *tant que ma provision durera ; la Providence pourvoira à l'ave-*
» *nir...* . La fureur du siége était encore excitée par l'archiduchesse
» Christine, gouvernante des Pays-Bas, qui le dirigeait elle-même en
» plaisantant sur les calamités des malheureux Lillois.

.... « Les pompes de la ville furent insuffisantes contre l'incen-
» die ; ce fut avec la plus grande reconnaissance que l'on vit arriver cel-
» les de Béthune, d'Aire, de Saint-Omer, de Dunkerque.

» Pendant la crise, un barbier ramassa un quartier de bombe ; et avec
» une gaîté naturelle aux Français même au milieu des plus grands
» dangers, il s'en sert de bassin pour raser quatorze citoyens (1). »

(*Guide pittoresque du voyageur en France.*)

1793. L'on surmonte la tour de l'église Sainte-Catherine d'un *télégraphe*, qui fut la première ligne construite en ce genre.

1797. Lord Malmesbury fut envoyé à Lille le 4 juillet, afin de traiter au nom du cabinet britannique avec la République représentée par Pleville le Peley, par Maret devenu duc de Bassano, et par Le Tourneur ; mais, au lieu d'une pacification qu'on attendait, l'esprit de Fructidor changea toutes les dispositions : on donna ordre à Treilhard et Bonnier de demander au plénipotentiaire anglais la restitution des conquêtes des îles britanniques sur la France et la Hollande, sans compensation. Lord Malmesbury quitta Lille sans réponse ; enfin, le 5 octobre, il adressa de Londres le refus de l'Angleterre. (*De Norvins*, HIST. DE NAPOLÉON.)

1803. Arrivée du premier Consul. — La ville fait frapper une médaille pour en consacrer la mémoire. — Il lui avait accordé, pour l'indemniser des pertes qu'elle avait essuyées en 1792 pendant le siége, que la préfecture du Nord serait établie dans son sein.

— Construction de la *Salle des Concerts*. — Organisation de la *Société des sciences et arts*.

Bonaparte se trouvant à Lille, apprend que les Anglais s'efforçaient de rallumer dans la Vendée la guerre civile, et que les fiers habitans de cette province fermaient l'oreille aux insinuations émanées des îles de Jersey et de Guernesey. Pour déconcerter ses ennemis, il forma habilement une légion de Vendéens ; et pour se les attacher, il mit à leur tête M. d'Autichamp ; et par une dépêche du 7 juillet datée de Lille, Bona-

---

(1) On a fait autrefois une mauvaise gravure de cette charge.

parte écrivit au ministre de la guerre que cette légion devait être composée d'hommes « qui ont fait la guerre de la Vendée contre nous. »

(*Norvins.*)

1804. Le *temple des protestans* de la confession d'Augsbourg s'élève rue de Tournai.

1805. Construction du *marché aux poissons*.

1809. Ouverture du *musée*.

1811. On établit un tour à l'hôpital-général pour y recevoir les *enfans abandonnés*.

1810. On construit le *marché au beurre* sur une partie de l'église du couvent des Récollets.

1825. Le corps municipal de Lille sépare la procession civile de la procession religieuse. Le 13 juin le cortége civil parcourut les rues de la ville. On remarquait dans un corps de gardes nationaux le buste de *Boufflers*, l'image de *Jeanne Maillotte*. Parmi les sapeurs-pompiers, le buste de *Vauban*, celui de *Philippe d'Alsace*, de *Philippe-le-Bon*. Tout cela entremêlé de différentes sociétés de musiques du département venues pour concourir. Plus loin l'on portait le buste de *Louis XIV*. Dans un char traîné par six chevaux était représenté *Baudouin-belle-Barbe*, *Baudouin de Lille*, *Jeanne de Constantinople* et *Marguerite*, sa sœur..... Puis venaient des *tambours en costumes grotesques*, l'effigie de *Lydéric* et celle du gigantesque *Phinaert*.....

Depuis l'on a substitué à ces personnages locaux *Fénélon* précédé de la *Folie distribuant ses dons !!....*

1826. Démolition de la vieille *tour Saint-Maurice*. — Ouverture de l'abattoir. — Construction d'un beffroi sur l'hôtel-de-ville.

TABLE DES MATIÈRES.

A.

Abbayes, p. 45, 46, 59, 61, 68, 81.
Accouchement de quatre garçons, 266.
Adultère puni, 263, 269.
Agrandissement de Lille, 23, 163, 192, 212.
Alain de Lille, 251.
Alexandre-le-Grand, poème, 249.
Anglais, 53, 88, 102, 104, 124, 130, 131, 135, 167.
Arbalétriers, 121.
Archers, remportent le prix, 256.
Archives, 234.
Ardens (N.-D. des), 268.
Armures, 110, 151, 212.
Arnoult, 69, 70, 71, 106.
Arras, 35, 127, 150, 153, 205.
Arsins, 69, 70, 71, 106.
Artevelde, 101, 103, 116.
Assassins brûlés, 266.
Assomption, 264.
Audience (tribunal d'), 113.
Avocats, 105.

B.

Balinghem, ses ouvrages, 268.
Barbiers, 159.
Bassee (La), 81, 205.
Baude, sa naissance, 261.
Baudéchon de Mallet, 256.
Baudouin, 21, 22, 25-27, 29, 52, 61, 111, 154.
Bayard, médecin, 270.
Bédard, ses tragédies, 270.
Béthune, 154
Bigame puni, 265.
Blawet, 82, 83.
Bonaparte arrive à Lille et y crée une légion de Vandéens, 275.
Bondiflaert (son traité sur les fleurs), 270.
Bouchard, 72.
Bourgeois éliminés, 257.
Bourignon (Antoinette), 267.
Bourse, 182, 202, 207.
Bouvine, 58.
Bréguau (Marie), 271, notes.
Broqueroye, 32.
Bruges, 135.
Burchard, 40.

C.

Cadet Remonel, 151.
Cambrai, 35, 38, 179.
Canal, 81, 216.
Canonniers sédentaires, 256.
Carême, ce que c'est, 264.
Carmes déchaussés, 267.
Chair humaine, bourgeois en mangeant, 260.
Chambre des comptes, 119.
Chapelle, 59.
Charles, 40, 122, 146, 155, 165, 209, 241.
Châtelain, 49, 123, 124, 251, 261.
Château du Buc, 6.
Chatillon, 252.

Chenelle (droit de), 254.
Chevrot (Jean), sa mort, 256.
Choiseul gouverne Lille, 252.
Collége ou école, 181.
Combat à outrance, 254.
Commerce, 37, 160, 214, 222.
Commines, 148, 149.
Concert (salle du) établie, 275.
Confédération, 228.
Confiscation, 266.
Courtoisens, capitaine, 251.
Courtrai, 93, 104.
Couvertures en paille défendues, 255.
Croisades, 33, 36, 45, 46, 48, 50, 53, 54, 86, 87, 138.

D.

Défense de donner a boire les dimanches, 259.
Déliot frères, 260.
Désordres, 33, 47, 104, 108, 153, 165, 169-171, 174, 227, 228, 240-242.
Desquesne banni, 258.
Destruction, 23, 39, 111, 117.
Diocèse, 35, 168.
Disette, 140.
Donai, 104, 150, 153, 161, 169.
Draps, 48, 160.
Duel, 117, 250.

E.

Echevins, 52, 67, 249, 253, 254.
Edit contre les indiscrets, 255.
Edouard, 88, 102, 104.
Electeur de Cologne, sacré, 272.
Epée, 110.
Epinette, 66, 103, 127. V. Fêtes.
Espagne, 165, 167, 205, 211.
Espion puni, 265.
Evêque des fous, 254.
Excommunication, 44, 112, 252, 258.
Exil, 108.

F.

Faisan (repas du), 256.

Fauquenberg, son voyage, 265.
Faux monnoyeur bouilli, 268.
Fénélon sacre l'électeur, 272. A la procession de Lille, 276.
Femme qui tue son mari, 262, 266. Des hôpitaux; leur manière de vivre, 253.
Ferrand, 57, 59, 81.
Fêtes, 66, 102, 103, 127, 132, 133 163-165, 167, 168, 173, 176, 183-190, 221, 239, 250, 251.
Finances (bureau de), 270.
Fives (porte de), 269.
Flye (Jean de le) amendé, 258.
Foire, 110.
Forfaits, amendes, 250.
Fortifications, 56, 59, 85, 86, 95, 96, 166, 175.
Fossé neuf, 23.
Foucard de Merle, 251.
François, 160, 167, 254.
Frères mineurs réformés, 265.
Froidurius, sa mort, 264.
Froissart, chanoine de Chimay, 271, notes.

G.

Gand, 100, 135, 137, 146, 147, 152, 238, 239.
Gaultier, poète, 245.
Gendarmes pendus, 261.
Godin, ses ouvrages, 270.
Gorcum (martyrs de), 271.
Grêle extraordinaire, 267.
Grille de Sainte-Catherine, 274.
Guardorphènes, 253.
Guerre publiée, 260, 235.
Gui, 85.
Guillaume, 42.

H.

Habits de soie et de velours défendus, 260.
Hakius gouverne Lille, 251.
Hake, 85.
Hangouard (Jean), sa mort, 253.
— Wallerand, ses fondations, 262.
Henius, 261.

Hennin (Ferdinand de) meurt à Valenciennes, 270.
Henri, 21, 22, 38, 158.
Henry (Pierre), sa mort, 271.
Hermites de St.-Augustin, 260.
Hermines, portées, 272.
Hesdin, 43, 154, 160, 162.
Hôpitaux, 64, 66, 133, 143, 193, 202, 203, 206, 225, 252, 254.
Houille, son usage, 267.

I.

Impôts, 72, 114, 136, 175, 223, 224, 251.
Incendie, 116, 166, 179, 217, 232, 238.
Infanticide étranglée, 266.
Innocens, leur fête, 261.
Inquisition, 132, 169.
Inspecteur des ouvrages, 256.
Isabelle Claire, 186.

J.

Jacob du Flocq, banni, 258.
Jacquemart Giélée, Roman du Renart, 250.
Jacques, 92, 93, 101, 103.
Jean, 72, 74, 108, 115, 124, 273.
Jeanne. 54, 55, 179, 248, 250.
Jeux, 156.
Judith, 16.
Juif baptisé, 262.

L.

Lambert, 32, 33, 35, 132.
Laurinus, sa mort, 262.
Lautens (Jean), 263.
Lemonnier publie ses antiquités, 266.
Lescluse, 100, 120.
Liège, 82.
Lille, ses fontaines, 249. Sa prise, 274. — Fait acheter du poisson à Douai, 253. — et Douai, amendes qu'elles paient, 250.
Litanies en anagrammes, 273.
Livrée (habits de), usage restreint, 256.

Lois sur les vins, 254.
Lorette (N.-D. de), érection d'une chapelle, 260.
Loterie autorisée, 255.
Louis, 42, 99, 107, 117, 145, 147, 158, 204, 238, 239, 256, 273.
Loup garou puni, 264.
Lydéric, 13.

M.

Magistrat anobli, 264.
Magistrature, 52, 61, 67, 68, 159, 180, 182, 185, 186.
Maison-de-ville brûlée, 272.
Malfaiteurs, V. Destruction.
Malmesbury à Lille, 275.
Mangeur extraordinaire, 257.
Marchés, 276.
Marguerite, 51, 71, 103, 158.
Mariage, 16, 113, 107, 205.
Marie, 149, 150.
Marigny, 96, 97.
Marte (Jean-Chrysostome), 270.
Martial Auribelli, 256.
Maximilien, 150, 158, 170, 173, 181.
Mayeur, 150.
Melun (Louis de), son tombeau, 273.
Meurtre, 112, 229, 230.
Militaire, 160, 213.
Minimes, leur admission, 267.
Molanus, 260.
Monnaie, 217, 272, 273.
Monnayeur bouilli, 268.
Mons, 94.
Mons-en-Pévèle, 249.
Musée, 276.
Musique (école de), 273.

N.

Navignsion, 159.

O.

Obert, son poème sur les saints, 270.
Orchies, 161, 169.
Origine de Lille, 9, 15.
Otage, 109, 111, 112.
Oudart, 33.
Oudegherst, ses anuales, 262.

P.

Pains chauds cornés, 269.
Panckoucke, historien, 271.
Papauté, 121, 183.
Pauvres, 182, 207.
Peste, 159, 200, 201.
Phane Denis, fondation d'hôpital, 252.
Philippe, 27, 49, 50, 54, 56-58, 88, 91, 101, 113, 114, 152, 167, 204, 251, 257.
Phinaert, 12, 75.
Pierre, 99, 121, 122, 255.
Pierres de l'apocalypse, 260.
Piétin, sa mort, 261.
Plantin, imprimeur, 262.
Pochon (Jean), 255.
Pont, 75. Neuf, sa construction, 272.
Porcelaine, manufacture, 274.
Portes de Lille, 59.
Prenel ou pruniaux, 253.
Prisons, 202, 252.
Prisonniers, ce qu'on leur doit, 257.
Privilèges, 69-71, 105, 108, 110, 132, 134, 150, 159, 251, 252, 254.
Procession, 76-80, 173, 176, 185, 276.
Protestans. Leur temple établi, 276.
Punition, 31, 32, 82, 83, 143, 156-158, 165, 180, 181, 190, 200, 201, 251-253.

R.

Rançon, 81, 109.
Rassenghem, 152, 172.
Rebellion contre le bourreau, 263.
Réjouissance, 154. V. Fêtes.
Religieux, 60, 64, 73, 81, 101, 131, 133, 144, 160, 168, 180, 181, 192, 193, 202, 203, 206, 207, 215, 248, 251, 252.
Réverbères établis, 267.
Révolte, 56, 82, 114-116, 135, 137, 163, 172-174.
Rewart, 150, 259.
Richilde, 28-30.
Robert, 28-30, 35, 89, 95, 96.
Roulers (Adrien), sa mort, 263.

S.

Saint-Maurice. Son église interdite, 269. Sa tour démolie, 276.
Saint-Omer, 163.
Saint-Pierre, 24, 39, 83, 244, 245.
Salle, 159.
Sayetteurs, 214.
Seclin, 74, 92.
Sectes, 28, 121, 168, 171, 174-176.
Sel, se fabrique à Lille, 262.
Sergent, 105.
Siége, 23, 42, 56, 57, 90, 93-95, 97, 127, 151, 158, 160, 161, 165, 168, 177, 208, 211, 217, 219, 220, 229-233, 237, 274.
Simon de Gand perd sa qualité de bourgeois, 253.
Simonie, 32.
Sœurs grises, leur réforme, 257.
Soieries (fabrique de), 274.
Soissons, 33.
Soldats pendus, 263; mutilés, 265.
Soleils (trois), 265.
Spectacles, 182, 183, 274.
Spinola entre à Lille, 268.
Stigmates sur les mains et les pieds, 254.
Supplices, 115, 121, 144, 145, 151, 153, 160, 162, 163, 169, 178, 190, 191, 193, 228, 251.

T.

Tasse d'argent donnée à l'évêque d'Arras, 254.
Télégraphe établi, 275.
Tesson, antiquaire, 271.
Théâtre tragique, imprimé, 268.
Therouanne, 32, 150, 158.
Thierry, 45.
Thilloy (Georges du) banni, 258.
Toison d'or, 132, 167.
Tour pour les enfans abandonnés, 276.
Tourcoing (Jean de) fonde l'hôpital des Marthes, 252.
Tournai, 104, 129, 160, 161, 168, 170, 177.

Traité, 160, 217.
Tribunal, 113.

U.

Usure, 159.

V.

Vaillant, peintre, 267.
Vandeuil (Jean), sa naissance, 259.
Vases offerts à Philippe de Valois, 255.
Vie des Saints imprimée, 271.

Vins. Défense d'en présenter, 256. Permission d'en boire, 260.
Viol puni de mort, 256.
Voleurs brûlés, 262.

W.

Walterus, 249.
Wion (Georges), 268.

Z.

Zélande, 75.

NOMS

des Premiers Souscripteurs.

Messieurs :

A.

Agriculture, sciences et arts (Société d') de Douai.
Anwin, propriétaire à Bruxelles.
Aoord, négociant à Calais.

B.

Balthazar, ancien receveur des Domaines, à Douai.
Bérenger, rue de la Barre, à Lille.
Bianchi fils, à Lille.
Bibliothèque publique de Boulogne-sur-Mer.
Boca-Giraud, manufact. à Valenciennes
Boute (Louis), à Lille.
Borelly, instituteur à Marseille.
Brisset (Adolphe), docteur-médecin à Lille.
Bruté, inspecteur des tabacs, à Lille.
Buisseret de Blarenghem (comte de), à Versailles.

C.

Cabaret, fondé de pouvoir à la recette générale, à Lille.
Cardinoel (Madame), à Paris.
Carpeza, rue de la Barre, à Lille.
Cassin, artiste, à Paris.
Chalon, président de la Société des bibliophiles belges, à Mons.
Clain (Émile), à Lille.
Claro fils, rue de Paris, à Lille.
Cochin (Frédéric), à Brest.
Cooper, secrétaire de la Commission royale des archives d'Angleterre, à Londres.
Cormorand, officier de marine, à Toulouse.
Corroyez, rue du Metz, à Lille.
Cottignies, rue de la Barre, à Lille.
Courmont (Frédéric), rue de Paris, à Lille.
Crespel (Delphine-Hyacinthe) (Mlle.), à Valenciennes.
Crousse, notaire à Roubaix.

D.

Dancoisne (Louis), à Hazebrouck.
Decarin (Désiré), à Lille.
Decroix, contrôleur de la Monnaie, à Lille.
Delepierre, avocat, à Bruges.
Delespaul, député du Nord, à Lille.
Delmar, chirurgien, à Lille.
Denis du Péage, à Lille.
Denis du Péage fils, à Lille.
Denisart, rue d'Angleterre, à Lille.
Derode, à Lille.
Desbonnet (Édouard), à Lille.
Desbouvres, orfèvre, à Lille.
De Thueux de Meyland, ministre de l'intérieur à Bruxelles. 12 exempl.
De Vigne (Félix), peintre, auteur d'une collection de costumes du moyen-âge, à Gand. 6 exemplaires.
Dubuisson, rue de Gand, à Lille.
Dujardin fils, à Lille.
Duquesne, Albert, à Lille.
Durand, à Paris.
Duriez, employé à la mairie, à Lille.
Durieux (Émile), libraire à Lille. 3 ex.
Duthilloeul, homme de lettres, à Douai

E.

Estienne, propriétaire, à Maubeuge.
Eudes, juge d'instruction, vice-président des antiquaires de la Morinie, à St.-Omer.

G.

Guermonprez, commune des Moulins, près Lille.
Gucine (baron de), maire à Douai.
Guidaccioli (Amédée), à Lille.

H.

Hécart père, à Valenciennes. 2 exem.
Herbant fils, à Lille.
Hosdez, rue de Gand, à Lille.

I.

Institut historique (Société de l').

L.

Laleu, employé à la recette générale, à Lille.
Lefebvre, instituteur primaire communal, à Lille.
Legrand, avocat, à Lille.
Lejosne, juge-de-paix, à Lille.
Leleu, libraire, rue de la Grande Chaussée, à Lille. 3 exemplaires.
Lerouge fils, rue de Fives, à Lille.
Lesaffre, rue de Béthune, à Lille.
Lesage, à Lille.
Lesne, rue de Gand, à Lille.
Libert-Petitot, libraire à Lille. 4 ex.
Liswels (George), à Calais.
Loth, employé à la recette générale, à Lille.

M.

Machu fils, à Lille, rue de Béthune.
Marigny (Madame de), à Lyon.
Marquet-Vasselot, directeur de la maison de détention, à Loos.
Minard, juge d'instruction, à Douai.
Mullié, rue Princesse, à Lille.
Mullié, chef d'instruction, à Lille.

P.

Pallier, curé de la commune de Sequedin.

Pannier (Edouard), libraire, rue de Seine, n° 18, à Paris. 25 exempl.
Petitot, libraire, rue Neuve, à Lille. 9 exempl.
Piérard (Louis), élève de l'école des Chartes, à Paris.
Piers (Henri), bibliothécaire à Saint-Omer.
Pivion, caissier à la recette générale, à Lille.

R.

Reiffenberg (baron de), correspondant de l'Institut de France, à Bruxelles.
Roger (Charles), à Paris.
Rosny (Léon de), à Melun.
Roucher, employé des tabacs, à Lille.
Roussel (Madame), rue d'Anjou, à Lille.

S.

Saint-Genois (Jules), homme de lettres.
Semet, employé à la recette générale, à Lille.
Serrure, homme de lettres, à Gand.
Serrurier, notaire, à Lille.
Simoni, artiste, à Lille.

T.

Tacusel, négociant, à Paris.
Techener, libraire, à Paris. 30 exemp.

V.

Vallois (Oscar), à Lille.
Vanackere père, libraire à Lille.
Vandenbossche, libraire à Lille.
Vauder Belen, employé à la Direction des Beaux-Arts, à Bruxelles.
Van Hainn, à La Haye.
Vincent-Waltine, à Lille.
Voisin, bibliothécaire à Gand.

W.

Warenghien (de), bibliophile à Douai.
Weimar (Louis), antiquaire, à Paris.

Ouvrages et Publications
de M. Lucien De Rosny,

qui se trouvent à Paris, *chez* Téchener, *Place du Louvre*, 12, *et chez* Edouard Pannier, *rue de Seine*, 18. — à Lille, *chez* Petitot, *rue Neuve*.

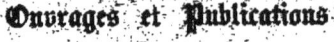

Des nobles Rois de l'Epinette, fig. 1re édition, tirée à 150 exemplaires . . . . 5 fr.
Histoire de l'Abbaye de Loos, à 250 ex. 4 fr.
Bertrand de Rains, ou le faux Baudouin, à 150 exemplaires 3 50
Histoire de Lille, à 300 exemp . . . . 10 fr.

Pour paraître incessamment:

Recherches sur Saint-Aspain, patron de Melun, à 100 exemp . . . .
et reproduction de ses vitraux coloriés.
Entrées solennelles d'Albert et Isabelle, souverains des Pays-Bas, en 1600, à Lille, Douai, Cambrai, etc.

www.ingramcontent.com/pod-product-compliance
Lightning Source LLC
Chambersburg PA
CBHW070822170426
43200CB00007B/869